高校学术文库
体育研究论著丛刊

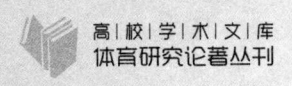

乒乓球教学与训练

张红玲 编著

中国书籍出版社
China Book Press

图书在版编目(CIP)数据

乒乓球教学与训练/张红玲编著.—北京：
中国书籍出版社,2017.9
ISBN 978-7-5068-6523-4

Ⅰ.①乒… Ⅱ.①张… Ⅲ.①乒乓球运动－体育教学
②乒乓球运动－运动训练　Ⅳ.①G846.2

中国版本图书馆 CIP 数据核字(2017)第 241059 号

乒乓球教学与训练

张红玲　编著

丛书策划	谭　鹏　武　斌
责任编辑	成晓春
责任印制	孙马飞　马　芝
封面设计	崔　蕾
出版发行	中国书籍出版社
地　　址	北京市丰台区三路居路 97 号(邮编:100073)
电　　话	(010)52257143(总编室)　(010)52257140(发行部)
电子邮箱	chinabp@vip.sina.com
经　　销	全国新华书店
印　　刷	三河市铭浩彩色印装有限公司
开　　本	710 毫米×1000 毫米　1/16
印　　张	20
字　　数	259 千字
版　　次	2019 年 6 月第 1 版　2019 年 6 月第 1 次印刷
书　　号	ISBN 978-7-5068-6523-4
定　　价	76.00 元

版权所有　翻印必究

目 录

第一章 知识篇 1

学习目标 1
一、乒乓球运动的起源与发展 1
二、乒乓球运动的常用术语 16
三、乒乓球击球的基本原理 21
四、击球过程的基本结构 33
五、乒乓球竞技制胜因素 40
六、乒乓球的打法类型 48
七、乒乓球意识 59
复习思考题 66

第二章 技术篇 67

学习目标 67
一、乒乓球基本站位 67
二、乒乓球准备姿势 68
三、乒乓球握拍方法 69
四、乒乓球基本步法 72
五、发球技术 80
六、接发球技术 96
七、推挡技术 108
八、攻球技术 118
九、搓球技术 139

十、弧圈球技术 ·············· 149
十一、削球技术 ·············· 160
十二、直拍横打技术 ············ 173
十三、乒乓球技术的发展趋势 ········ 181
复习思考题 ··············· 185

第三章 战术篇 ·············· 187

学习目标 ················ 187
一、乒乓球战术的定义 ··········· 187
二、乒乓球战术形成的结构及关系 ····· 187
三、战术与技术的区别与联系 ······· 188
四、乒乓球战术的分类 ··········· 188
五、新规则对乒乓球战术的影响 ······ 201
六、新规则实施后乒乓球战术发展趋势 ··· 208
复习思考题 ··············· 209

第四章 教学训练篇 ············ 210

学习目标 ················ 210
一、乒乓球教学方法 ··········· 210
二、乒乓球技战术训练方法 ········ 223
三、乒乓球专项身体素质训练 ······· 232
复习思考题 ··············· 236

第五章 双打篇 ·············· 237

学习目标 ················ 237
一、双打在乒乓球运动中的地位及其特点 ·· 237
二、双打的配对 ·············· 241
三、双打的跑位 ·············· 243
四、双打的技术 ·············· 246
五、双打的战术 ·············· 247

六、双打的练习方法 …………………………………………… 253
　　七、乒乓球双打比赛技术应用和配合规律研究 ………… 254
　　复习思考题 ……………………………………………………… 258

第六章　比赛篇 …………………………………………………… 259

　　学习目标 ………………………………………………………… 259
　　一、乒乓球比赛中战术运用的指导思想 ……………………… 259
　　二、开局、中局、尾局战术运用应采用的指导思想 ………… 263
　　三、不同战局下乒乓球战术的运用 …………………………… 265
　　四、不同比分下乒乓球战术的运用 …………………………… 266
　　五、乒乓球比赛、训练与心理训练 …………………………… 267
　　复习思考题 ……………………………………………………… 273

第七章　规则篇 …………………………………………………… 274

　　学习目标 ………………………………………………………… 274
　　一、理论知识 …………………………………………………… 274
　　二、乒乓球竞赛的组织工作 …………………………………… 293
　　三、乒乓球比赛的基本方法 …………………………………… 295
　　复习思考题 ……………………………………………………… 306

参考文献 ………………………………………………………… 307

第一章 知识篇

▶▶▶ 学习目标 ◀◀◀

1. 了解乒乓球运动的起源、发展历史以及中国乒乓球队保持长盛不衰的经验。

2. 熟练掌握乒乓球运动的基本术语。

3. 熟悉乒乓球击球的基本原理。

4. 掌握乒乓球击球过程的基本结构。

5. 掌握乒乓球竞技制胜因素。

6. 乒乓球主要打法类型及其取向。

7. 乒乓球意识的重要性。

一、乒乓球运动的起源与发展

(一)乒乓球运动的起源

乒乓球运动创始于英国,大约在19世纪后半叶,受到网球运动的启示,一些英国大学生中,流行着一种极类似现在乒乓球的室内游戏,叫作"戈西马"(Goossime)或"弗利姆—弗拉"(Flim-Flam)。球拍是空心的,用羊皮纸贴成,形状为长柄椭圆形。有时,在饭桌上支起网来打;有时索性就在地板上用两个椅子当作支柱,中间挂起网来打。虽然打起来不十分激烈,但颇有一番乐趣。

大约在1890年,有位名叫詹姆斯·吉布(James Gibb)的英格兰人到美国旅行时,偶然发现了一种用赛璐珞制成的空心玩具球,弹跳力很强。最终,这种球经他稍加改进后,逐步在英国和世界各地推广起来。因为球在桌上打来打去发出"乒乒乓乓"的声音,1891年,英格兰人查尔斯·巴克斯特(Charles Baxter)首先将"乒乓"(Ping-Pong)一词作为商业注册名称申请了专利。就这样,乒乓球才得此绘声之名。

1904年,上海一家文具店的老板王道午从日本买回乒乓球器材。从此,乒乓球运动传入中国。

20世纪初,乒乓球运动在欧洲和亚洲蓬勃开展起来。1926年,在德国柏林举行了国际乒乓球邀请赛,后被追认为第一届世界乒乓球锦标赛,同时成立了国际乒乓球联合会。大会决议每年举办一届乒乓球比赛,这标志着乒乓球正式成为竞技运动项目。

1940—1946年,世界乒乓球锦标赛因第二次世界大战而中断。

1957年,第24届世界乒乓球锦标赛后,改为每两年举办一次。

1980年,创立了乒乓球运动的另一个世界大赛——世界乒乓球赛,每年举办一届。

1988年,在第24届汉城(今首尔)奥运会上,乒乓球比赛第一次在奥运会比赛中正式出现,男子单打、女子单打、男子双打和女子双打被列为正式比赛项目。从此,乒乓球比赛拥有世界乒乓球锦标赛、世界乒乓球赛和奥运会三大世界赛事。

(二)乒乓球运动发展的历史回顾

1926年,国际乒乓球联合会(ITTF,International Table Tennis Federation)正式成立,并举行了第一届世界乒乓球锦标赛。乒乓球运动经过近一个世纪的发展,已经成为广大体育爱好者喜爱的运动项目之一。国际乒联和各大洲乒联举办的世界锦标赛、世界杯赛、洲际比赛及各种规模和形式的国际比赛不胜枚举。回顾乒乓球运动的发展历程,大致可分为以下几个重要的阶段。

1.第一阶段:欧洲乒乓球运动的鼎盛时期(1926—1951年)

从1926年第1届世乒赛至20世纪50年代,国际乒乓球联合会在这 25 年间共举办了 18 届世乒赛,除了 1939 年在埃及举办以外,其中 17 次比赛的地点全部在欧洲举办,参加比赛的国家主要是欧洲。在技术打法上,创立了以削球为主的新打法。他们在总共 117 项世界冠军中,获得了 109 项冠军,欧洲选手占绝对优势,统治了乒坛 25 年之久。

1936 年第 10 届世界乒乓球锦标赛男团决赛时,罗马尼亚和奥地利参赛的三名选手均为削球打法。由于水平接近,比赛连续进行了三天耗时 31 小时,结果奥地利以 5∶4 取胜。针对乒乓球比赛中出现的这种"马拉松"式比赛事例,1937 年,国际乒乓球联合会代表大会的一致同意,对比赛器材和规则进行修改。球:由软球改为硬球;球网:球网的高度由原来的 17 厘米降为 15.25 厘米;球台:球台的宽度由原来的 146.4 厘米加至 152.5 厘米;比赛时间:三局两胜制的比赛时间不得超过 1 小时,五局三胜制的比赛不得超过 1 小时 45 分钟。如果在此时间内没有结束比赛,则比分领先者为胜方。

通过对规则和器材的修改,有效地促进了乒乓球运动的健康发展。在这个阶段,开辟了新技术新打法的发展方向。

2. 第二阶段:日本乒乓球队称雄世界乒坛时期(1952—1959 年)

1952—1959 年的 7 届世乒赛（19—25 届）中,日本队采用直握式的海绵球拍、采用直拍全攻型打法,震撼了整个世界乒坛。日本队首次运用了海绵球拍,创新了中远台长抽型打法,一举冲破了欧洲严密的削球防线,打破了欧洲选手垄断世界乒坛的局面。从此,世界乒乓球技术的优势开始由欧洲的削球转到了亚洲的攻球。进攻和防守成为当时世界乒乓球技术的主要矛盾。日本运动员凭借海绵拍力量大、速度快以及自身灵活脚步移动的特点,结合中远台长抽打法,在 1952－1959 年七届世乒赛中,共获得全部 49 枚金牌中的 24 枚,占全部的 49%,成为最大赢家。

20世纪50年代日本乒乓球名将荻村伊智朗,截至1976年先后9次参加世界乒乓球锦标赛,获第21、23届男单冠军,第25届男双冠军,第24、25、26届混双冠军

图1-1 荻村伊智朗

当时国际乒乓球联合会主席蒙塔古充分肯定了海绵球拍为乒乓球运动向快速进攻的方向发展做出的积极作用。乒乓球运动从此进入追求力量、速度的时期。

3. 第三阶段:中国直拍近台快攻打法崛起(1960—1969年)

1959年开始,正当日本处于巅峰状态时,中国选手容国团在25届世乒赛上,成为中国乒乓球队的第一个世界冠军。中国队以正贴海绵拍,在世界乒坛开始崭露头角,确立了具有"快、准、狠、变"独特技术风格的中国近台快攻打法和以"稳、低、转、攻"为指导思想的中国削球打法,使中国乒乓球运动在世界乒乓球运动发展潮流中始终保持着领先地位,把世界乒乓球运动推向了一个新的发展阶段。

1959年4月22日,容国团载誉归来

图1-2 容国团

1960年至1969年国际乒联共举办了5届世锦赛,中国运动员参加了其中的3届,中国队以独特的近台快攻打法和旋转多变,配合有效反攻的积极防守打法,获得了21枚金牌中的11枚金牌。这些优秀的战绩显示出中国近台快攻的打法技术优势。这种打法充分发挥出海绵拍速度快、力量大的特点,同时又解决了反手位的不足的劣势,体现出这种技术打法顺应了乒乓球运动的发展趋势,标志着中国乒乓球已经进入世界先进水平的行列。

20世纪60年代初,日本运动员创造了一种新技术——弧圈球。由于它当时还处于初级阶段,未能显示出应具有的威力。不过,弧圈球对以后世界乒乓球技术的发展却起到了很大的促进作用。从此,乒乓球运动进入速度与旋转的较量中。

20世纪60年代中国乒乓球名将庄则栋,连续三届(25、26、27届)夺得世乒赛男单冠军,带领中国乒乓球队在世乒赛男团比赛中夺得三连冠

图1-3　庄则栋

4. 第四阶段:欧洲的复兴和欧亚争夺(1971—1979年)

20世纪70年代世界乒乓球技术突飞猛进。欧洲选手在相继败于日本的长抽打法和中国近台快攻之后,经过20年的反复摸索,兼取了中国快攻和日本弧圈球打法的优势,创造出弧圈球与快攻相结合的新打法,从而走向了复兴之路。

第31届世乒赛,瑞典19岁小将本格森接连战胜中国和日本的诸多强手,一举夺得男单冠军。第32届世乒赛,瑞典男队夺走了由亚洲保持20年之久的团体冠军。第35届世界乒乓球锦标赛,匈牙利队从中国男队手中又夺回了斯韦思林杯,南斯拉夫男队重新夺得男双冠军。这些成绩显示了这种新技术的生命力,它推动了世界乒乓球运动的发展,同时又使欧洲球队具备了和亚洲各强相抗衡的能力。

欧洲乒乓球运动的复兴使世界乒坛格局发生了重大变化,从此乒乓球运动进入欧、亚相互争夺的新阶段。

中国创造出新近台快攻打法。这种新型打法存在两个方向:一种是在传统正胶近台快攻打法的基础上,提高回击弧圈球的能力以及进攻下旋来球的技术能力;另一种是在结合弧圈球技术的基础上对我国传统正胶海绵拍近台快攻打法进行合理改造,采用反胶海绵拍,把正手的拉打及反手推挡结合起来,这就形成了直拍反胶打近台快攻的打法。在20世纪70年代的5届世界乒乓球锦标赛中,中国队共获得全部35项冠军中的16.5项。

5. 第五阶段:欧亚对抗,中国抗衡世界(1980—1990年)

1981年,中国队在36届世乒赛上囊括7项冠军及5个单项的亚军,创造了世界乒坛55年来由一个国家包揽全部冠军的空前纪录。

1988年,乒乓球被列入奥林匹克运动会正式比赛项目,这大大推动了世界乒乓球运动进一步发展。世界各乒乓球强国更加重视乒乓球运动的普及和提高。20世纪80年代末期,欧洲选手的技术缺点终于得到弥补,形成了名副其实的全方位横板全攻型打法。在1989年的第40届世乒赛上,欧洲选手包揽了全部男子比赛项目的冠军。在第41届世界乒乓球锦标赛,欧洲男队囊获了团体前五名,以瑞典为首的男队,已经领先于中国和亚洲其他各队,出现了第二次欧洲全盛时期。在第42届世乒赛上,中国队走出谷底,男双项目上终于有所突破,获得了男双的金、银、铜牌及混双金牌。在第42届的男单决赛中,世界乒乓球技术显现了一种"技术全面、近台、快速、凶狠、速战速决"的新趋势。

6. 第六阶段：中国引领世界(1995年至今)

面对欧洲强有力的挑战,中国乒乓球队进行了不断探索与创新。如：运用速度结合旋转和旋转结合速度创新了中国式的"凶狠型"打法；直拍横打技术等新技术。1995年5月在天津举办的第44届世乒赛上,中国男、女队继1981年首次夺得全部比赛的冠军之后,再一次囊括了全部比赛的7项冠军；1997年在英国曼彻斯特举行的第45届世乒赛上,中国选手夺得了6项冠军。中国队冲攀高峰,再次确立了中国乒乓球强国的地位,形成了世界打中国的局面。

2000年至今,中国队在世界乒坛上继续保持领先地位,包揽了第46—54届世乒赛男女单打、双打、团体、混双所有项目的冠军。2000年悉尼奥运会、2008年北京奥运会(北京大学乒乓球馆)、2012年伦敦奥运会、2016年里约奥运会上中国队囊括了所有项目的金牌,再续辉煌,捍卫了中国乒乓球强国的地位。

现在,乒乓球已发展成为各国人民喜爱的运动项目之一。国际乒乓球联合会亦已拥有127个会员,是世界上较大的体育组织之一。由国际乒联和各大洲乒联举办的世界锦标赛、世界杯赛、洲际比赛及各种规模和形式的国际比赛不胜枚举。世界各国对乒乓球运动的重视必将推动乒乓球运动更快的发展。

(三)世界乒乓球运动非均衡的因素

目前,世界乒乓球运动的发展已经到了一个瓶颈阶段,即使形成了世界打中国的局面,也依然无法撼动中国在乒乓球项目上的霸主地位。中国为了推动世界乒乓球运动的发展,实施了"养狼计划"、派出"海外兵团"、派教练员到各国执教等一系列措施,但是依然难以改变世界乒乓球运动的整体水平。要想使乒乓球运动全球化、可持续发展,仅仅从规则上打破现状是很难实现的,这需要全世界人共同努力、不断探索,才能使世界乒乓球不断提高。

世界乒乓球运动非均衡发展的因素主要体现在以下几个方面。

1. 人才断层明显

后备力量是乒乓球运动发展的基石。中国乒乓球的可持续发展离不开后备人才的培养和良性循环。原来乒乓球发展欣欣向荣的欧洲,在瓦尔德内尔、佩尔森、塞弗等一代选手淡出乒坛之后出现人才断档,乒乓球运动在欧洲失去了青少年基础,这是欧洲乒乓球没落的主要内因。青黄不接是大多数欧洲队伍普遍存在的现象,导致了他们无力在整体上和中国队抗衡。

2. 缺乏创新

当今乒乓球竞技运动无论从技术、战术到场地、器材方面都有了突飞猛进的发展,使得竞争更加激烈。没有创新,就难以跟上世界乒乓球运动发展潮流,优势就不能持久,就会落后甚至被淘汰。回顾历史上出现的三次"革命性"突破,都是由于打法、技术或球拍的创新而引起的。创新即引进新的制胜因素或将原有的制胜因素发展到新的高度,从而使率先突破的国家攀登了世界乒坛的高峰。从1926年第1届世乒赛至20世纪50年代,欧洲人创立了以削球为主的新打法,统治了乒坛25年之久。1952—1959年日本队采用了直拍全攻型打法,震撼了整个世界乒坛。1959年,容国团成为中国队第一个世界冠军,中国的近台快攻打法,把世界乒乓球运动推向了一个新的发展阶段。20世纪70年代,欧洲选手兼取中国快攻和日本弧圈打法,夺取了世界冠军,同时具备了和亚洲各强相抗衡的能力。20世纪80年代,欧洲乒乓球处于技术革新时期,那时欧洲的水平强于中国。从乒乓球运动的发展史中,我们看到:任何先进的技术、打法都不可能永远保持先进。正如徐寅生所说:"唯有创新别无出路。"中国队并非无懈可击,奥地利选手施拉格在2003年世乒赛上就证明了这一点。

针对欧洲人不断完善、不断进步的新打法以及规则的修改，无论男队还是女队，中国乒乓队一直在积极寻求变化，勇于去挑战。比如说女队的女子技术男子化的发展，使我国乒乓球运动走向新的高峰；直拍横打技术的创新使刘国梁成为中国第一位拥有世乒赛、世界杯和奥运会三项男单冠军的"大满贯"选手。

3. 理念的滞后

欧洲是乒乓球运动的发源地，而这项运动最终却在中国发扬光大。随着世界乒乓球运动的发展，各国高水平运动员之间的差距不断缩小。如2011年巴黎世界杯男团半决赛中，我国绝对主力王皓负于德国的奥恰洛夫，在2010年德国公开赛淘汰了中国队另一天才选手许昕，在2009年中国公开赛上，战胜了中国猛将张继科。由此可见，他与中国的同龄选手相比并不处于明显的下风。当今乒乓球的较量是技战术、体能、心理全方位的较量。他们最大的问题是理念没有改变，从教练员的定位到训练、比赛的理念没有变，比赛中出现的问题他们只从技术层面上看，而不是全方位考虑。中国队在训练、比赛的理念方面以及对乒乓球规律的把握方面始终站在世界前，这是中国队制胜的关键。

乒乓球运动应该为全人类共赢，中国乒乓球运动的发展离不开世界乒乓球运动的不断进步。只有改变现在这种发展不平衡的局面，让世界上更多的人参与进来，提高对手的水平才是根本出路。中国作为乒乓球强国，应将我国乒乓球事业的发展置于促进世界乒乓球运动发展和进步的大背景下，使中国成为世界乒乓球运动的核心圈，为世界乒乓球运动的可持续发展做出更大的贡献。

(四)中国乒乓球队成功的经验

1. 及时、准确、系统地认识乒乓球五大制胜因素，抓住了乒乓球竞技的内核

在乒乓球比赛中，双方运动员的制胜，最终是通过击球的速

度、旋转、弧线、力量和落点这五个竞技要素来实现的。中国乒乓球队能够保持长盛不衰,证明了我们抓住了乒乓球竞技的内核,能够及时、准确、系统的认识乒乓球五大制胜因素。长期的实践证明,中国队基本能把握住乒乓球运动的发展趋势,对乒坛出现的新动向能迅速做出反应。第25届世乒赛后,中国队开展了关于进攻与防守两套技术风格的讨论;第26届世乒赛前的集训中,明确提出了"在技术全面的基础上,以快、准、狠和变化多样的打法,力争主动,力争胜利"的指导思想;在第28届世乒赛前,明确提出了我国快攻的技术风格为"快、准、狠、变";弧圈球打法成熟后,将乒乓球重要的制胜因素——旋转推向了一个新的认识高度。通过对乒乓球竞技因素的认识和长期实践的探索,中国队总结出乒乓球制胜因素为:快、转、稳、狠、变。中国队在制定各种打法的指导思想时,明确地把速度、准确、凶狠、旋转、变化等要求放在极其重要的位置上,如快攻打法为:"快、准、狠、转、变";削球打法为:"转、稳、低、攻";弧圈球打法为:"转、快、稳、准、变"。

2. 保持优势的关键——创新

表1-1 世界乒坛创新情况统计

年份	创新内容	创新国家地区
1926年	横板两面攻	匈牙利
1930年	横板以削球为主	匈牙利
1952年	黄色软海绵球拍	日本
1952年	直拍单面攻	日本
1959年	直拍左推右攻	中国
1961年	直拍近台两面攻	中国
1961年	直拍削球	中国
1963年	横拍转与不转削球	中国
1971年	横拍快攻结合弧圈	瑞典
1971年	横拍快攻结合弧圈	匈牙利

第一章　知识篇

续表

年份	创新内容	创新国家地区
1971 年	长胶与反胶两面不同性能球拍"倒拍"技术	中国
1971 年	横拍削攻	中国
1973 年	高抛发球	中国
1973 年	快"点"技术	中国
1973 年	快带技术	中国
1973 年	推挤技术	中国
1973 年	"小"弧圈技术	中国
1975 年	削、攻、推相结合	中国
1981 年	直拍正手盖打弧圈球技术	中国
1981 年	使用防弧海绵拍的进攻型打法	中国
1988 年	直拍弧圈结合两面攻	韩国
1989 年	横拍两面冲、攻结合防守的全面型打法	瑞典
1989 年	横拍正反手甩腕弹击攻球技术	德国

创新是中国乒乓球长盛不衰的生命力。创新是指技术、战术、打法、球拍、训练方法等以往不曾出现，其功效将单个制胜因素或组合水平发展到了新的高度，或引进新的制胜因素，从而攀登世界乒坛的高峰。回顾乒乓球历史上出现的三次"革命性"突破，都是由于打法、技术或球拍的创新而引起的。中国队从打法、技术、球拍、训练器材等诸多方面进行了创新实践(表1-1)。从1926—1989年世界乒坛创新共计23项，中国队14项(占61%)，创新列世界首位。

(1)打法的创新

从1961年开始，中国队先后创新了直拍近台左推右攻、直拍近台两面攻、削攻结合、削攻推结合倒拍、攻拉推结合倒拍、直拍弧快快弧等打法。每一种打法的创新，都使掌握这种打法的运动员获得了世界冠军。如左推右攻的徐寅生、李富荣、邱钟惠、张立、江嘉良等；近台两面攻的庄则栋；削攻打法的梁戈亮、陈新华；

· 11 ·

攻拉推结合倒拍的倪夏莲；削攻推结合倒拍的葛新爱；直拍弧快快弧打法的郭跃华、郗恩庭等。

(2)技术的创新

技术的创新是为了更有效地制约另一种技术。如 20 世纪 70 年代中期，中国队的快点、快带技术的创新，是为了制约欧洲的弧圈球技术；20 世纪 90 年代直拍横打技术的创新，是为了提高直拍运动员反手进攻的能力。新技术可大幅度提高制胜因素的水平，从而给对手造成更大的不适应。从乒乓球运动发展的过程来看，当一种新技术问世后，其他运动员需要一段认识、了解、适应的过程。在此期间，创新这种新技术的运动员可能保持相当高的水平。庄则栋创新了直拍近台两面攻技术，赢得了我国乒乓球运动史上第一个世乒赛男子单打"三连冠"；蔡振华创新了用防弧圈胶皮倒拍发球与发球抢攻技术，攀登上世界冠军的宝座；刘国梁的直拍横打，使他成为中国第一个"大满贯"的男选手；张继科的反手拧，使他成为世界上最短时间获得"大满贯"的运动员。

(3)器材与仪器的创新

①在器材方面，中国队创新了长胶粒球拍。长胶粒球拍的出现，提高了"变化"因素的水平，丰富乒乓球的技术与打法（如倒拍发球与发球抢攻技术，倒拍削球技术等），我国先后有梁戈亮、郑敏之、陆元盛、童玲、葛新爱、倪夏莲等多名运动员使用长胶粒球拍登上了世界乒坛的最高峰。

②仪器发明创新方面，我国研制了 PD-1 型乒乓球动态测转仪。这台仪器的研制成功及利用这台仪器对国家乒乓球队主要技术旋转的常量分析，标志着我国对乒乓球竞技制胜因素——旋转的定量研究方面，率先于其他国家进行了突破。

③我国研制的 B-82 型乒乓球发球机，在增加训练密度与强度、提高模拟训练质量方面，发挥了较好的作用。

(4)训练方法的创新

训练方法是训练指导思想的具体化。中国队一直重视训练方法的研究，先后创新了模拟训练法、多球训练法、男帮女训练方法等,取得了很好的训练效果。

3. 以"特长突出、技术全面"为核心的训练指导思想

乒乓球项目属于技能主导类项目,技术在比赛中占着主导地位。乒乓球选手之间的竞技能力的较量,在某种意义上说,就是双方技术水平的较量。因此,狠抓技术训练,是提高乒乓球整个制胜体系战斗力的主要途径。

(1)狠抓特长技术

在运动员所掌握的特定打法中,始终抓住技术训练(特长技术、主要技术)这一中心环节,反复多练,精益求精,力求使其形成为特长技术,使它们在比赛中成为使用率和得分率最高的主要手段,使技术水平在世界乒坛上占有一定的优势,成为克敌制胜的有效手段。如中国队非常注重进攻型运动员"前三板"技术的训练,努力使发球、发球抢攻技术成为每个进攻型运动员的技术特长,使"前三板"成为中国队在世界乒坛上克敌制胜的"法宝"。

(2)重视技术全面

随着乒乓球技术的普遍提高,对抗日益激烈,在比赛中,攻防转换、主动与被动之间经常交替,在这种情况下,要求运动员必须力求技术比较全面。否则,一旦技术出现明显漏洞,对方运动员抓住自己技术的弱点不放,使自己无法相持、过渡和反击,使比赛处于被动地位。全面的技术训练,增强了运动员的技术实力,提高了运动员全面广泛的适应能力,为特长技术的充分发挥提供了有力保障。

4. "百花齐放"——建立中国"乒坛小世界"

"百花齐放"——建立中国"乒坛小世界",是中国乒乓球长盛不衰的重要因素之一。在对制胜规律中存在的适应与反适应、制约与反制约的实践经验进行透彻分析以后,中国队创造性地提出了具有较高科学性和很强实践性的技术发展政策——"百花齐放、以我为主、采诸家之长、走自己的路",建立了中国"乒坛小世

界"。当时乒乓球界有一句口号:"国外有的我们要有,国外没有的我们也要有。"这是一项辩证的、全面的、完整的技术政策,既要百花齐放,又要以我为主;既要采诸家之长,又要走自己的路。这是一项极其富有创造性的系统工程。

在建立中国"乒坛小世界"的过程中,除了积极发展我国的传统打法——直拍近台快攻以外,还大力扶持其他打法(削球)。在以近台快攻为"主角"的小世界里,各种打法相互竞争、相互学习、共同提高,将五大制胜因素在不同打法的不同运动员身上进行高效的组合,培养出一批既有广泛适应能力、又有独特技术风格的优秀运动员,为中国队在重大的国际比赛中出奇制胜提供了物质基础。如同是快攻运动员,庄则栋"凶";徐寅生则善"变";陈龙灿则在"凶"的基础上,增加了"转"。中国队往往以打法、风格迥异,令世界乒坛震惊。

5.举国体制为特征的三级训练网模式,注重乒乓球后备人才的梯队建设

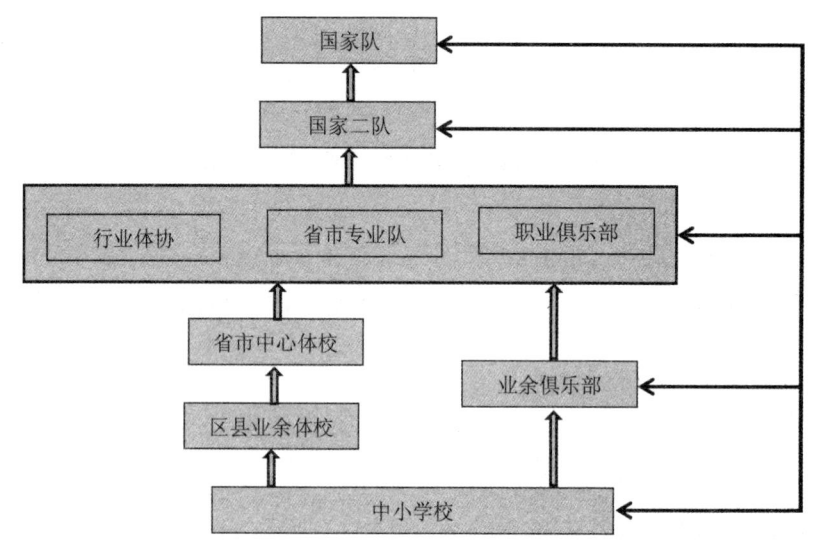

图 1-4 中国乒乓球训练体制

乒乓球项目是一个对抗性项目,每位运动员水平的提高,除了自身的努力之外,还取决于训练对手的水平。举国体制为特征的三级训练网模式(图 1-4),构成了层层衔接的人才"金字塔",使

后备人才源源不断,为我国乒乓球运动长盛不衰和可持续发展提供了人才保障。

(1)中国乒协抓住了国家一队奥运争光计划的突击队作用,在打法风格、训练重点、训练原则的实施上使它产生对各级运动队的导向作用。

(2)以国家二队为枢纽,起到输送人才和调动地方积极性的作用。

①国家二队具有输送人才的作用

20世纪50年代后建立起来国家青年队。此后,绝大多数世界冠军都是从国家青年队涌现的。当国家二队人才丰厚,质量有保障时,我们往往都会取得优异的比赛成绩;当国家二队人才出现断层时,就会给人才培养构成潜在的危机。20世纪80年代末,我国乒乓球竞技水平滑入"低谷",与忽视国家二队的建设有很大的关系。

②国家二队具有协调地方积极性的作用

乒乓球国家二队采用流动的集训体制。每年进行两次全国青少年优秀运动员的大集训,调集各省市的优秀青少年选手,国家二队也参加,男女人数各60人左右。通过练赛紧密结合的大集训,对国家二队不断进行调整,训练和比赛成绩优异的进入国家二队。在全国锦标赛和全国青少年锦标赛中进入前8名的省市队员,可直接进入国家一队或国家二队。在国家一队和二队之间进行大循环赛的升降制。一队的后几名降到二队,二队的前几名升至一队,增强了队员的竞争意识和危机感,有力地促进了技术的提高和人才的成长。

(3)对各地方的运动队直接地给予技术支持,发挥竞赛杠杆对基层运动队训练的导向作用。除了国家计划内的青少年比赛,中国乒协还积极支持全国范围内的各种民办少年儿童比赛,充分依靠社会力量,运用市场机制,形成一个基层少儿乒乓球竞赛网络,并予以政策上的支持,极大地推动了基层乒乓球运动的开展,为我国乒乓球运动的发展打下了雄厚的基础。

二、乒乓球运动的常用术语

所谓的术语是一种专门用语。在体育领域中,每个运动项目都有其专门的术语,它准确地反映了某一事物(动作或状态)的本质及其结构特点。乒乓球运动的术语是准确说明乒乓球运动的器材、动作技术、战术、竞赛、裁判等方面的专门用语。乒乓球运动的术语很多,这里仅对在教学训练中常用的术语做简单的介绍。

(一)比赛台面及其区域

比赛台面:球台的上层表面称为"比赛台面"。比赛台面长274厘米,宽152.5厘米,球台离地面高度为76厘米(12岁以下为64—65厘米),球网高为15.25厘米,球网长为183厘米,边线与悬网柱之间的距离为15.25厘米(图1-5)。

端线:球台两侧与球网平行的2厘米宽的白线,称为端线。

边线:球台两侧与球网垂直的2厘米宽的白线,称为边线。

中线:台面中央与边线平行并位于台面正中央的3毫米宽的白线,称为中线。

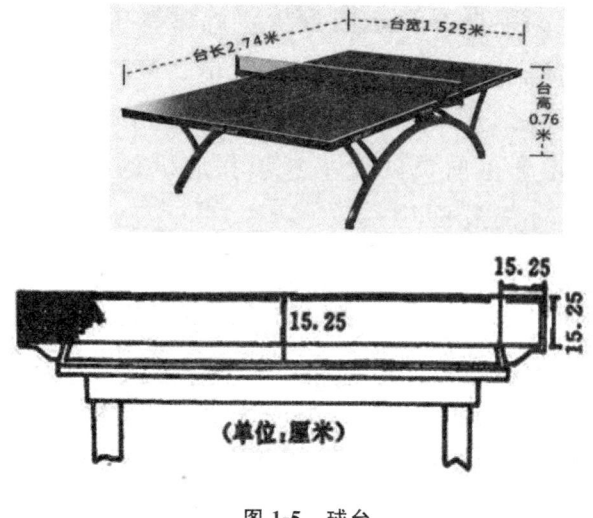

图 1-5 球台

左、右半台(又称 1/2 台):中线将台面分为左、右两个半台,左面的称为左半台;右面的称为右半台。其左右方向是依据击球者本身而言。

1/3 台:台面左侧 1/3 部分,称为左 1/3 台;台面右侧 1/3 部分,称为右 1/3 台。

2/3 台:台面左侧 2/3 部分,称为左 2/3 台;台面右侧 2/3 部分,称为右 2/3 台。

(二)场地

赛区空间应不少于 14 米长、7 米宽、5 米高。赛区四周应由 75 厘米高的同一深色的挡板围起,以利于相邻的赛区及观众隔开(图 1-6)。

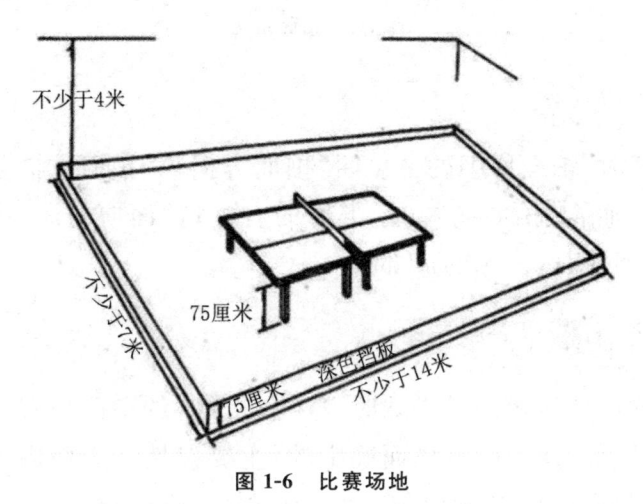

图 1-6　比赛场地

(三)拍面角度和拍面方向

1.拍面角度

拍面角度是指击球时拍型与台面所形成的夹角。角度小于 90°时称为"前倾";角度大于 90°时称为"后仰";拍面与台面成 90°时为"垂直"。按球拍击球时的拍面角度和击球部位的不同可分为(图 1-7):

拍面向下:球拍击球的上部。

拍面稍前倾:球拍击球的中上部。

拍面前倾:球拍击球的上中部。

拍面垂直:球拍击球的中部。

拍面稍后仰:球拍击球的中下部。

拍面后仰:球拍击球的下中部。

拍面向上:球拍击球的下部。

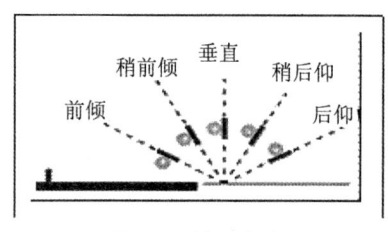

图1-7 拍面角度

2.拍面方向

击球时,拍面所朝的方位叫"拍面方向"。拍面方向是依据击球者本身而言,拍面向左时,击球的右侧;拍面向右时,击球的左侧;拍面朝前时,击球的后部。

(四)击球点

击球点是指运动员击球时,球拍触球时的空间位置。击球位置是相对于击球者的身体而确定的,主要包括三方面内容:(1)击球点相对身体的左右位置;(2)击球点相对身体的前后位置;(3)击球点相对身体的高低位置。

(五)触拍部位

触拍部位是指击球瞬间,球体触及在拍面上的位置。一个球拍可分为拍柄、拍肩和拍身三部分。击球时,球触及拍面的部位划分为:左、右、上、下、中等部(图1-8)。

(六)击球路线

击球点与落点之间的连线的投影线叫做击球路线。乒乓球有五条基本的击球路线,即右方斜线、右方直线、左方斜线、左方直线和中方直线(图1-9)。

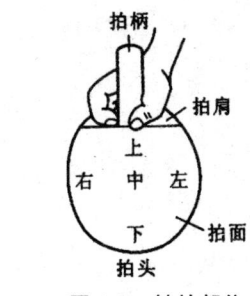

图1-8 触拍部位

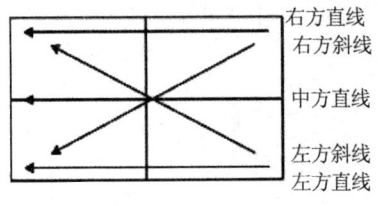

图1-9 击球路线

(七)击球时间

击球时球拍触球的瞬间,球体在空中所处的时期,称为击球时间。来球从本方台面弹起后,其运行轨迹从着台点上升再到下降至触及地面以前的整个过程,可分为上升前期、上升后期、高点期、下降前期和下降后期五个时期(图1-10)。

上升前期:是指球从台面反弹后上升的最初阶段。

上升后期:是指上升前期与高点期之间的一个阶段。

高点期:是指球弹起达到最高点或接近最高点的那一个阶段。

下降前期:是指球从最高点开始下降的开始阶段。

下降后期:是指球从下降前期到接近地面之前的这一阶段。

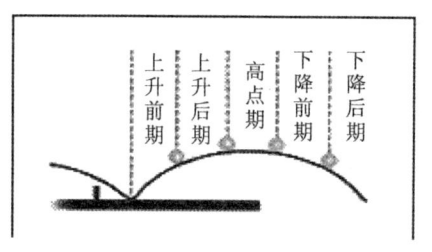

图 1-10 击球时间

(八)击球部位

击球部位是指触球瞬间,球拍触及球的具体位置,它基本上与拍型角度相吻合(图 1-11)。

上部:12—1 之间的部位。

上中部:1—2 之间的部位。

中上部:2—3 之间的部位。

中部:3 的部位。

中下部:3—4 之间的部位。

下中部:4—5 之间的部位。

下部:5—6 的部位。

图 1-11 击球部位

(九)击球距离

挥拍击球时,球拍的起始点(即引拍结束时的球拍位置)到击球点之间挥拍的长度,称为"击球距离"。

(十)发力方式

发力方式是指挥拍击球时的用力方式,分为发力、借力和减力。靠运动员本身用力击球称为发力;借用来球的反弹力击球称为借力;球拍触球时减弱来球反弹力击球称为减力。

(十一)短球、长球与追身球

短球又称近网球,指球落在台面的近网区;长球又称底线球,指球落在台面的底线区;追身球,指将球击到对方中间的位置(图1-12)。

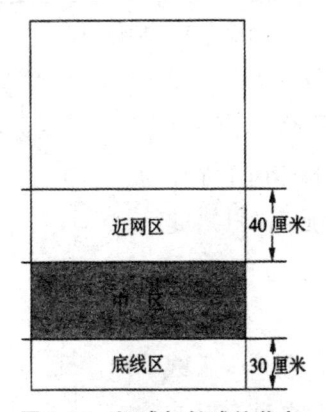

图1-12 短球与长球的落点

近网区:指台面距球网40厘米以内的区域,称为近网区。
底线区:指台面距端线30厘米以内的区域,称为底线区。
中区:指介于近网区和底线区之间的区域,称为中区。

三、乒乓球击球的基本原理

(一)弧线

1. 弧线的概念及构成

乒乓球的运行特点是以一定的弧线形式表现出来的。击球弧线是指球离开球拍落到对方台面的飞行轨迹。

(1)弧线的构成

乒乓球的击球弧线由第一弧线和第二弧线组成(图1-13)。第一弧线是指球被球拍击出后,到落在对方台面为止的飞行路线;第二弧线是指球从对方台面弹起直至碰到其他物体(球拍、地面等)为止的这段飞行路线。弧线受地球引力和空气阻力、球出手的角度、击球力量和球的旋转等因素的影响。

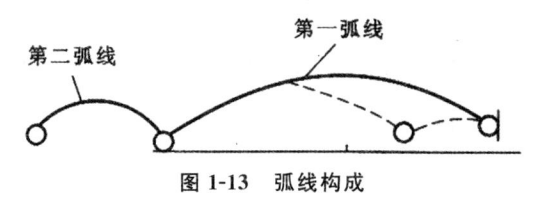

图1-13 弧线构成

(2)第一弧线构成

第一弧线是由弧高、打出距离、弧线弯曲度和弧线方向等组成(图1-14)。其中,弧高(H):是指弧线的最高点与台面所形成的高度;打出距离(L):是指击球点与落点之间的水平距离;弧线弯曲度:是弧线的弯曲程度,与弧高成正比,与打出距离成反比;弧线方向:是以击球者为准,主要指向左、向右的方向。

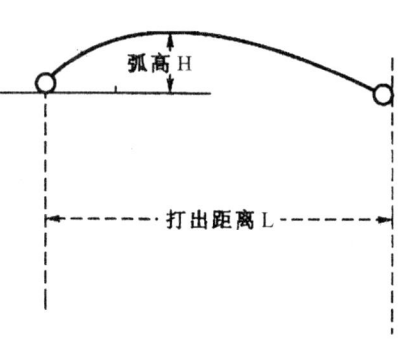

图1-14 第一弧线构成

2.还击各种来球对飞行弧线的要求

(1)不同击球点击球

①还击近网高球时,弧线曲度要小,打出距离要短。
②还击近网低球时,弧线曲度要大,打出距离要短。
③还击远网高球时,弧线曲度稍小,打出距离要长。
④还击远网低球时,弧线曲度稍大,打出距离要长。

(2)不同击球时间击球

①上升期击球时,球具有较大的反弹力,弧线曲度稍小,打出

距离稍短。

②高点期击球时,回球弧线有一定的曲度,曲度不能过大,打出距离不能过长。

③下降期击球时,因为无法借力,且击球点较低,弧线曲度适当增大,打出球的距离略长。

(3)还击不同旋转来球

①还击上旋球时,来球旋转越强,越要注意减小弧线曲度,缩短击出距离,避免回球过高或回球出界。

②还击下旋球时,来球旋转越强,越要注意增大弧线曲度,增加击球力量,增长击出距离,避免回球下网。

③还击左(右)侧旋球时,来球旋转越强,越要注意相应地向左(右)调整拍面方向,避免回球从右(左)侧边线出界。

(4)削球对弧线的要求

①在削击比网略高或与网同高的球时,要减小回球弧线的曲度,并适当缩短打出的距离。

②在削击比网低的球时,要适当增大弧线的曲度,回球的距离可长一些。

③在削击强烈上旋球时,要加大下压力,以便压低弧线的曲度和控制打出距离。

(二)速度

速度在乒乓球击球质量中占有十分重要的地位。在比赛中在回击来球时,谁的击球速度快,谁就能取得更多的主动权。

1. 击球速度的概念

乒乓球运动中的击球速度,就是指从对方来球落到我方台面始,到弹起被我球拍回击后又落到对方台面止,这一过程所用的时间。所用时间越短,说明速度越快。

2. 击球速度的一般原理

根据力学公式 $v=s/t$(速度＝距离/时间),在时间相同的情况下,物体向前运动的距离越长,其速度就越快;在距离相同的情况下,物体向前运动的时间越短,其速度就越快。可见,速度的快慢与时间和距离密切相关。乒乓球击球的速度是由来球第二弧线时间和击球第一弧线时间两方面决定的。

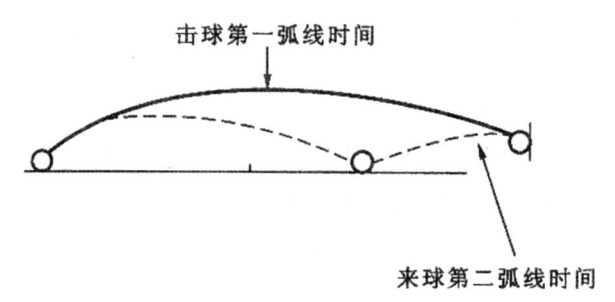

图 1-15　弧线时间

（1）来球第二弧线时间

这段时间是从对方来球击中己方台面的瞬间算起,到己方回球时球拍触球的一瞬间为止(图 1-15)。击球所需时间长短,除受对方来球的速度、力量、旋转、落点等因素的影响之外,主要取决于己方击球时间的早晚。击球时间越早,击球所需的时间越短;反之则长。因此,尽可能提早击球的时间,缩短第二弧线,就成为缩短击球所需时间的一个重要条件。

（2）击球第一弧线时间

这段时间是从球体离拍的一瞬间算起,至球落到对方台面的一瞬间为止。在飞行弧线长度一定的情况下,球的飞行速度越快,球在空中飞行的时间越短;反之则长。在球的飞行速度相同的情况下,飞行弧线越短,球在空中飞行的时间越短;反之则长。

3. 提高击球速度的方法

（1）击球时尽可能靠近球台,提早击球时间,尽量在来球的上升期击球,有利于减少第二弧线反弹时间,提高击球速度。

（2）加快击球时挥拍速度,增大击球的爆发力,充分发挥前臂和手腕的作用,加快球在空中飞行的速度。

（3）适当减少引拍幅度,击球时引拍动作小、速度快、有利,触球瞬间发挥出最大的爆发力,以加快球速。

(4)加大击球力量,全身协调用力,击球时发力方向多增加向前成分,使作用力线接近球心,能降低弧线高度,缩短球的飞行时间。

(5)提高速度素质,包括动作速度、反应速度和步法移动速度,使之与击球速度密切配合。

(三)旋转

1.旋转产生的原因

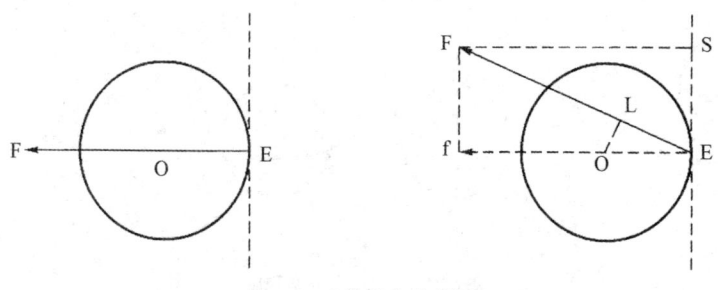

图1-16 旋转产生原理

击球时,如果力的作用线(F)通过球心(O),球只能具有一定的前进速度,而没有任何旋转;如果力的作用线不通过球心,与球心保持一定的垂直距离(即力臂 L),那么球就会产生一定的旋转。力臂(L)的产生,使作用力(F)分解为垂直于拍面和平行于拍面的两个分力,前者为撞击力(f),使球产生平动;后者为摩擦力(s),主要使球产生旋转。因此,摩擦力是使球产生旋转的主要原因(图1-16)。

2.乒乓球的基本旋转轴

乒乓球本是无固定轴的物体,但在外力作用下,产生旋转后,就必然会产生旋转轴。由于乒乓球在飞行时可向任何方向旋转,因此,乒乓球的旋转轴是无限多的。为了便于了解乒乓球旋转的一般规律,人们按三条最基本的旋转轴来加以分析和归类。需要注意的是,在运动实践中,单纯绕基本旋转轴旋转的球是很少的,大多数旋转球的旋转轴与基本旋转轴都有所偏离。

(1)左右轴

它是通过球心与乒乓球飞行方向相垂直的轴。球绕此轴向前旋转为上旋球；向后旋转为下旋球(图1-17)。

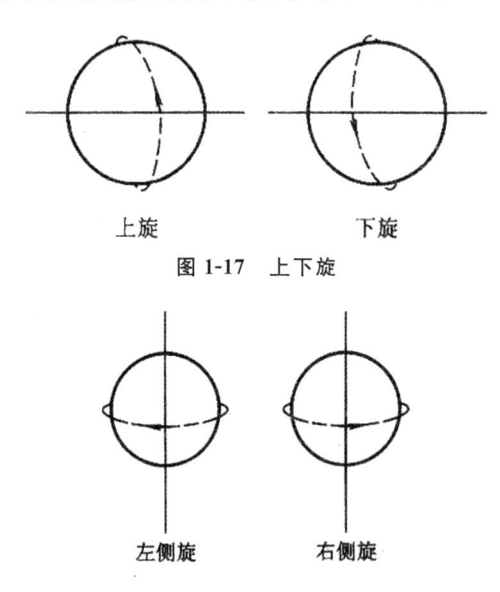

图 1-17　上下旋

图 1-18　左右旋

(2)上下轴

上下轴是通过球心与台面相垂直的轴。球绕此轴旋转为侧旋球。根据击球者的方位，击球时，以球拍触球的某一点为基准，球开始时向左旋转为左侧旋球；球开始向右旋转为右侧旋球(图1-18)。

(3)前后轴

前后轴是通过球心与球的飞行方向相平行的轴。球绕此轴按顺时针方向旋转为顺旋球；球绕此轴按逆时针方向旋转为逆转球(图1-19)。

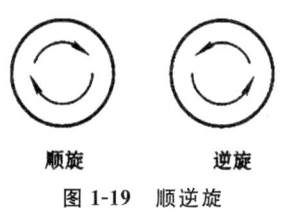

图 1-19　顺逆旋

3.旋转球的性质

(1)上、下旋球

上旋球:球在空气中飞行时下降得较快,从而增大了弧线曲度,缩短了打出的距离,碰台后前冲速度加快,平挡时球向上飞。

下旋球:球在空气中飞行时下降得较慢,从而减小了弧线曲度,增加了打出的距离,碰台后前冲速度减慢,平挡时球向下跑。

在同等条件下,使上旋球的飞行弧线比不转球的飞行弧线要低、要短。同等条件下,打出的下旋球比不转球的弧线要高、要长。

(2)左、右侧旋球

左侧旋:球在空气中飞行时,飞行弧线向右偏斜,碰台后略向右拐,平挡时向左反弹明显。

右侧旋:球在空气中飞行时,飞行弧线向左偏斜,碰台后略向左拐,平挡时向右反弹明显。

(3)顺、逆旋球

顺、逆旋由于球体四周空气流速受到迎面而来的气流影响是相同的,因此,其飞行弧线基本上不发生什么变化。顺旋:碰台后明显向右拐,平挡时较难借力,故易下网;逆旋:碰台后明显向左拐,其他情况同顺旋。

4.不同旋转球落台后的反弹特点

(1)上、下旋球

上旋球落台时,球体给台面一个向后的摩擦力,加上球体本身的重力合成为对球台的作用力是向后下方的,球台给球的反作用力是向前上方的(图1-20)。因此,上旋球有一定的前冲力。上旋越强,球体给球台向后的摩擦力就越大,球台给球向前的反作用力也越大,故加转上旋球表现出来的前冲力也越大。

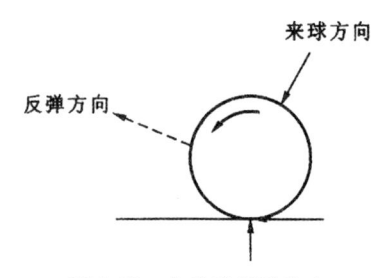

图 1-20　上旋球反弹特点

下旋球与上旋球相反,下旋球落台后反弹显得较高,前冲力弱。如果下旋很强,而球本身前进力又很小的话,即球台给予球的向后作用力大于前进力时,球落台后则出现回跳现象(图 1-21)。

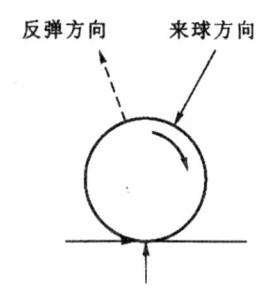

图 1-21　下旋球反弹特点

弧圈球反弹情况与上、下旋转球相比,着台后反弹角度更小一些。反弹角度是指以来球前进方向为准,球反弹路线与台面所形成的夹角。这是因为球本身还有一种向前的惯性力,这个力对球的反弹也起着作用。加转上旋球由于球本身旋转和重力所形成的反弹角度外,还要与球向前的惯性力再形成合力。根据力的平行四边形法则,把这两种力用图示分析,则弧圈球落台后,反弹会更低,前冲力更大(图 1-22)。

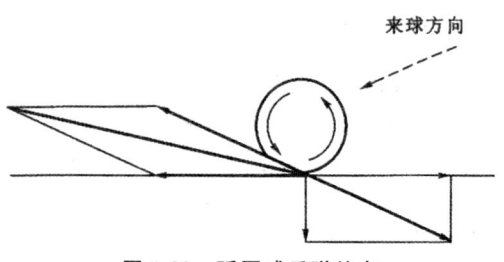

图 1-22　弧圈球反弹特点

(2)侧旋球

侧旋球落台后并不因为左、右侧旋而改变其对台面的作用力,所以落台后其飞行弧线按照原来的方向顺势继续偏拐。

(3)顺、逆旋球

顺旋球落台后给球台一个向左的摩擦力,因此球台也给球一个向右的反作用力,球反弹后向右侧拐弯。逆旋球则相反,球给球台的摩擦力是向右的,因此球反弹后向左侧拐弯(图 1-23)。

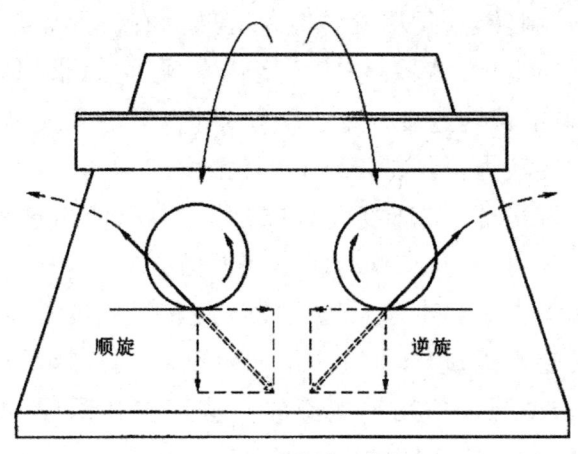

图 1-23 顺逆旋球反弹特点

5.对付旋转球的常用方法

(1)首先应该充分了解乒乓球旋转的基本规律,对来球的旋转特性进行准确判断,是对付旋转的前提。

(2)调节拍面方向和拍面角度来对付旋转球。

如来球呈上旋,拍面前倾,上旋越强,前倾角度越大;来球呈下旋,拍面稍后仰;来球是左侧旋,拍面偏向右;来球是右侧旋,拍面偏向左。

(3)用力量对付旋转。

用力量对付旋转靠自己主动发力,击球力量远远超过了来球的力量,从而削弱了对方来球的旋转作用。如搓中突击,接发球抢攻,攻弧圈球等。

(4)用速度对付旋转,一般可采用如下几种方法。

①加快击球频率,板板紧逼,迫使对方在匆忙中回击,从而影响对方的回球质量,为获取主动制造机会。

②具有突然性。在与对方相持中,突然加快击球速度,可以破坏对方的击球节奏,使其难于反应而勉强回接,也可削弱对方的击球质量,从而赢得主动。

③加快挥拍击球的速度。挥拍击球的加速度越大,给球的力量也越大。

(5)以转制转,这是用旋转对付旋转的有效方法之一。

①顺旋转击球。顺着来球的旋转击球,可以借用来球的旋转力,提高回球的旋转速度。如拉下旋球时,顺着下旋从下往上拉,借用来球的旋转力,提高回球的旋转强度。

②逆旋转击球。如对攻、对拉、对搓等。使用这种方法击球主要靠自己发力,要注意调整拍型和发力方向。

③避转法击球。击球点避开球体旋转最强的部位,任何一种旋转球都是越靠近旋转轴的部位,其旋转越弱;越远离旋转轴的部位,其旋转越强。如用推侧旋的方法回击弧圈球,即避开了强旋转区,又使来球的旋转轴发生变化。

(四)力量

1.击球力量的力学原理

用公式 $F=ma$(力=质量×加速度)可知,如果物体的质量不变,那么它的加速度越大,作用力就越大。乒乓球的击球力量,是通过球拍作用于球体而体现出来的。力量的发挥主要是为了使球获得更快的飞行速度。击球时,球拍瞬间挥拍速度越大,则击球力量越大;反之则越小,而击球瞬间的挥拍速度又和加速距离、挥拍速度、击球点的选择和发力时机有着密切的关系。

2.提高击球力量的方法

(1)增大加速距离

要提高击球的力量,击球前,要充分引拍。必须使引拍位置与击球位置之间保持一定的加速距离,以利于加快击球的挥拍速度。

(2)加快挥拍速度

在加速距离和用力方向相等的情况下,如果加快挥拍速度,击球的力量就大,反之则小。击球时要充分发挥全身各部分肌肉的协调用力。配合转体要使用腰力,并使重心前移,要使上臂、前臂、手腕和腰部、腿部等动作在挥拍过程中所发挥出来的力量,集中地通过球拍作用在球体上。

(3)掌握好发力的时机

击球时要掌握好发力的时机。除注意保持有足够的加速距离外,还要提高击球瞬间的挥拍速度,在挥拍速度达到最快时击球,力量最大。

(4)增加击球半径

当转速一定时,半径越长,速度越快,反之越慢。使击球点远离身体,增加击球半径有利于充分发挥手臂及腰、腿的加速作用。

(5)适当放松

击球后,必须使身体各部分肌肉充分放松,迅速恢复回击下一板球的准备状态,以利连续击球。

(6)要重视发展力量素质

发展力量素质,主要是速度力量,即身体各部位的爆发力。经常进行各种提高专项快速力量的辅助练习,增强肌肉的爆发力,可提高用力的协调性。

(五)落点

1.击球落点分析

乒乓球的落点是指击球者以合法的手段将球击到对方台面

之点,即着台点。从击球点到着台点之间所形成的线,叫击球路线。通过控制线路和落点,能够调动对方,并达到相应的战术目的。研究乒乓球的落点和击球路线对于提高击球质量和战术效果是十分重要的。因此,增强落点意识、提高落点控制能力,不仅有利于提高击球质量,同时也有助于增强战术的效果。随着世界优秀乒乓球运动员之间水平的差距逐渐缩小,落点争夺在比赛中起着至关重要的作用。

2.提高控制落点和变化落点能力的方法

(1)固定落点的练习:在基本技术练习时,将球台区划分为若干区域,要求运动员将球回击到所规定的区域内。

(2)按规定击球路线进行变化落点的练习:如一点打多点、多点打一点;逢斜变直、逢直变斜等练习,将五条基本击球线路练熟、练活。

(3)采用多球练习的方法:要求运动员将不同落点、不同旋转性质、不同速度和力量的来球回击到某一击球区域内。

(4)提高腕关节和指关节灵活性:训练中经常进行变化拍面角度和拍面方向的练习。

3.击球落点的运用

(1)扩大对方移动的范围

通过左右、长短地变化(左右是指左、右两大角;长短指底线长球和近网短球),增大落点之间的距离,迫使对方大幅度的移动,从而为自己的进攻创造有利时机。

(2)增加对方移位击球的难度

运用追身球,使对方不能及时占据合适的击球位置,难以发力,从而降低击球质量或回球失误。

(3)紧逼对方的弱点和压制对方特长技术的发挥

紧逼对手技术、战术薄弱环节,对手技术、战术哪里薄弱就打哪里,使其露出破绽,攻其要害。

(4)攻击对方判断与移动的相反方向

结合假动作使击球的落点与对方判断的方向和移动的方向相反,造成对方判断失误,为自己的进攻创造时机。

四、击球过程的基本结构

击球过程的基本结构包括:判断、选位(移动)、击球、还原四部分。了解击球过程的基本结构,对提高分析技术动作的能力和教学训练的效果具有十分重要的意义。

(一)判断

判断来球是决定脚步移动方向和还击方法的依据。主要包括:判断来球的路线,旋转以及落点。

1. 判断来球的路线

(1)根据对方击球时的球拍方向判断来球的路线。例:对方站在球台的左半台击球,球拍触球时的拍面对己方的左半台,来球一般是斜线;拍面正对己方的右半台,一般则是直线球。

(2)根据球过球网时的位置判断来球的线路。例如:对方站在球台右角击球,球从球网的中间越过,来球一般为斜线球;球从球网的右边越过,一般是直线球。

2. 判断来球的旋转

乒乓球最大的奥妙在于它的旋转,最吸引人的是它的旋转,最让人头疼、捉摸不定的也是旋转,比赛中运用最多的、最强有力的武器还是旋转。是否能有效回击对方来球,首先取决于运动员对来球的旋转性能和强度的正确判断。要打好乒乓球,必须对每个球的旋转和强度有一个正确的判断和认识,只有这样才能够在比赛中减少失误,争取主动,获得胜利。

判断旋转的基本方法:

（1）根据对方击球时球拍击球的部位和球拍挥动的方向判断来球的旋转。不同的旋转它的击球部位不同，一般情况下，侧旋球的击球部位是在球3点钟的位置；下旋球的击球部位是在球的6点钟的位置；上旋球的击球部位则是在球的12—1点钟的位置。可见，不同的击球部位，球将会产生不同的旋转。

（2）根据来球的速度判断来球的旋转。一般来讲，下旋球的速度较慢，落台后前冲小；上旋球的来球速度较快，着台后前冲力较大。

（3）根据来球的弧线和球着台后的反弹情况判断球的旋转。

①快攻球与加转弧圈球的区别：快攻球飞行时和着台反弹后的速度变化不大，而加转弧圈球在飞行时速度较慢，着台反弹后的速度加快。

②加转弧圈球与前冲弧圈球的区别：前冲弧圈球的弧线较低，速度较快。

③加转下旋球与不转球的区别：加转下旋球在飞行时速度快，着台反弹后下沉，前行速度较慢；不转球的速度较慢，着台反弹后往前冲。

④左、右侧旋球，飞行时其弧线沿挥拍方向产生顺向偏拐。

3. 判断来球的落点

（1）根据对方挥拍击球时动作幅度的大小和力量轻重来判断来球落点的长短。例如：快推、加力推、减力推等，由于击球时的动作幅度和力量大小不同，球的落点长短就会有所不同。

（2）根据来球弧线最高点的位置判断来球的落点。一般来讲，来球弧线的最高点在对方球台上空或靠近网前，来球的落点相对较短，反之则较长。

（3）接发球时，看对方第一落点的位置判断来球落点的长短。对方发球的第一落点离端线近，来球一般为长球；对方发球的第一落点离球网近，来球一般为短球。

(二)选位

选位(或移动)的主要目的是选择有利的击球位置。乒乓球的速度较快,变化多,还击方法也很多。在还击过程中,移位具有重要的意义。击球位置的选择应根据对方击球的落点和力量、旋转、弧线、速度等来确定合理的还击位置和还击方法。选位好,能够迅速抢占有力的击球位置,提高回球的命中率和击球的质量;反之,将会破坏正确的击球动作,影响击球的质量和命中率。

在学习中注意加强移位能力的培养和训练,把步法与手法的练习紧密结合起来,做到判断准、起动快、还击果断、步法与手法配合协调。

(三)击球

击球是击球过程的核心环节。在击球过程中,要特别注意把握击球动作、击球点、击球距离、击球时间、击球部位、触拍部位、用力方向以及力量运用等。击球时,应根据对方的回球情况和自己的打法特点来选择最佳的还击方法。

1. 击球动作

乒乓球的击球动作一般包括:引拍、迎球挥拍、球拍触球、随势挥拍和击球后的放松五个部分。

(1)引拍

引拍是迎球挥拍之前的准备工作,其主要作用是更好地发力击球。引拍动作直接影响击球动作和击球效果。

①引拍是否及时,是能否保持合理击球点的重要因素之一。

②引拍的方向与挥拍的方向和回球的旋转性质紧密相连。要使球呈下旋,就必须向球的上方引拍;要使球呈上旋,就必须向球的下方或后方引拍。

(2)迎球挥拍

迎球挥拍是指引拍结束到击中来球之前的这段过程的动作。

迎球挥拍是一个连贯不停顿的动作。

①挥拍的方向决定着回球的旋转性质,并影响着回球的路线,它受引拍方向的制约。

②挥拍加速度的快慢,决定着击球力量的大小,从而影响球的飞行速度和旋转强弱。

③挥拍动作的正确与否,直接影响着击球的命中率和击球的效果。不同的打法,不同的技术对挥拍动作有不同的要求。

(3)球拍触球

球拍触球是指球拍与球接触时一刹那的动作,是整个击球动作中的核心部分。球拍触球时的击球点、击球距离、拍面角度、拍面方向、触球部位、用力方向及发力大小等,决定回球的出手角度、飞行速度和旋转的性质以及旋转的强弱。

(4)随势挥拍

随势挥拍是指球拍击球后随势前挥的那一段动作。这一动作有利于在击球结束后保持击球动作的完整性、准确性、协调性和稳定性。

(5)击球后的放松

击球动作完成后,随势挥拍的结束而出现的一个短暂的放松阶段。放松动作是保持身体平衡的关键及有节奏地连续击球、提高击球质量的重要因素。

2.击球点

合理的击球点有助于击球动作的协调,击球力量的发挥和对回球弧线的控制。确定击球点应注意以下几个方面。

(1)无论使用哪种技术击球,都应将击球点选择在身前,切忌在身后击球。

(2)击球点应与击球者的身体保持在适宜的位置。击球点不能偏后,也不能过前;既不能太靠近身体,也不能离身体太远;既不能太低,也不能过高。

(3)不同技术对击球点的要求也有所不同。例如:弧圈球的击球点比攻球的击球点略低、略后。

（4）要取得合理的击球点,必须配合脚步移动,及时抢占有利的击球位置,否则很难达到目的。

3.击球时间

击球时间是指来球从着台反弹跳起到触及地面以前的整个过程。击球时间大致分为:上升前期、上升后期、高点期、下降前期和下降后期五个时期。不同的击球时间可以改变击球的节奏。

（1）不同的技术动作,击球时间有所不同。例如:近台快攻击球的上升前期,中远台攻球时击球的下降前期;拉前冲弧圈球时击球的上升后期或高点期;拉加转弧圈球时击球的下降前期;拉高吊弧圈球时击球的下降后期。

（2）不同类型打法的击球时间也具有不同的特点。以速度为主的快攻型打法,击球时间多在上升期;以旋转为主的弧圈类打法,击球多在高点期前后;削球类打法的击球时间多在下降期。因此,在还击来球时,应根据自己的打法特点和击球方法选择合适的击球时间,提高击球的准确性。

4.击球距离

击球距离是指挥拍击球时,球拍的起始点(引拍结束时球拍的位置)到击球点之前的挥拍的长度。

（1）挥拍距离的长短,与还击时的击球方法和发力大小紧密相关。例如:正手挡弧圈球技术击球,其击球的距离较短;用弧圈球技术击球,其击球的距离较长;中远台攻球时,其击球距离比快攻要长等。在击球时,应根据还击方法,选择适宜的击球距离。

（2）击球距离的长短与打法类型、技术风格有关。例如:以速度、落点为主的运动员,击球时的击球距离一般较短;以力量、旋转为主的运动员,击球时的击球距离相对较长。

5.击球部位与用力方向

击球部位是指击球瞬间,球拍击在球体上的位置。

用力方向是指击球时球拍的挥动方向。

击球部位由触球时的拍型所决定,用力方向是由击球时的挥拍路线决定。击球时,主要通过调节击球部位和用力方向来控制回球的飞行弧线。击球部位与击球方向的有机结合,是提高回球准确性和击球质量的关键因素。

(1)击球部位与用力方向的结合主要有以下三种方式。

①相对固定用力方向,以调节击球部位为主,例如:快推、推下旋、推侧旋技术就多采用这种方法。

②相对固定击球部位,以调节用力方向为主,例如:前冲弧圈球、加转弧圈球技术就多采用此方法。

③同时调节击球部位和用力方向,例如削球技术、攻球技术多采用这种方法。

(2)使用不同技术还击来球,击球部位与用力方向的结合一般有以下几种情况。

①攻球对攻球:一般击球的中上部,用力方向向前或前上方。

②拉弧圈球:拉前冲弧圈球一般击球的中上部,用力方向前上方,向前为主,向上为辅;拉加转弧圈球一般击球的中部,用力方向前上方,向上为主,向前为辅。

③攻球对削球:一般击球的中部或中下部,用力方向向前上方。

④削球对攻球:一般击球的中下部,用力方向向前下方。

⑤搓球对搓球:一般击球的中下部,用力方向向前下方。

6.触拍部位

触拍部位是指击球瞬间球触及在球拍上的位置。合理的触拍部位有利于提高回球的准确性,增强击球力量,提高旋转变化和回球的攻击力。在比赛中,可通过变化触拍部位,改变回球的旋转(转与不转),迷惑对手,为自己的主动进攻创造有利时机。

使用不同的技术动作击球,对触拍部位的要求也有所不同。一般情况下,使用上旋技术击球时,应用球拍的中上部触球,向球拍的中下部摩擦;使用下旋技术击球时,应用球拍的中下部触球,向球拍的中上部摩擦。

7. 力量运用

合理运用击球力量,有助于增强回球的攻击力,提高回球的质量和效果。乒乓球击球力量的运用,主要处理好上臂、前臂、手腕,发力、借力、减力,撞击与摩擦之间的各种关系。不同技术、战术和打法,击球力量的运用也各有不同。

(1)不同技术的力量运用

①还击近网短球:用力的主要部位以手腕为主,如:搓球、摆短、台内挑打、反手的拧等。

②在近台或中近台还击来球:以速度为特点的技术击球时,多以前臂发力为主。例如:近台攻球、近削、快推、快带等;以力量为特点的技术击球时,多以上臂为主带动前臂发力。例如:前冲弧圈球、正手扣杀等。

③在中台或中远台还击来球:击球时多以上臂为主带动前臂发力。例如:中远台攻球、弧圈球、远削等。

(2)不同战术的力量运用

在各种战术中,力量的运用可分为主动发力、借力和减力三种。

①主动发力:击球时主要依靠己方发出的力量把球还击过去。主动发力对技巧和素质的要求很高,难度较大,是乒乓球比赛中主要的得分手段。

②借力:击球时主要借用对方发出的力量把球还击过去。借力击球具有一定的速度,有利于控制球的落点,比较稳健,是相持阶段重要的技术。

③减力:击球时缓冲对方来球的反弹力,使回球的速度减慢,回球的落点缩短。在对方离球台较远时,运用减力击球可以起到调动对方步法移动和削减对方进攻的作用。

(3)不同打法类型的力量运用

①以速度为主的各种打法类型,击球时多以撞击为主,如快攻类打法。

②以旋转为主的各种打法类型,击球时多以擦击为主,如弧圈类、削攻类打法等。

(四)还原

每一次击球后,必须迅速还原成击球前的基本站位和基本姿势,为下一次击球做好准备。迅速还原是连续击球的基础和重要保证,也是提高击球质量的重要环节。还原包括:身体姿势、重心、站位三部分。

(1)重心:由一只脚支撑还原到准备姿势时的两脚支撑。

(2)身体姿势:还原成准备姿势或下一次击球所需要的准备姿势。

(3)站位:基本站位的还原在快速激烈的乒乓球对抗中有很大的难度。在比赛或练习中,双方的击球位置和战术运用在不停地变换,因此基本站位也不会一成不变,基本站位应该只有一个范围,而不能简单地视为一个固定的点。所以,在乒乓球教学和训练中应正确地理解和灵活处理基本站位的还原。

五、乒乓球竞技制胜因素

(一)乒乓球竞技要素

任何一板球,都包含着五个物理要素,即球经撞击脱板后,会带有一定的速度、一定的力量、一定的旋转、一条弧线和一个落点,这五个物理要素从竞技制胜的目标系统分析,被定义为乒乓球的竞技要素。

在乒乓球比赛中,双方运动员的相互制约,最终是通过击出球的弧线、落点、速度、旋转和力量这五个物理要素来实现的。速度是制胜的首要因素,力量是制胜的基础因素,旋转是制胜的强化因素,落点是制胜的关键因素,弧线是制胜的保证因素。

1. 球的力量

力量作用于球,是通过球的前进速度和旋转强度表现出来的。对于快攻来说,力量主要是为了使球获得更快的飞行速度;对于弧圈球或削球,力量则是为了加强球的旋转。击球力量的大小,主要取决于击球时挥拍加速度的大小。要想加大挥拍的加速度,必须发展力量素质,特别是击球时的爆发力和全身的协调用力。击球力量的大小主要取决于击球时挥拍时的加速度,所以击球是要收紧小臂,使自己有更大的爆发力。

2. 球的运行弧线

乒乓球的运动形式,基本上是按一定的弧线运行的。球在球台上空运行,其弧线受球台的长度,球网的高度和球台的宽度的限制。合理的弧线起止点的长短,主要是保证打出去的球既不因弧线太短而不过网,又不因弧线过长而从端线出界。合理的弧高,主要是保证打出去的球既不因弧线过低而下网,又不因弧线太高而被对方扣杀。合理的弧线方向,主要是保证打出去的球不会从边线出界。

影响乒乓球运行弧线的主要因素有如下几点。

(1)弧线的高低主要取决于击球时的出手角度和速度。

一般说来,出手角度越大、速度越快,球的运行弧线也越高。出手角度主要取决于击球时的拍型角度、球部位,发力方向和大小以及对方来球的旋转性能和强度。出手速度,主要取决于击球的力量。

(2)弧线起止点的长短。

在出手角度一定的情况下,一般说来,击球力量越大,球速越快,球飞行的距离越远,弧线起止点的距离也就越长,反之则短。

(3)弧线的方向。

球运行弧线的方向主要取决于击球时拍面的方向、发力的方向和大小及对方来球的旋转性质和强度(主要是左、右侧旋球)。在不同高度、距离、时间、方位,采用各种不同的技术、不同性能的球拍,回击各种不同旋转的来球时,对制造弧线有不同的要求。

3.球的速度

乒乓球运动的特点是"快速多变"。我国近台快攻打法的技术风格"快、准、狠、变、转",把"快"放在首位。"快",指的就是速度,可见其重要。

乒乓球的速度,主要包含两个因素。

(1)球向前飞进的速度:所谓"急如流星",就是球向前飞进的速度快。

(2)击球间隙:所谓"快如闪电",主要是指击球的间隙短,一板紧逼一板。其目的在于发挥快速进攻的威力,打得对方措手不及。

要想提高乒乓球的速度,必须从上述两个方面入手。尤其是缩短出球间隙,加快打球的速率,对各种类型打法都是十分重要的。

4.球的旋转

乒乓球的旋转,在现代乒乓球运动中,越来越引起人们的重视,越来越被人们广泛地运用,加之球拍性能的改进,在运动竞赛中,旋转也就越来越显示出它的威力。加大击球力量,并使力量集中作用于摩擦球,则是加强球的旋转的关键。

旋转的特点是:

(1)旋转的强度不断增强,旋转的性质更加复杂,加转与不转的差距越来越大。

(2)打各种不同旋转球的动作外形越来越相似。

5.球的落点

乒乓球的落点是指球的着台点。从击球点到着台点之间的连线,叫做击球路线。研究乒乓球的落点和击球路线,对于提高击球效果和战术运用是十分重要的。

(二)乒乓球竞技制胜因素

通过对乒乓球竞技要素的长期实践和探索,我国乒乓球教练员、科研人员、运动员在实践中总结出乒乓球竞技的制胜因素——快、转、准、狠、变(图 1-24)。它是以球的特点、运动状态,特别是速度、旋转、力量、弧线和落点诸要素单个水平及其有机组合为基础的。这五个要素与球的运动特性相对应(表 1-2)。

图 1-24 乒乓球竞技的制胜因素

表 1-2 乒乓球竞技的五个制胜因素及球的特性

制胜因素	球的特性
快	⇒ 击球的速度
转	⇒ 旋转的强度
准	⇒ 方向 / 落点 / 弧线
狠	⇒ 球的攻击性(力量)
变	⇒ 适应与反适应

乒乓球运动的发展,从特定含义上讲,就是如何提高制胜因素的单个水平及其他们之间组合水平的过程。任何一种打法,只要在比赛中将五大制胜因素发挥到最高水平,就可以获得优异的成绩。"强快"与"强转"最佳组合是当前世界乒坛的主流打法;"强相持、强抗衡、强转换"是当前世界乒坛的主要特点。中国乒乓球队之所以在世界乒坛保持长盛不衰,重要的一点就是能够及时、准确、系统、全面地掌握乒乓球各类打法类型的制胜因素,对"快、转、狠、准、变"五个制胜因素有充分的认识与理解。

1. 快

"快"体现了乒乓球的速度特征。速度作为乒乓球运动的一个术语,是指球飞行时间和击球间隙时间的长短(图1-25)。球飞行时间是指球被球拍击离球拍的一瞬间(B)算起,到球落到对方台面的一瞬间(C)为止的这段时间;击球间隙的时间是指从对方来球落到己方台面的一瞬间(A)算起,到运动员在回球时球拍触球的一瞬间(B)为止。飞行时间和击球间隙时间短者速度快。如快推、快点和快攻;反之,则速度慢。因此,要提高乒乓球的速度,需从缩短击球的间隙时间和减少球出手后的飞行时间这两个方面来着手。

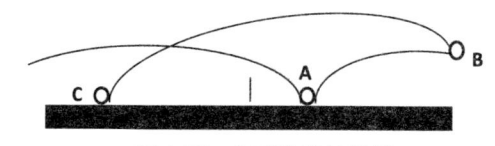

图1-25 击球速度示意图

提高击球速度的方法:

(1)站位近台,在来球的上升期击球。这不仅缩短击球间隙的时间,同时还有利于借助来球反弹力加快回球的飞行速度。

(2)加大击球力量。在还击来球时,充分发挥击球力量,使力的作用线尽可能接近球心,以加快球的飞行速度。

(3)压低弧线高度。在允许的范围内,尽量压低弧线的高度,减少打出的距离,使球的飞行时间缩短。

2. 转

"转"反映了乒乓球的旋转特性。乒乓球的旋转种类繁多,变化复杂。《现代乒乓球的技术研究》中指出:"乒乓球在空中飞行时,存在着四种基本旋转,即上旋、下旋、侧旋、顺(逆)旋,这四种基本的旋转之间相互组合,又可衍生出 26 种不同的旋转,如左侧上(下)旋、右侧上(下)旋等等"。强烈旋转变化的球(尤其是弧圈球),具有很大的"杀伤力"。

回顾乒乓球运动的"三次技术革命",都与旋转密切相关。20 世纪初胶皮拍的出现,称为乒乓球运动的第一次技术革命;20 世纪 50 年代海绵胶拍的出现,增强了球的旋转和速度,称为乒乓球运动的第二次革命;20 世纪 70 年代初,弧圈球技术及其新打法,将旋转与速度更为完美结合,称为乒乓球运动第三次技术革命。

在现代乒乓球技战术中,旋转是竞技制胜的核心因素,在乒乓球运动发展中起着重要的作用。在比赛中,乒乓球旋转变化的复杂性,不仅表现在旋转的种类上,还表现在旋转的强度上。相关资料显示,乒乓球最高转速可达到 168 转/秒,最低转速约 10 转/秒,最高与最低转速之间的差距约 160 转/秒,由于乒乓球的运行速度快,使对手不易适应,尤其性质迥异的旋转球容易造成对方判断的失误,从而陷入被动或直接失分。

提高球的旋转方法:

(1)增长击球的力臂,即在球拍触球时使力的作用线远离球心,可以加大球的旋转。

(2)加快击球的速度及增大挥拍击球的力量,可增强球拍对球的摩擦力。

(3)球接触球拍的部位,对球的旋转也有较大的影响,在发球、拉球或削球中都很重要。

(4)充分发挥上臂和前臂的快速收缩作用。

(5)增加球拍覆盖面的摩擦系数。球拍底板和海绵的弹性、硬度和吃球能力,以及胶皮黏性的大小都对加强球的旋转有很大关系。

3. 准

"准"是落点和弧线的集中表现。在乒乓球比赛中,"准"是任何技术、战术使用的前提条件,任何技术、战术离开了"准"都变得毫无价值。

比赛中,由于球台中间有一个15.25厘米的球网,运动员要将球击过网,就必须制造适宜的弧线,这是"准"的根本保证,更确切地说叫做"稳"。为了给对方造成更大的压力,达到得分制胜的目的,就必须在"稳"的基础上加强落点的准确性和多变性。"稳"是"准"的低级阶段,"准"更富有主动性,要求弧线适中、落点到位。

不同距离、不同高度的球对弧线的要求:

(1)打近网低球时,适当提高弧线的曲度,缩短打出的距离。

(2)打近网高球时,对弧线曲度的要求不大,打出的距离不宜过长。

(3)打远网低球时,适当提高弧线的曲度,增加打出球的距离。

(4)打远网高球时,适当提高弧线的曲度,打出球的距离要长。

不旋转的球对弧线的要求:

(1)回击上旋球时,要减小(压低)曲线弧度,缩短打出球的距离。上旋越强,越要压低弧线的曲度,以免球触拍后向上反弹出界或出高球。

(2)回击下旋球时与打上旋球时相反,应适当提高弧线的曲度。下旋越强,提高弧线曲度就应该越大,以免球触拍后向下反弹而下网。

(3)回击左(右)侧旋球时,根据来球的旋转强度,适宜地向左(右)调整拍面方向,避免回球从右(左)侧边线出界。

不旋转的球对弧线的要求:

(1)上升期击球,球有较强的反弹力,弧线曲度不宜过大,打出球的距离要短。

(2)高点期击球,击球点接近网或略高于网,制造适宜的弧线曲度,缩短打出经dl球的距离。

(3)下降期击球,击球点低于网,提高弧线的曲度,适当增长打出球的距离。

4.狠

"狠"是击球力量的体现。"狠"是以击球力量大小和速度快慢为基础。根据力学公式:F=ma(即力量=质量×加速度),结合乒乓球运动的特点,击球力量的大小主要取决于击球时手臂挥拍的加速度。挥拍时加速度越大,力量也会越大。

20世纪90年代以后,乒乓球技术朝着"更加凶狠、更加积极主动进攻"的方向发展。在战术上力量与落点、力量与速度的结合产生了"凶狠"表现。在比赛中敢于搏杀、打法凶狠,欲求一板置对方于死地,充分体现了"狠"这一制胜因素。如:法国选手盖亭、希腊选手格林卡、比利时选手塞弗等。

提高击球力量的方法:

(1)加大击球距离。击球前,使击球点与身体稍远一些,保证球拍与来由有一定的挥拍距离,有利于加大击球的加速度,增大击球的力量。

(2)增加引拍幅度。击球前,手臂适当后引,适当加大击球距离,从而增加击球的力量。

(3)全身协调用力。击球时结合腿、腰蹬地的力量,同时转体、重心前移等,身体各部分协调配合,以增加击球的力量。

5.变

"变"是战术运用成功和取得比赛主动权的基础。在快、转、准、狠的同时,击球时利用节奏变化(忽快忽慢)、落点变化(忽左忽右;忽长忽短)、力量变化(忽轻忽重)以及旋转变化(转与不转),打乱对手在常规下的击球习惯,使对手不适应。同时又不能让对手制约自己,使自己感到不适应,这种适应与反适应就是战术运用的基础,也是"变"的本质。

六、乒乓球的打法类型

(一)世界乒乓球技术和打法的演进过程

乒乓球技术的发展和打法的演进是以球拍革新为前提,绕速度、力量、旋转、弧线、落点大要素变化不断发展的过程。一些不能充分将竞技要素和制胜因素发挥到高水平的打法被淘汰。反之,一些拥有这些条件的打法,在对抗中不断丰富、发展和完善起来,进而演变成更高层次的先进打法(表1-3),从而赢得一个相当时期的生存权,并可能取得优异的成绩。

表1-3 世界乒乓球技术和打法的演进过程

阶段(年代)	代表性打法	代表国
第一阶段(1926—1951年)	削球	匈牙利
第二阶段(1952—1959年)	中远台单面长抽	日本
第三阶段(1961—1981年)	近台快攻、削攻、快弧、弧圈	中国、瑞典、匈牙利
第四阶段(1982—1989年)	近台快攻、快弧	中国、瑞典
第五阶段(1990年—)	正、反胶近台快攻+直拍横打	中国
	横拍近中台快攻结合	法国、瑞典、德国
	拉冲弧圈	比利时、中国
	横拍弧圈结合快攻	白俄罗斯、克罗地亚、瑞典
	横拍攻削结合、削攻结合	中国、韩国

在以上五个发展阶段中,各类打法在相互制约、激烈的竞争中不断演进、升华。从以上五个发展阶段演进过程可以看出:

第五阶段是对第一、二、三、四阶段进行的一次速度与旋转紧密结合的变革与升华,基本结束了以快制转、以转制快、以慢制快、以攻制守,以及以转制转的相对单一的制约与反制约,使速度、力量和旋转结合得更加紧密,形成了新的具有更大威力的强攻优势,技术发展进入了以快凶均衡为特征的高速对抗阶段。

中国队在打法上的创新,是领先于世界各国的。中国队从1961年开始,先后创新了直拍近台左推右攻、直拍近台两面攻、削攻结合、削攻推结合倒拍、攻拉推结合倒拍、直拍横打等打法。

当欧洲先进打法对直拍快攻形成威胁时,中国运动员直拍快攻将速度与旋转相结合,在直拍快攻"快、准、狠、变"的基础上,创新发展了"转",以近台为主,结合中近台、中远台,既能近台快攻,又能拉小上旋和弧圈球。

当削球型打法进入低潮时,中国运动员将削攻型打法创新发展为攻削型打法,大力强化"转、稳、低、变、攻"中的"变"和"攻"。亦攻亦削、以攻为主,在相持和被动时以削球过渡伺机反攻,有机会就转入进攻,充分发挥主动进攻的威力。

当欧洲新型弧圈球打法使中国选手陷入被动时,中国运动员大胆创新了借力推、快带、反冲等技术打法,使中国直拍快攻打破了弧圈球的禁区。

针对欧洲人不断完善、不断进步的新的打法,中国队走上了一条艰难的创新、再创新之路。每次打法的创新,都使我国乒乓球运动顺应潮流、推动发展、摆脱威胁、走向新的高峰。例如:直拍横打就是一个典型范例。1989年底第40届世乒赛中,中国男队在多特蒙德丢掉男团斯韦思林杯之后,直拍反手位底线下旋球和相持球的缺陷显得更为突出。究其根本的原因就是,由于受到解剖形态结构因素的限制,反手位击球无论力量、速度、旋转都与正手位击球有很大的差异。但是,中国传统打法和特点不能就此放弃,必须有所创新、有所发展。当时国家队总教练徐绍发与国家体委科研所研究员吴焕群联名提出倡议,提出了直拍反手背面攻的试验设想。在国家队总教练的精心指导下,由国家青年队的刘国梁、王飞等直拍选手进行了直拍反手背面攻的试验,他们先后在直拍背面贴上了反胶胶皮进行训练试验,经过几年的实践,终于取得了直拍反面击球的重大突破,直拍横打比传统直拍的反手攻更容易掌握,在处理相持球和弧圈球方面比过去的反手技术更具有使用性和威胁性。直拍横打技术的创新,使刘国梁成为第一位拥有世乒赛、世界杯和奥运会三项男单冠军的"大满贯"选手。

(二)乒乓球各种类型打法的分类及其主要特征

乒乓球运动的各种类型的区分是以运动员的战术特点或战术方法作为主要依据。20世纪60年代以前,人们一般将乒乓球运动分为进攻型和防守型两大类。随着新技术的出现,工具的改革和战术方法的多样化,到了20世纪70年代,乒乓球运动技术的分类就进一步具体化了。乒乓球运动的不同打法是从属于不同类型的,区分它的主要依据是技术特点或技术方法(即在比赛中使用率和得分率最高的技术),以及不同的工具。综观世界乒坛,一般认为乒乓球运动在现阶段可以划分为下述4大类型。

1. 快攻类打法

快攻类打法战术特点是以速度为主,以快制转,以近打远,积极主动,先发制人。直拍快攻打法是中国的传统打法之一,已有40多年的历史。

20世纪50年代初、中期,这种打法以"快、狠"为其特点,但攻球缺乏准确性,因而受挫于欧洲的削球和日本的远台长抽。通过比赛实践,中国的快攻选手提高了对击球准确性的认识,加强了基本功的训练。到了20世纪50年代末,中国快攻选手容国团,以快速多变的战术,夺得了第25届世界乒乓球锦标赛的男子单打冠军。从此,快攻类打法就以其"快、准、狠、变"的技术风格,出现在20世纪60年代的世界乒坛。

进入20世纪70年代初,随着欧洲弧圈球技术的迅速提高,中国快攻类打法的速度受到了旋转的制约。于是快攻选手采取了拉一板小上旋的技术,来为快攻开路,从而又进一步丰富了快攻打法,以其"快、准、狠、变、转"的技术风格来与弧圈类打法抗衡。

快攻打法包括近台两面攻和左推右攻两种打法。

(1)快攻类打法的技术特点

①站位离台近:站位离台约 40－50 厘米,目的在于缩短球在空中的飞行距离,争取击球时间。

②击球时间早:击球的上升期,目的在于缩短对方回球的准备时间,迫使对方在回球时措手不及。

③动作幅度小:在较小的动作幅度内发挥强有力的进攻,已使动作快、重心稳、还原及时,充分发挥前臂和手腕的作用。

④步法移动灵活:要求反应判断敏捷,步法移动灵活、及时到位,手脚配合协调,不能手快脚慢。

⑤突击进攻多:为了争取主动,采取突击和连续进攻较多,以迫使对方连续防御而难于反击,使自己处于主动进攻的优势。

(2)快攻类打法的主要特点

①近台两面攻打法

近台两面攻打法的特点是:站位离台近,进攻速度快,攻势猛,正、反手攻击力强,打法积极,抢攻在前。近台两面攻打法应掌握的技术有:正手快点、快攻、快带、快拉、突击、扣杀、杀高球等技术;反手快点、快攻、快带、快拉、突击、扣杀等技术;侧身正手攻球和扣杀等技术。

20 世纪 50 年代,这种打法以王传耀为代表。他站位中台,用正、反手发力攻打法赢得主动,曾多次获得全国单打冠军。20 世纪 60 年代,这种打法以庄则栋为代表。他以近台进攻为主,充分发挥前臂和手腕的作用,提高了击球速度,形成了近台两面攻的打法,蝉联 3 届世乒赛男子单打世界冠军。20 世纪 70 年代,这种打法以日本的河野满为代表,他在继承日本正手攻球好、侧身意识强的传统打法特点的基础上,吸收了中国近台两面攻打法的优点,形成了以近台为主结合中台的两面攻打法,获得第 34 届世乒赛男子单打冠军。

②直拍左推右攻打法

直拍左推右攻打法是中国独特的一种打法,其特点是:站位离台近,动作小,速度快,步法灵活,正手攻击力强。直拍左推右攻打法的技术与两面攻打法不同的是反手要掌握快推、加力推、推挤、减力挡,以及反手攻球等技术。

20 世纪 50 年代,这种打法主要是以正手攻球为主,以反手挡作为助攻和防御的手段。随着反手推挡有了新的提高,逐渐形成真正的左推右攻打法。20 世纪 50 年代,这种打法以傅其芳为代表,他以正手快攻和反手推挡结合球路变化来争取主动。20 世纪 60 年代和 20 世纪 70 年代,则以李富荣和李振恃为代表,他们不仅提高了反手推挡和反手攻的技术水平,并且还增强了侧身正手进攻的意识和能力,形成了左推右攻结合侧身攻的新打法。

2.弧圈结合快攻类打法

弧圈球作为一种新技术,是在 20 世纪 60 年代初由日本选手创造出来的。1960 年,当匈牙利和南斯拉夫乒乓球队访日时,日本选手首次运用获得成功,从而创立了直拍以拉弧圈为主的新打法。1961 年在北京举行的第 26 届世界乒乓球锦标赛以后,中国选手在直拍快攻打法的基础上,学习了日本弧圈球的技术,逐步形成了具有中国特色的直拍弧圈结合快攻打法。到了 20 世纪 70 年代初期,欧洲选手经过探索和实践,把弧圈球的技术提高到了一个新的水平,创造了横拍弧圈结合快攻的新打法。这类打法目前在继续发挥其旋转优势的同时,也在力求提高速度,技术上朝着拉、冲、扣相结合的方向发展。

(1)弧圈结合快攻类打法的技术特点

弧圈结合快攻类打法的主要技术特点是:站位中近台,正、反手两面拉,以正手拉为主,有一定快攻能力,以弧圈球为主要得分手段,用前冲弧圈球代替扣杀。

(2)弧圈结合快攻类打法的主要特点

①直拍弧圈结合快攻打法

这一打法的特点是正手拉弧圈球出手快,线路活,旋转多变,步法比较灵活,抢攻意识强。比赛时,常以发球或接发球抢冲

(拉)攻在对手的前面,并能在推挡中结合侧身抢冲争取主动,有时也会用真假弧圈来扰乱对方,为扣杀创造机会。这类打法在中国20世纪60年代以余长春、刁文元为代表,20世纪70年代则以郭跃华为代表。

直拍弧圈结合快攻打法应掌握的技术有:正手拉加转弧圈、前冲弧圈、快带弧圈、拉打台内球、中远台反拉弧圈、扣杀技术;反手快推、加力推、减力挡、推挤,以及中台反手攻技术;侧身正手拉、冲弧圈和扣杀技术。

②横拍弧圈结合快攻打法

这一打法的特点是技术比较全面,正、反手都能拉出上旋强、冲力大的弧圈球,侧身正手抢拉、抢冲的使用率高。比赛时,常用以转制快、以转破转作为战术的指导思想,利用弧圈球的上旋冲力迫使对手离台后退,或以旋转变化来扰乱对方,或以快、慢拉球来破坏对方的击球节奏,使对方失误或为自己扣杀创造机会。横拍弧圈结合快攻打法要求正反手都能掌握各种弧圈球技术。以孔令辉为代表的中国式弧圈球打法稳中见凶、以快为主、快中见狠、快狠结合;以瓦尔德内尔为代表的瑞典式弧圈球打法全面均衡,狠快兼备,稳中带凶;以罗斯科普夫为代表的欧洲式弧圈球打法以狠为主、狠中见快、狠快结合,各具特色,形成了不同的流派。

3.快攻结合弧圈类打法

快攻结合弧圈类打法第26届世界乒乓球锦标赛上,中国的近台快攻和日本的弧圈球,表现出鲜明的特点和强大的威力。26届世乒赛以后,中国有些选手在快攻的基础上,使用正贴海绵胶或反贴海绵胶开始学习拉弧圈球,并把快攻技术和弧圈技术结合起来加以运用,形成了以攻为主、弧圈为辅的打法。到了20世纪60年代后期,欧洲选手根据横拍攻球的特点,把中国的快攻和日本的弧圈球技术中的优点同欧洲的技术结合起来,创造了欧洲横拍快攻结合弧圈的新打法。

(1)快攻结合弧圈类打法的技术要点

快攻结合弧圈类打法的技术要点:近台快攻时有速度;正手拉弧圈球尤其是拉前冲弧圈球时,既有强烈的旋转又有较快的速度;反手以快拨为主。正手快攻与拉弧圈相结合,快攻是主要的得分手段。在比赛中,这种打法能近台快抽、快拨和反攻,也能离台拉弧圈球相持或过渡,形成了能攻能防的比较全面的打法。

(2)快攻结合弧圈类打法的主要特点

①直拍快攻结合弧圈打法

这种打法的特点是站位较近台,以正手进攻为主要的得分手段。比赛时能快则快不能打快攻时,则以正手抢拉弧圈球来争取主动,为快攻或扣杀创造条件。在比赛中,用推攻结合拉弧圈的战术,获得良好的成绩。

直拍快攻结合弧圈打法应掌握的技术有:正手快攻、快带、扣杀、拉打台内球,拉加转弧圈和前冲弧圈球以及中远台反拉弧圈球等技术;反手快推、加力推、减力挡、推挤,以及中台反手攻球等技术;侧身正手攻球或拉弧圈等技术。

②横拍快攻结合弧圈打法

这种打法的特点是以快攻为主,以拉弧圈为辅。正手在中近台攻拉结合,反手则以近台快攻(又称快拨)为主。比赛时能快则快,先发制人;不能快攻时以拉弧圈球与对手相持或过渡,伺机进行反攻。

如王涛采用的是横拍快攻结合弧圈打法,正手反胶、反手生胶,其反手弹击、正手抢拉弧圈球、反带弧圈球技术令对手难以招架。它曾获得第43届、第44届世乒赛男团冠军。邓亚萍采用的也是横板快攻结合弧圈打法,正手反胶、反手长胶,以"快、准、狠"的技术风格和顽强拼搏作风,共获得18个世界冠军,是获得乒乓球世界冠军"大满贯"的女选手。

横拍快攻结合弧圈打法的技术与直拍打法不同的主要是反手要掌握快拨、快带以及各种扣杀技术。

4.削球和削攻类打法

削球类打法是欧洲很偏的传统打法之一,削球类打法的形成和发展,在世界乒坛上比其他类型打法具有较长的历史。早在20世纪30年代初期,由于胶皮拍的出现,增强了击球的摩擦力,在欧洲就逐步形成了以削为主的打法。早期的削球打法防守比较稳健,故从20世纪30年代到40年代,在世界乒坛上一直处于领先地位。到了20世纪50年代初,日本选手使用海绵胶拍运用以攻为主的战术,冲破了欧洲的防线,开创了进攻与防守相互对抗的局面。进入20世纪60年代以后,随着中国近台快攻的崛起和欧洲弧圈球技术的提高,使欧洲的削球打法陷于被动地位。中国的削球选手经过反复的实践,加强了削球的旋转变化,提高了反攻能力,革新了球拍,逐步形成了具有中国特色的以削为主结合反攻,攻削结合以及挡、攻、削相结合等多种打法。随着弧圈球技术的进一步提高和广泛地被运用,这类打法要想在世界乒坛占有一定的地位,就必须在增强削接弧圈球的技术基础上积极提高旋转变化、落点变化和反攻的能力。

(1)削球和削攻类打法的技术特点

削球技术的特点概括起来有两点:第一是稳健性,第二是积极性。稳健性主要表现在站位离台较远,击球时间在来球的下降期,这样就使自己有较充足的准备时间;同时,由于来球的速度、旋转在下降期已经减弱,因此比较容易回击。积极性主要表现在落点变化和旋转变化上,运用加转与不转结合左、右、长短的变化,给对方的回击带来困难,造成被动或失误。

(2)削球和削攻类打法的主要特点

①直拍以削为主结合反攻打法

这是中国传统打法之一。其特点是:站位中远台,削球稳健,步法灵活,比赛时常以稳而低的削球先顶住对方的进攻,配合旋转和落点变化来调动对手,为反攻创造机会。这一打法在20世纪50年代以姜永宁为代表,在20世纪60年代以张燮林为代表,他们在许多重要的国际比赛中都曾取得过很好的成绩。

直拍以削为主结合反攻打法的技术有：正、反手削加转与前冲弧圈球、削轻拉球、接突击球、削中路球、接近网短球等技术、正、反手攻球技术。

②横拍以削为主结合反攻打法

这是欧洲的传统打法之一。中国在20世纪50年代初曾积极提倡过这种打法，到了20世纪60年代逐渐形成具有自己特色的削球打法。这种打法的特点是站位中近台，削球灵活多变，在比赛时常以加转下旋球结合不转球，并配合落点变化来调动对方，为反攻创造机会。这一打法在20世纪60年代以林慧卿、郑敏之、王志良为代表，20世纪70年代以陆元盛、黄亮为代表，他们在许多重要的国际比赛中，都曾获得优异的成绩。

横拍以削为主结合反攻打法的技术与直拍打法基本相同。

③直拍挡、攻、削结合打法

这种打法是在中国传统的直拍以削为主结合反攻打法的基础上发展起来的，其特点是：技术比较全面，战术奇特多变。在比赛中常把挡、攻、削有机地结合起来，因人而异地变化运用，使对手难以捉摸，防不胜防。这一打法在20世纪70年代以葛新爱为代表，获得了优异的成绩，并取得了第35届世界乒乓球锦标赛的女子单打冠军。

直拍挡、攻、削结合打法的技术有：正、反手攻球、侧身攻球、推挡、搓球、拱球等技术；正、反手削弧圈球、削中路球、接突击球、接近网短球等技术。

④横拍攻削结合打法

大多是在以削为主结合反攻打法的基础上发展起来的。其特点是：技术比较全面，能攻能守，战术灵活多变，比赛中可因人因时而异地运用先攻后削或先削后攻的战术，使对手顾此失彼，难以适应。这一打法在20世纪70年代以梁戈亮为代表，他在许多重要的国际比赛中，获得过良好的成绩。

横拍攻削结合打法的技术除掌握正、反手攻球和拉、冲弧圈球等技术外，其他与直拍基本相同。

(三)乒乓球运动打法的取向

1.加强直拍的创新

直拍打法是我国选手沿用的打法,多年来取得了很多优异的成绩,为祖国争得了荣誉。

表 1-4　中国队参加第 35—53 届世乒赛获男、女单打冠军次数及直拍同横拍比例(%)

届次	35	36	37	38	39	40	41	42	43	44	45	46	47	48	49	50	51	52	53	直拍选手比例(%)
男		▲	▲	▲	▲				●	●	▲	●	●	●	▲	●	●	●		46.2%
女	▲	●	▲	▲	●	●	●		●	●	●	●	●	●	●	●	●	●	●	6.3%

(注:▲代表直拍　●代表横板)

但是,从表 1-4 中我们可以看出近年来,我国优秀的直拍选手的比例明显下降,尤其是我国女队。中国女子乒乓球运动员从 39 届世乒赛至今,中国男子乒乓球运动员从第 40—44 届世乒赛,直拍选手就与单打冠军无缘。第 45 届世乒赛上,刘国梁的两面近台快攻结合革新的直拍横打技术,使直拍打法获得了新生,获得了 45 届世乒赛男单的冠军。

由此可见,我们要继续加强对直拍的创新,主要是扩大反面技术的适用范围。直拍横打技术的反面技术在原有基础上,对上旋球、弧圈球、相持转攻、攻防转换作为主攻方向,在训练中,力求将击球手段分细。即对弧圈球以敲打为主;对不转的上旋球以反撕为主,提高反手位的进攻、相持、转攻能力。

如:以刘国梁为代表的直拍正胶打法的训练中,以快为主的前提下,加强连续进攻、相持和技战术实力;提高反手位进攻和相持的能力,反拉上旋球、弧圈球的能力,提高了相持的进攻性、稳定性和变化能力,创造了正手反面发球、正手反面拉球等项技术,起到出奇制胜的作用;精练台内、衔接技术及控制技术,使球风更加细腻,更具对抗性。以马琳为代表的直拍反胶反面,充分发挥了自身的优势,扩大了该打法的发展前景,主要体现在:提高了主动进攻的杀伤力,在速度、力量、落点、连续性和变化上狠下功夫,提高了反手位的进攻和相持,提高直拍横打的使用率和威胁;加强战术组合、精练前三板技术,以多变的发球和得力的抢攻给对方造成了极大的威胁;在接发球轮,强化训练冲杀半出台球和台内球的挑打技术;在相持中加强对付弧圈球的能力,特别是中台的反拉和中远台的对拉技术,摆脱了以往相持被动的局面。

因此,我们要深入细致地研究直握拍的打法的特点,挖掘其更多的优势,加强创新,继续保持直拍的优势。

2. 积极倡导横拍弧圈球打法

横握拍作为一种打法,长期以来一直被欧洲选手所采用。它最大限度地利用了运动员相应肢体的功能,科学地利用了拍子的每一部分,其拉出的弧圈球不仅力量大而旋转性强,具有很大的威胁。再加上这种打法的攻守控制面大,发力凶狠,正、反均衡,多年来一直是中国运动员最强劲的对手。近年来,他们更是吸收了亚洲选手快速灵活的特点,技术更加全面。

现在世界上越来越多的选手都采用这一打法。横拍打法成为当今乒坛的主流打法,也正是由于这一打法先天的优越性,其发展趋势是正、反两面的进攻技术均衡发展,趋于一致,都体现出凶狠快速的特点,更加灵活多变、积极主动。

3. 积极扶持"削球"打法

大球的使用,给削球打法增加了希望。由于球体的加大,重量的增加,球在空气中飞行时的空气阻力也相应加大,造成了球体在飞行过程中的速度减慢,从而提高了球的稳定性。

第 47 届世乒赛上韩国选手朱世赫,把两大夺冠选手庄智渊、马琳拉下马,又突破了被公认为打法"最凶狠"的格林卡的防线,挺进决赛后败于施拉格而获得男子单打亚军。这是自 1969 年第 30 届世乒赛德国选手绍勒尔霍德纳兹单打亚军之后,削球选手首次闯入世乒赛男单决赛。朱世赫的出现,让削球手的反攻能力更上一层楼,实现了真正意义上的连续对拉。其主要特点是:其一,突出了削球的速度;其二,削球发力动作做得好,使球向前运动的速度快;其三,拉上旋的能力强,尤其是在削球的过程中。他的这些技术特点,体现了削球运动员的积极主动,这些都为削球打法增加了希望。

目前,横拍打法是世界乒坛的主流打法,其发展趋势是正、反手两面的进攻技术均衡发展,趋于一致。都体现出凶狠快速的特点,更加灵活多变、积极主动;直拍只有加强创新才能继续保持优势地位;削球打法在攻削比例上发生了很大的变化,发球的威力、连续进攻的能力与进攻型打法已无太大的区别。

近年来,我国在打法上趋于单一化,尤其是我国女队,横拍两面拉打法在我国的女队已成主流,这就导致了我国打法上出现了偏激的局面。这种局面严重影响了训练的全面性和对抗性。因此,我们要加强研究,大力扶植,创新发展不同的打法类型,贯彻"百花齐放"的方针,坚持"敌无我有、敌有我精、敌精我变、敌变我新"的原则,建立"中国乒坛小世界"。

七、乒乓球意识

(一)乒乓球意识的概念及本质

从现代心理学来看,意识(consciousness)是一个包括多种概念的集合名词,其含义是指个人运用感觉、知觉、思考、记忆等心理活动,对自己的身体状态(内在的)与环境中人、事、物变化(外在的)的综合觉察与认识。结合乒乓球项目,我们认为乒乓球意识,是指运动员在乒乓球教学训练和比赛中的一种具有明确目的性和方向性的自觉的心理活动。对乒乓球运动员而言,乒乓球训练和比赛中的每个动作(发球、接发球、抢攻、相持等)都是一次意识经历,经过大脑的思考、认识而积累的经验就是乒乓球意识。乒乓球意识的最显著特点是它的能动性。

(二)乒乓球意识的内容

1. 盯球意识

盯球,是正确判断的基础。不少人对来球判断不及时或错误,都是因为盯球不够。运动员每打完一板球后,都应随球密切注视对方击球的动作(尤其是击球瞬间的动作),并紧盯对方击出球的弧线。

2. 力量调节意识

根据来球情况,适当调节自己的发力。来球高且速度慢,发力大;攻对方搓过来的下旋球,自己主动发力;对方发力冲或抽时,不宜发大力,借力挡一板。

3. 拍型调节意识

根据来球高低与旋转,适当调节拍型。来球较低且带有强烈的下旋时,拍型稍后仰;来球不转或与网同高时,拍型与台面垂直;来球上旋或高于网时,拍型前倾。

4. 引拍调节意识

根据来球的速度快慢、弧线的高低、旋转的强弱、落点的长短等变化,相应地调整引拍动作的快慢、大小和高低,切忌习惯性引拍(不看来球,打完一板球后就习惯地将球拍引至原来的位置)。对方来球快且低,应加快引拍速度,减少引拍幅度;对方来球慢且高,应适当加快引拍幅度,以加大杀伤力;对方来球下旋且低,应低手引拍。

5. 手指调节意识

打乒乓球时,无论身体任何部位发力,最后都要通过手指作用于球拍。手指是身体发力时离球最近的部位,在发力时,手指起到画龙点睛的作用。尤其是在发球时,触球瞬间的技巧全在手腕、手指的发力上。

6. 调节用力方向意识

打球时,应根据不同的来球,注意调节用力方向。如攻打上旋强烈的加转弧圈球时,应向前并稍向下用力;攻打不转球时,应以向前打为主;攻下旋低球时,应多向上用力。

7. 判断意识

对付不同的来球,应用不同的打法。若想打好球,首先应对来球的速度、旋转、力量和落点做出及时、准确的判断,这是正确回击来球的前提条件。

8. 打摩意识

打乒乓球有两个最基本的力,一个是撞击球的力,简称为打;另一个是摩擦球之力,简称为摩。除近网高球可以用单纯的击打之外,其他的球都必须打摩结合。打可以增加球的速度和力量;摩使球产生旋转,有利于制造合理的击球弧线。

9. 时空意识

分析技术动作,应从时间节奏和空间位置两方面入手。

时间节奏方面,如快带弧圈球,在来球的上升期击球;前冲弧圈球,在来球的上升期或高点击球;加转弧圈球,在来球的下降期击球。在时间节奏上,注意从引拍到击球这段时间与来球的节奏合拍,即在自己发力的同时,又充分借用了对方来球之力。只有这样,才能打出高质量的球。

空间位置方面,如拍型、挥拍方向、击球位置、用力方向等。如前冲弧圈球,拍面前倾,击球的中山部,向左上方用力,以向前用力为主;加转弧圈球,拍面根据来球的旋转适当调整,摩擦球的中部或中下部,以向上用力为主。

10. 还原意识

每打完一板球后,应迅速调整身体的重心,将身体重心尽量还原至击球前的准备姿势,为还击下一板球做好准备。有些人因缺乏还原意识,打完一板球后,身体重心、手臂和球拍较长时间地停留在结束动作上,待对方将球还击过来,往往有一种迫不及待的感觉。还原是连续还击下一板球的前提保证。

11. 移动意识

对方来球的落点和节奏千变万化,为了确保在最佳的位置和时间击球,更大限度地发挥个人特长技术,必须移动步法击球。随着乒乓球技术水平的提高,移动的重要性越来越明显,它是争取主动、抢先进攻的有力保证。

12. 落点意识

随着各国运动员技术水平日益接近,落点成为争夺的主要领域,对比赛胜负具有重要的作用。因此,在比赛中要注意击球的落点。一般情况下,近网小球、半出台球、大角度球、追身球、底线长球的落点较好。不同对手,因为打法和个人技术掌握情况有所不同。如左推右攻选手,一般较怕反手底线下旋球和调正手压反手的落点变化。

13. 旋转意识

旋转是乒乓球重要的制胜因素之一。乒乓球的魅力在于旋转,最难掌握的也是旋转。在训练和比赛中,要提高发球、搓球、拉球、放高球等技术的旋转强度和变化,善于利用旋转的变化打乱对方,为自己的进攻创造有利时机。

14. 速度意识

速度是我国快攻打法的灵魂,中国选手战胜外国选手,主要依靠速度。即提早击球时间,重视手腕、手指的力量,能快则快,不能快,先过渡一板,争取机会再加快。

15. 变化意识

变化是乒乓球重要的制胜因素之一,在比赛中,运动员根据场上的情况,利用速度、力量、旋转、弧线、变化主动变化,采用相应的战术,为比赛赢得主动权。

16. 先发力意识

当今,世界乒乓球正在朝着更加积极主动的方向发展,不仅要求抢攻在先,而且还应该力争抢先发力,以使自己更加主动。

17. 凶稳结合意识

乒乓球技术多种多样,每个人的打法又有不同特点,在比赛中有实用价值的技术,应同时具备威胁性(凶)和准确性(稳)。威胁性,即打出的球给对方回球造成困难,甚至使对方失误;准确性,即击球不失误。二者相互依存,在训练或比赛中,一定要注意二者的有机结合,决不可以偏概全。

18. 控、防、反意识

在不能抢攻或对方抢攻意识很强时,应首先控制对方,并做好防守准备,在防守出现机会,应立即转入进攻。

19. 抢攻意识

兵书讲:"两强相遇,勇者胜。"其重要的含义就是先发制人。抢攻意识是一种积极主动、先发制人的指导思想。随着乒乓球规则的变化,比赛的重心前移,前四板成为双方技术水平争取主动的关键。在发球抢攻和接发球抢攻上,能抢则抢,不能抢的控制一板,争取下一板抢。因此,在稳健的基础上,应增加抢先上手的比例。

20. 衔接意识

衔接（也叫组合），贵在速度、重在转换。具体有拍型转换（左推右攻）、重心转换、攻防转换（如发抢、接抢、相持抢）、拉冲结合等，注重前一板球与下一板球融为一体。蔡振华提出"接发球一体化"，即将第二板技术与第四板技术视为一个动作，提高接发球环节的稳定性。

21. 变化比赛节奏意识

比赛中，不仅主动变化落点、速度、旋转等，而且要主动变化击球的节奏。如在比赛中，连续上升期或高点期的抢冲，主动将击球时间后移，拉一板上旋强烈的加转弧圈球，当对方已经适应原来前冲的节奏，突然变成慢一拍的加转弧圈球，往往使对方不适应，这就是变化击球节奏意识的表现。

22. 连续进攻意识

发起进攻后，应连续进攻，乘胜追击，直至得分，切忌攻一板后，再无继续进攻的准备，将主动变成相持、甚至被动。

23. 战术意识

注意研究比赛中运用战术的方法，只有合理地运用战术，才能使技术充分发挥。如徐寅生、荣高棠等将"快、狠、准、变、转"确立为近台快攻的主流打法和发展方向；李晓东教练提出了——先发动、先下手、抢时空的九字诀。先发动、先下手就是先发力、先变线，这体现了乒乓球运动向积极主动的方向发展，通过先下手、先发动来抢时空。吴敬平教练提出了应建立一种全新的模式，主要包括：(1)正手的大范围跑动进攻是主体技术，也是快攻型打法的基本能力；(2)反手位是推挡和反面技术相结合，反面技术的使用率高于推挡，提高反面技术的应用能力；(3)必须掌握一至两套以上的好发球。总之，近台快攻打法是以"前三板"为中心，以正手进攻为主线,积极主动,先发制人。

24.创新意识

无论教练员还是运动员,都要十分重视创新。乒乓球拍运动的创新应包括技术、战术、打法、训练、器材设备、理论和管理七个方面,运动员主要是前四个方面。

(三)乒乓球意识状态

意识状态,即人的清醒程度。在乒乓球教学训练和比赛中,运动员的意识状态存在起伏状现象。在条件相同的情况下,意识状态清晰度高,注意力集中,训练或比赛的效果就好。在比赛中,双方战术没有变化,意识状态不同,就会直接影响到比分的起伏。

乒乓球意识状态大体可分为上佳状态、一般状态和低劣状态。

(1)上佳状态:注意力高度集中,头脑极度清醒,思维敏捷、判断准确、反应快。

(2)一般状态:注意力集中,头脑清醒,身体反应较快。

(3)低劣状态:注意力不集中,头脑不清醒,精神有点恍惚(或迷惑),身体尤其是思维活动反应迟钝。

(四)乒乓球意识在比赛中的重要性

(1)现代乒乓球比赛的特点是技术、战术、身体素质、智慧、心理、意志、谋略的全面较量。对乒乓球运动员来说,在比赛中会遇到各种各样的复杂情况,变化往往在瞬间,具有很大的偶然性和突发性。运动员不仅要有技术全面、特长突出,而且还要有应付各种复杂情况的随机应变能力,能根据场上的情况,采用有效技术,实施最佳战术,达到"练为战,战为赢"的目的。这种随机应变能力就是由意识和技战术组合而成的。意识对技战术的发挥起着主导作用,是乒乓球的灵魂,任何技战术都是在各种意识的带动下才能彼此衔接和组合。近些年来,乒乓球训练界越来越重视对运动员意识方面的培养和训练。国内外不少专家也认为：加强对乒乓球运动员意识能力的训练是提高训练和比赛效果的重要途径之一。

（2）乒乓球意识是运动员在乒乓球教学训练和比赛中的一种具有明确目的性和方向性的自觉的心理活动，是乒乓球运动员对训练和比赛中客观现实的反应。因此，运动员在训练或比赛中也必然会受到某种意识的支配和指导。一般来说，技术上的问题看得见，比较容易发现或解决；而意识是运动员心理活动的一种现象，所以很难精确的量化。它虽然不是直接的技术和战术，但是与技术、战术有密切的联系。意识对技战术的发挥起着主导作用，任何技战术都是在各种意识的带动下才能衔接和组合。因此，运动员有了正确的乒乓球意识，训练的效率就高，整体竞技能力提高得就快，就可以练到比赛中真正的技术和战术。培根有句名言："跛足而不迷路的人，能赶超虽健步如飞却误入歧途的人。"乒乓球意识，在一定意义上讲，就是使我们在训练和比赛中免于误入歧途的指路明灯。

复习思考题

1. 简述乒乓球运动的起源及其发展历史。
2. 阐述乒乓球运动的常用术语。
3. 阐述乒乓球运动的基本原理。
4. 阐述乒乓球击球过程的基本结构。
5. 乒乓球竞技制胜因素有哪些？
6. 乒乓球打法种类及其特点是什么？
7. 乒乓球意识包括哪些？乒乓球意识对技战术发挥有何作用？

第二章 技术篇

━━━━▶▶▶ 学习目标 ◀◀◀━━━━

1. 了解直拍、横拍两种握拍法的方法及优缺点。
2. 熟悉掌握乒乓球基本站位与准备姿势。
3. 熟悉掌握乒乓球运动的步法、基本技术,并能合理运用。
4. 了解乒乓球技术发展趋势。

一、乒乓球基本站位

(一)乒乓球站位的作用及其范围

1. 乒乓球站位的定义及作用

乒乓球站位是指运动员与球台之间所处的位置关系。在乒乓球比赛中,正确的站位有利于保持运动员合理稳定的击球姿势和快速移动的能力,对其技术、战术水平的发挥具有重要的作用。

2. 站位的范围

站位的范围是指运动员离球台端线的距离。根据距离的远近可分为:近台、中近台、中台、中远台和远台(图2-1)。

近台:运动员离球台40—50厘米的范围。
中近台:运动员离球台50—70厘米的范围。
中台:运动员离球台70—100厘米的范围。
中远台:运动员离球台100—150厘米的范围。

远台:运动员离球台 150 厘米以外。

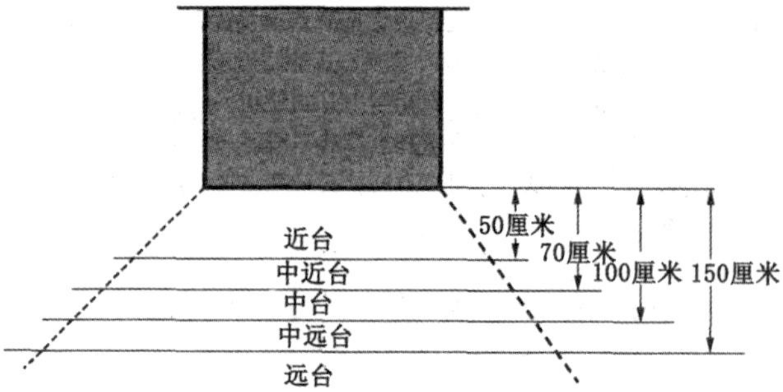

图 2-1 乒乓球站位

(二)不同类型打法运动员的基本站位

运动员在站位时应考虑到技术特长的发挥。乒乓球运动员的基本站位应根据运动员不同类型打法、身高和个人技术特点决定。因此,不同类型打法的运动员基本站位也不相同。一般情况如下(以右手持拍为例):

(1)左推右攻打法的基本站位在近台偏左 1/3 处,距离球台端线 30—40 厘米。

(2)两面攻打法打法的基本站位在近台中间偏左,距离球台端线 40—50 厘米。

(3)弧圈球打法的基本站位在中近台,直拍单面拉弧圈球打法的基本站位在离球台端线偏左 1/3 处;横板两面拉打法的运动员基本站位是在球台偏中间位置;快攻结合弧圈打法与球台距离介于近台快攻打法与弧圈球打法基本站位之间,距离球台端线 50 厘米左右。

(4)横板削攻结合打法的基本站位在中远台。

二、乒乓球准备姿势

准备姿势是指击球员准备击球时身体各部位的姿势。运动员在还击来球之前保持合理的准备姿势有利于腿脚蹬地用力和腰、躯干各部位的协调配合与迅速起动,提高反应速度(图 2-2)。

图 2-2　乒乓球准备姿势

准备姿势的动作要点：

(1)两脚平行开立,稍宽于肩,重心在两腿之间,保持身体重心平稳。

(2)两脚稍微提踵,前脚掌内侧用力着地,保证快速起动移步。两膝微屈并向内扣,含胸收腹,上体略向前倾。

(3)持拍手臂自然弯曲,直握拍的肘部略向外张,手腕放松,球拍置于腹部右前方20—30厘米处,以利于左右照顾,加快击球速度;横握拍的肘部向下,前臂自然平举。

(4)两眼注视来球,加强判断。

三、乒乓球握拍方法

目前来看世界乒坛的握拍方法分为直拍握法和横拍握法。直拍握法由亚洲运动员发明并传承,横拍握法则是欧洲的传统。选用何种握拍方法,应根据个人的技术特点加以选择。正确的握拍方法对调整击球时的引拍位置、拍面角度、拍面方向、发力方向等方面具有重要的作用,对掌握乒乓球基本技术和提高乒乓球技巧有着密切的关系。

(一)横拍握法

1.横拍握法的特点

横拍握法特点是:正、反手位能用球拍的两面回击对方来球。

其主要优点是：正、反手防守面比较大；反手击球便于发力；正、反手位拉弧圈时容易发挥全身的力量。主要缺点是：处理正手位台内短球的难度较大；攻直线球时动作明显，易被识破。

2.横拍握法的动作要点（以右手持拍为例）

横拍握法：虎口贴住拍肩，中指、无名指、小指自然地握拍柄，拇指在球拍的正面轻贴于中指旁边，食指伸直贴在球拍的背面。深握时，虎口紧贴球拍（图2-3）。浅握时，虎口轻微贴拍（图2-4）。

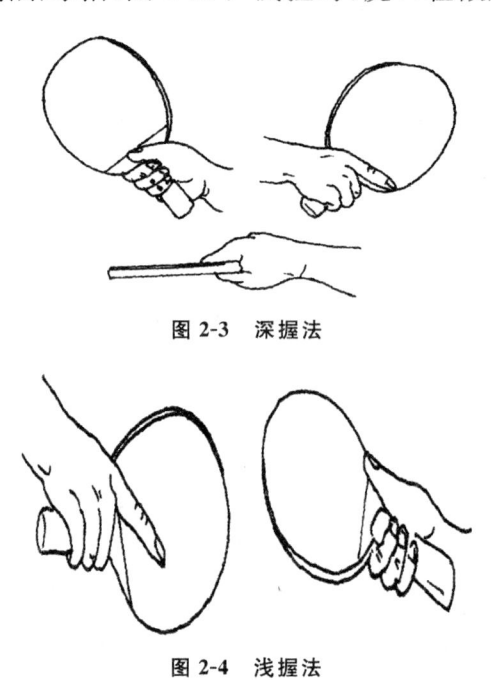

图2-3　深握法

图2-4　浅握法

（二）直拍握拍法

1.直拍握拍法的特点

直拍握拍法的特点是：通常用球拍的一面回击正、反手位的来球。直拍横打技术，丰富了直拍的打法。直拍握法的主要优点是："小""快""灵"。"小"是指击球时手部动作灵活移动的弧度小，手腕便于发力，攻直线和斜线具有隐蔽性；"灵"是指对付台内短球时动作灵活,尤其是对付正手位台内短球比横板具有优越性;"快"是指击球时前臂的动作与球速快,具有突然性。主要缺点是:反手攻时受身体的阻碍,难度较大且防守面相对要小。

2. 直拍握拍法的动作要点(以右手持拍为例)

乒乓球运动的直握法分为直拍快攻型握拍法、直拍削球型握拍法、直拍弧圈球型握拍法、直拍横打握拍法四种。

(1)直拍快攻型握拍法(图 2-5)

食指和拇指自然弯曲,食指第二指节和拇指第一指节在拍的前面构成一个钳形压住球拍的两肩,拍柄贴住虎口,食指和拇指之间的距离适中。中指、无名指、小拇指自然弯屈斜形重叠,中指的第一指节侧面顶在球拍背面约 1/3 的位置。

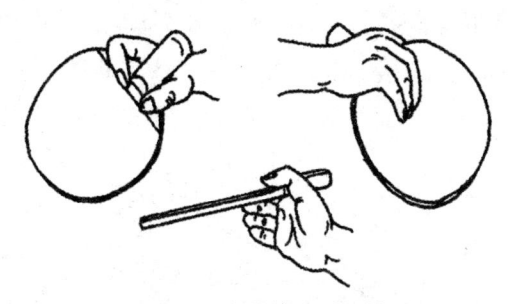

图 2-5　直拍快攻型握拍

(2)直拍削球型握拍法(图 2-6)

握拍时,大拇指和其余四指分别握拍的两面。大拇指弯曲紧贴球拍正面拍柄左侧,且用力压拍;其他四指自然成扇形分开,托住球拍背面。

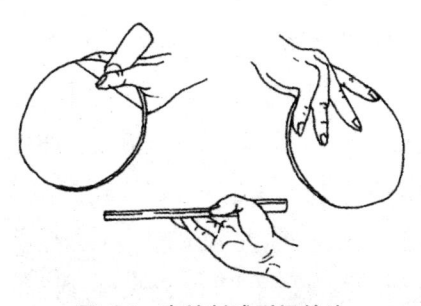

图 2-6　直拍削球型握拍法

(3)直拍弧圈球型握拍法(图 2-7)

握拍时虎口向下,拇指紧贴拍柄左侧,食指从拍柄右侧扣住拍柄,两个手指共同形成环状紧握住拍柄,球拍背面,其他三指自然伸直,中指第一指节顶住球拍的背面约 1/3 处。

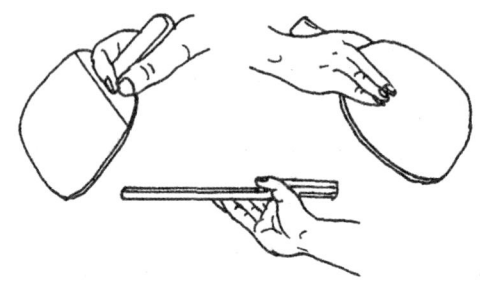

图 2-7 直拍弧圈球型握拍法

(4)直拍横打握拍法(图 2-8)

拇指斜压拍面,食指按于右侧拍沿;其他三指自然伸展开,中指和无名指指尖抵住板面,夹紧球板固定板型,拍柄左侧紧贴虎口。

图 2-8 直拍横打握拍法

四、乒乓球基本步法

步法是指乒乓球运动员为了选择合适的击球位置所采用的脚步移动的方法,是乒乓球拍击球环节的重要组成部分,也是优秀运动员必须具备的重要技术之一。步法是及时准确地使用与衔接各项技术动作的枢纽,也是有效完成各项战术的重要保证。随着乒乓球技术的快速发展,步法的重要性不断彰显。在快速多变的对抗中,要做到"每球必争",首先要做到"每球必动",也就是在合适的时间,移动到合适的位置,在最佳的击球时间、最适宜的击球位置击球,争取主动、争取比赛的胜利。由此可见,步法在某种意义上讲是乒乓球运动的"灵魂"。

(一)乒乓球步法移动的要求

乒乓球步法移动总的要求是:反应判断快,重心的交换与腰的灵活性,身体的重心保持平稳。

(1)反应判断快:在合适的时间,移动到合适的位置,以便在最佳的击球时间、击球位置完成击球。步法移动的快慢是打好下一板球的基础,如果没有及时、准确的判断也就谈不上有好的步法。

(2)重心的交换与腰的灵活性:"重心的交换是步法的灵魂",在重心交换的过程中,腰的灵活性具有极其重要的作用。

(3)身体的重心保持平稳:在移动的过程中身体的重心尽量保持平稳,不要上下波动。在移动过程中如果失去了身体的重心,必然会影响下一板球的击球的力量、速度和准确性。

(二)乒乓球基本步法与特点

乒乓球的基本步法的种类主要有:单步、并步、跨步、交叉步、跳步、小碎步等。

1. 单步

(1)动作特点

移动简单、灵活、移动范围小、速度快,身体重心平稳等特点。它是各类运动员常用的步法之一,是乒乓球步法中比较简单而有效的技术。

(2)动作方法

以一脚为轴心,另一脚向前或后、左、右移动一步,当移动完成时身体重心随之落到移动脚上,挥拍击球(图2-9)。

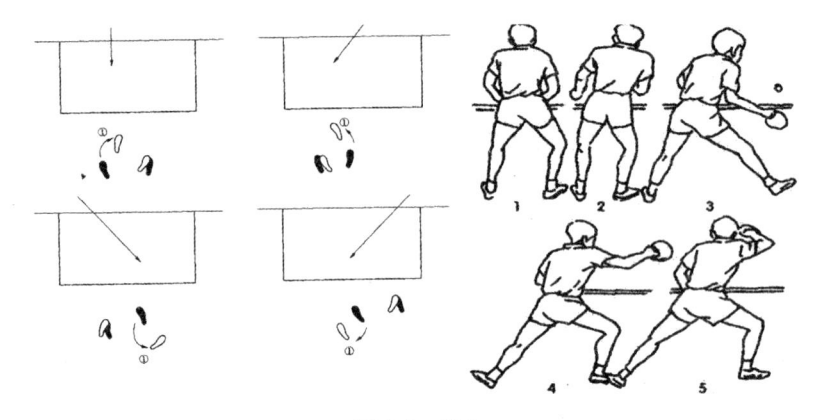

图 2-9 单步

(3)技术关键点

移动时使身体的重心向击球方向移动,击球后注意用移动脚的前脚掌内侧蹬地,使身体还原。

(4)运用

一般在来球离身体较近时使用,具体运用的方法是:

①持拍手同侧脚前叉,用于正手回击正手位近网短球。

②持拍手同侧脚平行迈出,用于正手回击正手位的出台球。

③持拍手同侧脚向后迈出,用于正手回击正手位的底线长球。

④持拍手异侧脚向侧前迈出,用于正手回击侧身位的来球。

2.并步(亦称滑步)

(1)动作特点

并步的移动幅度比单步大比跳步小、重心转换快、重心起伏小,由于并步时没有腾空动作,有利于保持身体重心的平衡和稳定。当来球离身体较远时使用,适合连续快速回击来球。

(2)动作方法

首先由来球方向的异侧脚向同侧脚并一步,同侧脚在并步落地后再向来球方向迈出一步,挥拍击球。并步后两脚的距离保持基本不变(图2-10)。

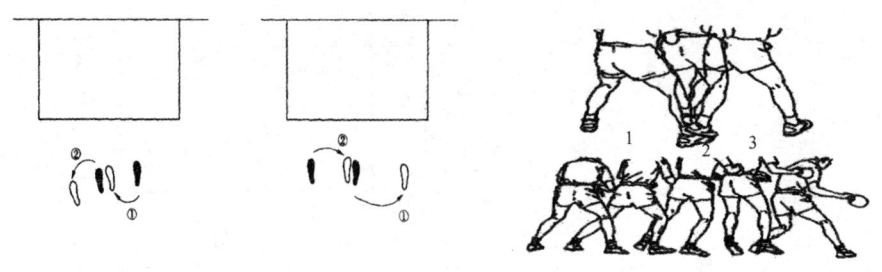

图 2-10 并步(滑步)

(3)技术关键点

来球方向的异侧脚向同侧脚并一步,步法幅度不宜过大,击球后注意用移动脚的前脚掌内侧蹬地,使身体还原。

(4)运用

它是削球打法常用的步法之一,快攻或弧圈打法在侧身进攻或进攻削球做小范围移动时经常使用。

具体运用的方法是:

①向正手方向平行并步移动,用于正手回击正手位的来球。

②向正手侧后方并步移动,用于正手回击正手位的底线长球。

③向反手侧前方并步移动,用于正手回击侧身位的来球。

④向反手方向平行并步移动,用于反手回击反手位的来球。

3.跨步

(1)动作特点

跨步的移动幅度较大,移动速度快,多用于借力回击。由于一脚移动幅度较大,会降低身体重心的高度,不易连续使用。

(2)动作方法

来球方向异侧脚蹬地,同侧脚向来球方向跨出一大步,身体的重心随即移到同侧脚,异侧脚迅速跟上,球一离开球拍后应立即还原,保持准备姿势(图 2-11)。

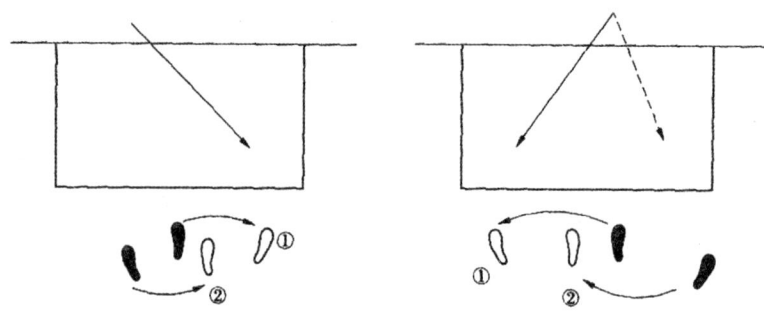

图 2-11　跨步

(3) 技术关键点

向击球方向移动时跨步幅度不宜过大,且另一只脚要及时跟进,击球后注意用移动脚的前脚掌内侧蹬地,使身体还原。

(4) 运用

快攻打法常用此步法来回击离身体较远的来球。由于跨步动作幅度大,身体重心下降,因此多采用借力还击。

具体运用的方法是:

①持拍手同侧脚平行跨出,用于正手回击正手位的来球。

②持拍手同侧脚向后跨出,用于正手回击正手位的底线长球。

③持拍手异侧脚向侧前跨出,用于正手回击侧身位来球。

④持拍手异侧脚向侧前跨出,用于反手回击反手位的近网短球。

4. 交叉步

(1) 动作特点

交叉步的移动范围和移动幅度都比较大,一般在来球离身体较远时使用,适用于主动发力。此动作对身体的协调性要求很高。

(2) 动作方法

双脚同时向来球方向侧蹬,以来球方向的同侧脚作为支撑脚,异侧脚迅速向前、后、左、右不同的方向跨出一大步,支撑脚跟着前脚的移动方向再跨出一步,两脚交叉。在移动时膝关节始终保持弯曲，腰髋迅速转向来球方向，与挥拍击球同步进行(图2-12)。

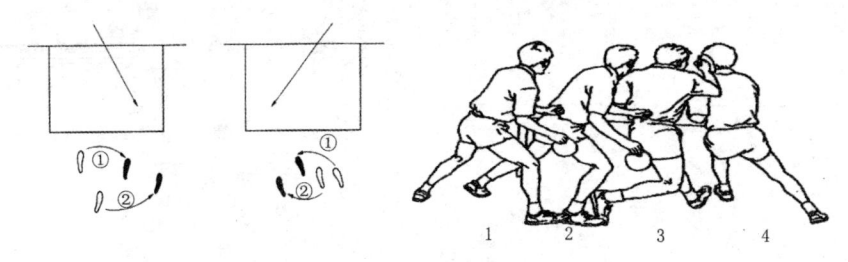

图 2-12 交叉步

(3)技术关键点

前交叉步的时机要和击球时机相互吻合，击球后移动脚的移动要迅速，使身体还原。

(4)运用

交叉步是快攻或弧圈打法在侧身攻后扑正手位大角度来球，和扑正手位进攻后回反手位进攻时常用这种步法。

具体运用的方法是：

①向正手方向进行交叉移动时，用于正手回击正手位的来球。

②向正手侧后方向进行交叉移动时，用于正手回击正手位的底线长球。

③向反手侧前方向进行交叉移动时，用于正手回击侧身位的来球。

④向反手位方向进行交叉移动时，用于反手回击反手位的来球。

5. 跳步

(1)动作特点

跳步的移动范围比单步和跨步大，跳步移动时，常会有短暂的腾空时间，移动速度快，一般在来球离身体较远和来球较快时采用。

(2)动作方法

来球异侧方向脚的前脚掌内侧用力蹬地，使两脚同时离地向前、后、左、右跳动，蹬地脚先落地(图2-13)。

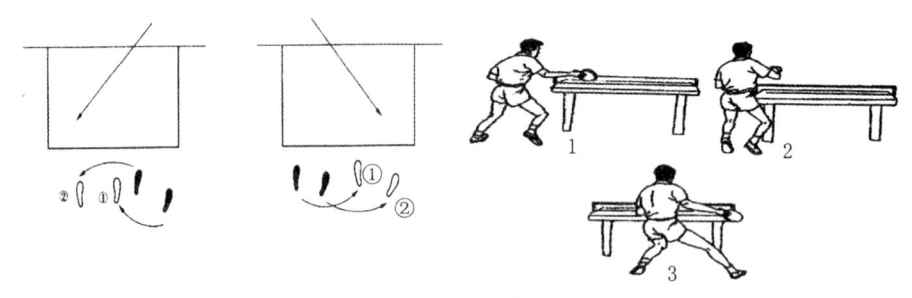

图 2-13　跳步

(3)技术关键点

移动时要尽量保持身体重心平稳,击球时机是在持拍手同侧脚落地的同时挥拍击球。

(4)运用

跳步是弧圈打法在中台向左、右或侧身移动时常用的步法。快攻打法也常用跳步进行侧身正手进攻。在左右大范围移动时,小跳步与跨步,小跳步与交叉步结合起来运用。

具体运用的方法是：

①向正手方向平行跳出,用于正手回击正手位的来球。

②向正手侧后方向跳出,用于正手回击正手位的底线长球。

③向反手侧前方向跳出,用于正手回击侧身位的来球。

④向反手位方向平行跳出,用于反手回击反手位的来球。

6.小碎步

(1)动作特点

小碎步是一种连接不同步法进行组合运用的技术。它起着调节身体重心、击球位置和击球时间的作用。对各种技术动作、战术运用都起着承上启下和衔接的作用,也是衡量一个人步法是否合理、协调的重要因素。

(2)动作方法

小碎步可向前、后、左、右移动,其动作幅度较小,只相当于正常步法的半步。小碎步是步法中尤为重要的步法。

(3)技术关键

根据来球的情况决定是否使用小碎步技术,注意重心位置的调整。

(三)步法移动的教学方法

(1)原地模仿练习,教师边喊口令,边纠正错误动作。
(2)结合击球动作进行各种步法的徒手练习。
(3)结合击球动作进行各种组合步法的徒手练习。
(4)利用多球进行各种步法的练习。

(四)步法运用的注意事项

1.起动和回动要快

一个完整的步法可以分为三个部分:起动、移动和回动。"起动"就是对方击球后我们步法的第一步,当然越快越好;"移动"是起动后到击到球的过程;"回动"是击完球后回重心的过程。在这三个部分中,最简单的是移动,因为它几乎是固定不变的;最难的是回动,因为每一次击球后,回动的时间不同,地点也会不同。最容易被忽略的是起动;因为大家很容易忽略到它的重要性。

从专业的角度来看,步法的关键就是起动。它左右着大家对节奏的控制。起动不好,意味着我们从第一步开始就慢了。但左右我们起动的却是回动,因此,我们击球后的回动从步幅到步频都要精心"设计",这样才可以在最适当的时间、最适当的位置进行下一步的起动。

2.身体的重心平稳

在移动的过程中身体的重心尽量保持平稳,不要上下波动。在移动过程中如果失去了身体的重心,必然会影响下一板球的击球。只有保持好身体的重心平稳,才能有效地完成好击球动作。

3. 步法的小调整

在训练和比赛中,来球的落点不是一成不变的,而是千变万化。因此,步法应根据来球的落点随机应变,进行灵活的调整,以达到最佳的击球效果。

五、发球技术

发球是乒乓球比赛中每一分球的开始,它是乒乓球技术中唯一不受对方来球制约的技术,可以让使用者最大限度地实现自己的战术意图,其主动性显而易见。正因如此,它也是最有潜力可挖的一项技术。在比赛中,采用变化多端的发球战术,常常能起到先发制人、取得主动的作用。因此,发球在比赛中占有重要地位。

发球、接发球和发球抢攻是乒乓球实战中的重要环节,一般统称为"前三板"。由于每一分球的争夺都是发球和接发球开始,所以处理好"前三板"往往能起到先发制人的作用,"前三板"技术是中国乒乓球队长盛不衰的法宝之一。随着无遮挡发球规则和2分一轮换的11分赛制的实施,对发球技术提出了更高的要求。发球质量的好坏对比赛胜负起着重要的作用。

发球的方法多种多样。从形式上划分,可分为低抛发球、高抛发球和下蹲式发球;从方位上划分,可分为正手发球、反手发球和侧身发球;按性质划分,可分为速度类发球、落点类发球和旋转类发球,如侧上、侧下、转与不转、长球、短球等。

(一)发球技术共同关键点

发球技术一般由抛球、挥拍触球两部分组成。各类发球技术共同的关键点是:

(1)抛球要稳定,包括抛球的高度和抛球后球上升与回落的线路要稳定。

(2)触球点的高度要适当,发急长球时触球点要低些,发近网短球时触球点要高些。

(3)球在本方台面的着台点要适当,发长球时第一跳要在球台的端线附近,发短球时则在台中或靠近球网的位置。

(4)握拍时虎口不宜过死,以保证手腕和手指的灵活性。

(5)手腕的引拍动作要充分。

(6)球拍摩擦球的部位和用力方向要准确,尽量用相似的动作发出不同旋转的球。

(7)以前臂、手腕发力为主,但应注意腰部的协调配合,以提高发球的质量。以右手持拍为例,正手发球时,身体重心通常从右脚移至左脚,反手发球时则相反。

(8)每次触球之后,手臂都应顺势挥动,并迅速还原。

发球时的准备姿势为(以右手持拍为例):

正手发球:左脚稍前,身体略向右偏斜,左手掌心托球置于身前偏右侧。

反手发球:右脚稍前,身体略向左偏斜,左手掌心托球置于身前偏左侧。

侧身发球:随着乒乓球技术的发展,越来越多的运动员采用了侧身发球,这样容易发出斜线大角度球,再配合发出直线球加以牵制,有利于将对手锁在中间,更便于自己运用正手抢攻。

(二)发球的技术特点与动作方法

所谓发球技术,就是指通过发球时的战术、方法,来达成一定的目的,比如先发制人、取得主动、突出困局等。发球的种类有很多种,下面选择几种常见的发球技术加以分述(以右手持拍为例)。

1. 平击发球

(1)特点

平击发球分正手平击发球和反手平击发球两种。它是一种速度一般、力量轻、旋转弱、略带上旋球。其击球动作简单,是初学者最基本的发球方法,也是掌握其他复杂发球的基础。

(2)动作方法

①正手平击发球的动作方法(图2-14)

图2-14 正手平击发球

站位:站位近台中间偏左,左脚稍前,身体略向右转。

击球前:左掌心托球置于身体的右侧前方,持拍手置于身体的右侧。左手将球向上抛起,同时右臂内旋,使拍面稍前倾,向身体的右后方引拍,身体的重心落在右脚。

击球时:当球从高点下落时,身体的重心由右脚转向左脚,同时腰带动上臂,上臂带动前臂从右后方向左前方挥拍;当球从高点下降至稍高于球网时,快速挥拍击球中上部向左前方发力,使球的第一落点在球台中段区域。

击球后:手臂顺势向前挥动并迅速还原。击球动作的过程中身体的重心由右脚移至左脚。

②反手平击发球的动作方法(图2-15)

图2-15 反手平击发球

站位:站位近台中间偏左,左脚稍前或两脚平行站立,身体略向左转,含胸收腹。

击球前:左掌心托球置于身体的左侧前方,左手将球向上抛起,同时右臂外旋,使拍面稍前倾,向身体的左侧后方引拍,身体的重心落在左脚。

击球时：当球从高点下落时，持拍手从身体的左侧后方向右前方挥动；当球从高点下降至稍高于球网时，腰带动上臂，上臂带动前臂快速挥拍击球中上部向右前方发力，使球的第一落点在球台中段附近。

击球后：手臂顺势向前挥动并迅速还原。击球动作的过程中身体的重心由左脚移至右脚。

(3)动作要点

①站位近台中间偏左，左脚稍前，两膝微屈上体稍前倾，持拍手自然放于身前。

②抛球不宜太高。

③抛球同时持拍手向右后方引拍，拍面稍前倾，待球下落至稍高于网时，上臂带动前臂由右后方向左前方挥摆。

④击球点稍高于网。

⑤球的第一落点要靠近本方台面的端线。

2. 奔球(急球)

(1)特点

奔球(急球)分正手奔球和反手奔球两种。奔球的特点是球速快、落点长、弧线低、前冲力强，具有较强的侧上旋。在比赛中，可运用奔球的速度和落点变化干扰对方，伺机抢攻。

(2)动作方法

①正手发奔球的动作方法(图2-16)

图2-16 正手发奔球动作方法

站位：左脚稍前，身体略向右转。

击球前：左掌心托球置于身前的右侧，左手将球向上抛起，同时右臂内旋，使拍面稍前倾，手腕自然下垂，肘关节高于前臂，向身体的右后上方引拍，腰向右转，身体的重心落在右脚上。

击球时：当球从高点下降至接近于球网时，以肘关节为轴，腰带动上臂，上臂带动前臂从右后方向左前方抖动挥拍；快速挥拍击球右侧中部并向中上方向摩擦击球，使球的第一落点在接近自己的端线。

击球后：手臂顺势向前挥动并迅速还原。击球动作的过程中身体的重心由右脚移至左脚。

②反手发奔球的动作方法（图2-17）

图2-17 反手发奔球动作方法

站位：右脚稍前或两脚平行站立，身体略向左转。

击球前：左掌心托球置于身前偏左侧，左手将球向上抛起，同时右臂外旋，使拍面稍前倾，手腕自然适当放松，上臂自然靠近身体的左侧，向身体的左后方引拍，身体的重心落在左脚上。

击球时：当球从高点下降至接近于球网时，以肘关节为轴，腰带动持拍手手臂从左后方向右前方挥拍，摩擦球的左侧中上部，发力部位以腰部带动前臂为主，使球的第一落点在接近自己的端线。

击球后：手臂顺势向前挥动并迅速还原。击球动作的过程中身体的重心由左脚移至右脚。

(3)动作要点

①站位近台左脚稍前,身体略向右转,两膝微屈上体稍前倾,持拍手自然放于身前。

②抛球不宜太高。

③抛球同时持拍手向右后上方引拍,手腕放松拍面较垂直,待球下落至与网同高时,上臂带动前臂由右后方向左前方挥摆,腰同时向左转动。

④击球瞬间的挥拍速度要快。

⑤击球点与网同高或稍低于网。

⑥击球刹那拇指压拍的左侧,手腕同时从后向前加速抖动,球拍沿球的右侧中部向侧上摩擦。

⑦球的第一落点要靠近本方台面的端线。

3. 正手发转与不转球

(1)特点

正手转与不转球发球的手法相似,隐蔽性大,发出的球旋转差异大,球速慢,球的前冲力小。在比赛中,转与不转配套使用,通过旋转的变化迷惑对方,造成对方判断错误,从而破坏对方的接发球技术,为自己的发球抢攻创造有利条件。

(2)动作方法

①正手发下旋球的动作方法(图 2-18)

图 2-18 正手发下旋球动作方法

站位:左脚稍前,右脚在侧后方。

击球前:左掌心托球置于身前的右前侧,左手将球向上抛起,抛球的同时持拍手向右后上方引拍,右臂外旋,使拍面后仰,手腕外展,腰向右转,身体的重心落在左脚上。

击球时：当球从高点下落时，腰带动右臂，从右后方向左前下方挥动；当球落至网高时，前臂快速向左前下方挥动，手腕内收，用球拍的下半部触球，向球的底部快速摩擦，同时手指、手腕在触球的瞬间加强爆发力。

击球后：手臂顺势向前挥动并迅速还原。击球动作的过程中身体的重心由左脚移至右脚。

②正手发不转球的动作方法（图2-19）

图2-19 正手发不转球动作方法

站位：左脚稍前，右脚在侧后方。

击球前：左掌心托球置于身前的右前侧，左手将球向上抛起，抛球的同时持拍手向右后上方引拍，右臂外旋，使拍面后仰（后仰角度小于正手发下旋球），手腕外展，腰向右转，身体的重心落在左脚上。

击球时：当球从高点下落时，腰带动右臂，从右后方向左前下方挥动；当球落至网高时，前臂快速向左前下方挥动，手腕内收，用球拍的中上部撞击球的中下部，尽量使作用力接近球心，形成不转球。

击球后：手臂顺势向前挥动并迅速还原。击球动作的过程中身体的重心由左脚移至右脚。

(3) 动作要点

①抛球不宜太高。

②发转球时，拍面稍后仰，切球的中下部；应注意手臂的前送动作。

③发不转球时，击球瞬间减小拍面后仰角度，增加前推的力量。

4.反手发转与不转球

(1)特点

反手转与不转球发球的特点与正手不转球的基本相同,一般横板两面攻打法的运动员多采用这种发球技术,在落点上运用长、短球和斜、直线的配合,有利于第三板的抢攻。

(2)动作方法

①反手发下旋球的动作方法

站位:右脚稍前或两脚平行站立,身体略向左偏斜。

击球前:左掌心托球置于身前的左前侧,左手将球向上抛起,抛球的同时持拍手向左后上方引拍,右臂内旋,使拍面后仰,横握球拍的手腕内收,直握球拍的手腕做伸,腰向左转,身体的重心落在右脚上。

击球时:当球从高点下落时,腰带动右臂,从左后上方向右前下方挥动;当球落至网高时,前臂快速向左前下方挥动,横拍手腕外展,直拍手腕做屈,以前臂和手腕发力为主,用球拍的前半部从球的中部向底部摩擦。

击球后:手臂顺势向前挥动并迅速还原。击球动作的过程中身体的重心由右脚移至左脚。

②反手发不转球的动作方法

站位:右脚在前或两脚平行站立。

击球前:左掌心托球置于身前的左前侧,左手将球向上抛起,抛球的同时持拍手向左后上方引拍,右臂内旋,使拍面后仰(后仰角度小于反手发下旋球),手腕内收,腰向左转,身体的重心落在右脚上。

击球时:当球从高点下落时,腰带动右臂,从左后上方向右前下方挥动;当球落至网高时,前臂快速向右前下方挥动,手腕外展,用球拍的中上部撞击球的中部或稍下的位置,尽量使作用力接近球心,形成不转球。

击球后:手臂顺势向前挥动并迅速还原。击球动作的过程中身体的重心由右脚移至左脚。

(3)动作要点

①抛球不宜太高。

②发转球时,拍面后仰,从球的中部向底部摩擦;注意手臂的前送动作。

③发不转球时,击球瞬间减小拍面后仰角度,增加前推的力量。

5.正手发左侧上(下)旋球

(1)特点

正手发左侧上(下)旋的手法相似,隐蔽性大,用近似的发球方法发出两种旋转方向完全不同的球。在比赛中,通过旋转的变化很容易迷惑对方,造成对方判断错误。它的动作幅度小,出手快,所发出的球具有较强的左侧旋,飞行弧线向对方左侧偏拐,对方回击的球左侧上(下)反弹。有较大的威胁性,是运动员运用较多的发球技术。

(2)动作方法

正手发左侧上(下)旋球:发左侧上旋球与发左侧下旋球的区别在于手臂应从右后方向前下挥动,使拍从球的中下部向左侧下摩擦(图2-20)。

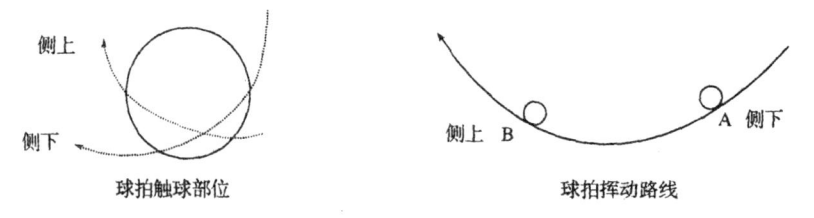

图 2-20

①正手发左侧上旋球的动作方法(图2-21)

图 2-21 正手发左侧上旋球

站位：站位左半台，左脚在前，右脚在侧后方，身体略向右转。

击球前：左掌心托球置于身前的右前方，左手将球向上抛起，抛球的同时持拍手向右后上方引拍，右臂外旋，使拍面稍后仰，身体右转。若横握球拍，手腕外展，身体的重心落在左脚上。

击球时：当球从高点下落时，腰带动右臂，从右后方向左下方挥动；当球落至网高时，前臂、手腕加速从右上方向左下方挥动，横握球拍手腕内收，直握球拍手腕作屈，球拍从球的右侧中部向左侧上方摩擦，并微微勾手腕以增强上旋。

击球后：手臂顺势向左下方挥动并迅速还原。击球动作的过程中身体的重心由左脚移至右脚。

②正手发左侧下旋球的动作方法

站位：站位左半台，左脚在前，右脚在侧后方，身体略向右转。

击球前：左掌心托球置于身前的右前方，左手将球向上抛起，抛球的同时持拍手向右后上方引拍，右臂外旋，使拍面稍后仰，身体右转。若横握球拍，手腕外展，身体的重心落在左脚上。

击球时：当球从高点下落时，手臂从右后方向左下方挥动；当球落至网高时，前臂、手腕加速从右上方向左前下方挥动，腰配合左转。横握球拍手腕内收，直握球拍手腕作屈，球拍从球的右侧中部向左侧下方摩擦。

击球后：手臂顺势向左下方挥动并迅速还原。击球动作的过程中身体的重心由左脚移至右脚。

(3) 动作要点

①发球时要收腹，击球点不可远离身体。

②尽量加大由右向左挥动的幅度和弧线，以增强侧旋强度。

③发左侧上旋时，击球瞬间手腕快速内收，球拍从球的中部向左上方摩擦。

④发左侧下旋时，拍面稍后仰，球拍从球的中下部向左下方摩擦。

6.反手发右侧上(下)旋球

(1)特点

反手发右侧上(下)旋的手法,隐蔽性大,用近似的发球方法发出两种旋转方向完全不同的球。所发出的球具有较强的右侧旋,飞行弧线向对方右侧偏拐,对方回击的球右侧上(下)反弹。

(2)动作方法

反手发右侧上旋球与反手发右侧下旋球的区别在于触球瞬间,拍面略后仰,拍从球的中下部向右侧下摩擦(图 2-22)。

图 2-22　反手发右侧上(下)旋球

①反手发右侧上旋球的动作方法(图 2-23)

图 2-23　反手发右侧上旋球

站位:站位左半台,左脚稍前或平行站立,身体略向左转。

击球前:左掌心托球置于身前的右前方,左手将球向上抛起,抛球的同时持拍手向左后上方引拍,同时右臂内旋,使拍面稍后仰,腰略向左转。若横握球拍,手腕内收,身体的重心落在右脚上。

击球时:当球从高点下落时,手臂从左上方向右下方挥动;当球落至网高时,前臂、手腕加速从左上方向右下方挥动,同时配合转体动作,使腰、上臂、前臂、手腕协调有利。在触球的瞬间,球拍从球的中下部向左侧上方摩擦。

击球后:手臂顺势向右下方挥动并迅速还原。击球动作的过程中身体的重心由右脚移至左脚。

②反手发右侧下旋球的动作方法

站位：站位左半台，右脚稍前或平行站立，身体略向左转。

击球前：左掌心托球置于身前的右前方，左手将球向上抛起，抛球的同时持拍手向左后上方引拍，手臂内旋，使拍面后仰（角度大于发上旋球），身体略向左转。若横握球拍，手腕内收，身体的重心落在左脚上。

击球时：当球从高点下落时，手臂从左后方向右下方挥动；当球落至网高时，前臂、手腕加速从左上方向右前下方挥动，腰配合左转。横握球拍手腕内收，直握球拍手腕作伸。触球的瞬间，球拍从球的中下部向右侧下方摩擦。

击球后：手臂顺势向右下方挥动并迅速还原。击球动作的过程中身体的重心由右脚移至左脚。

(3)动作要点

①注意收腹和转腰动作。

②充分利用手腕转动配合前臂发力。

③发右侧上旋球时，击球瞬间球拍从球的中部向右上方摩擦，手腕有一个上勾动作。

④发右侧下旋球时，拍面稍后仰，击球瞬间球拍从球的中下部向右侧下摩擦。

7.反手发急下旋球

(1)特点

球速快并带有下旋、弧线低、前冲大，落点长，具有突然性。对方用推、拨回接容易造成下网，用搓球回接容易出现机会球，这种发球常与发急上旋球配合使用。

(2)动作方法（图 2-24）

图 2-24 反手发急下旋球

站位:站位左半台,右脚稍前或平行站立,身体正对球台。

击球前:左掌心托球置于身前的右前方,左手将球向上抛起,抛球不宜太高,抛球的同时持拍手向后上方引拍,手臂内旋,使拍面稍后仰,身体的重心落在左脚上。

击球时:当球从高点下落时,手臂从后上方向右前下方挥动;当球落至稍低于网时,前臂、手腕加速从后上方向前下方挥动。横握球拍手腕内收,直握球拍手腕作伸。触球的瞬间,用边撞击边摩擦的动作击球的中下部,球击出后的第一落点接近端线。

击球后:手臂顺势向前下方挥动并迅速还原。

(3)动作要点

①击球点应在身体的左前侧比网稍低处。

②注意手腕的抖动发力。

③球击出后的第一落点在本方台区的端线附近。

8.下蹲式发球

(1)特点

下蹲式发球一般多为横握球拍选手使用,下蹲式发球与站立式发球在摩擦球的部位与方向不同,下蹲式发球时球拍多摩擦球的上半部,发出球的旋转性能与常规发球不同,具有旋转变化多、突然性强和新异性特点,在对方不适应的情况下,威胁很大,关键时候发出高质量的球,往往能直接得分。

(2)动作方法

①下蹲发右侧上(下)旋球的动作方法

站位:左脚在前,右脚稍后,身体略向右倾斜。

击球前:左手将球向上抛起,持拍手将球拍上举至肩高,两膝弯曲成深蹲。

击球时:当球落至头部高度时,执拍手迅速由左向右挥摆,手腕放松,挥摆的路线呈半圆形。

击球后:手臂顺势挥动并迅速还原。

发右侧上旋球时,拍面触球的左中部并向右侧上部摩擦,球越网后向对方左侧偏斜前进。

发右侧下旋球时,拍面从球的中部向右侧下部摩擦,球越网后向对方左侧偏斜前进。

②下蹲发左侧上(下)旋球的动作方法

站位:两脚平行站立,身体正对球台。

击球前:左手将球向上抛起,持拍手向右后方引拍,将球拍上举至肩高,两膝弯曲成深蹲。

击球时:当球落至头部高度时,执拍手迅速由右后方向左前方挥摆,手腕放松,挥摆的路线呈半圆形。

击球后:手臂顺势挥动并迅速还原。

发左侧上旋球时,拍面触球的右中部并向左侧上部摩擦,球越网后向对方右侧偏斜前进。

发左侧下旋球时,拍面从球的中部向左侧下部摩擦,球越网后向对方右侧偏斜前进。

(3)动作要点

①注意抛球和挥拍击球动作的配合,掌握好击球时间。

②发球要有质量,发球动作要利落,以防在还未完全站起时已被对方抢攻。

9.高抛发球

(1)特点

高抛发球最显著的特点是抛球高,将球抛至2—3米,增大了球下降时对拍的正压力,发出的球速度快,冲力大,旋转变化多,着台后拐弯飞行。但高抛发球动作复杂,有一定的难度。

(2)动作方法

高抛发球与低抛发球的动作方法基本相同,区别在于高抛发球下落的时间较长,故可以加大引拍的幅度和充分利用腰部的转动来加强发球的力量。

(3)动作要点

①抛球要稳,勿离台及身体太远。

②击球点与网同高或比网稍低,一般在右侧腰前(15厘米)为好。

③尽量加大向内摆动的幅度和弧线。

④触球后,附加一个向右前方的回收动作,可增加对方的判断。

10.逆旋转发球

(1)特点

逆旋转发球是近年来在顺旋转发球的基础上创新的一项新的发球技术。其动作隐蔽性大,出手速度快,发力协调,旋转强,用正手发出的球有类似反手发球的性质。

(2)动作方法

站位:左脚在前,右脚在后侧。

击球前:左手将球向上抛起,引拍时肘部抬起,手腕向内后引动。

击球时:当球落至网高时,触球时向外侧发力摩擦。

击球后:手臂顺势挥动并迅速还原。

发上旋球时,拍面触球的左侧上部,向前用力。

发下旋球时,拍面从球的中部,向下用力。

(3)动作要点

①抛球不宜过高。

②击球点与网同高。

③尽量加大手腕向内后引动的幅度。

(三)发球注意事项

1.发球应具有规范性

发球要符合发球规则。发球动作由两部分组成,抛球动作和挥拍动作。抛球动作:抛球要在球台的端线外,台面上且垂直上抛,抛起的高度不得低于16厘米;挥拍动作:根据无遮挡发球规则,从发球开始,到球被击出,不能被发球员或其双打同伴的身体或衣服的任何部分挡住,对于接发球方和裁判都要无任何遮挡。

2. 发球应具有针对性

速度、旋转、落点三要素之间的组合不同,可以发出各种变化的球。在比赛中应尽快找出对手接发球的弱点,采用有针对性的发球方法,为自己的发球后抢攻创造有利时机或直接得分。

3. 发球应具有隐蔽性

发球时,尽量用同一种手法发出不同性能的球。例如:上旋与下旋、转与不转等,通过球的旋转变化,迷惑对方,破坏对方接发球技术,从而赢取比赛的主动权。发球的手法越相似,对手越难以判断,所获得的发球效果就会越好。

4. 发球应具有目的性

随着各国运动员之间水平差距不断缩小,在激烈的对抗中,直接得分的机会越来越少。因此,发球一定要为抢攻做准备。在发球时,不仅要发出高质量的球,还要了解对方回球的旋转、速度、落点的变化,形成预见性,为发球后的抢攻争取主动。

5. 发球应具有多变性

发球是唯一不受对方牵制的球,只有发球变幻莫测,使对方不知所措,才能具有威胁性。因此,在训练和比赛中,要将各种发球技术配套使用。如:侧上与侧下旋球的配套、转与不转球的配套、上旋与下旋球的配套、长球与短球的配套等,通过发球的速度、旋转、落点变化,增加发球的突然性和多变性。

(四)发球训练方法

(1)徒手练习:不用球台,不用球拍,随时随地可以练习。一手模仿抛球,另一手模仿击球动作。

(2)空拍练习：仅用拍不用球，想象面对球台，模仿发球动作。空拍练习，在练习手腕、手臂与腰腿之间的协调起到不可代替的作用。

(3)非球台练习：在床上、书桌上或其他场地进行发球练习。这一练习在解决抛球与挥拍触球动作的配合，提高发球的旋转强度、发球质量时很实用。

(4)球台上的多球练习：通过多球练习，把旋转、速度、落点三要素相互结合发出不同性能、不同落点的球。

(5)有对手接的发球练习：对方练习接发球，发球者可以及时了解自己发球的效果，亦可将战术意识结合到技术训练中去。

六、接发球技术

接发球是指回接对方发球时使用的各种方法，是乒乓球技术的重要组成部分。发球与接发球是一"矛"一"盾"针锋相对的两项技术，二者对运动员赢得比赛具有同样重要的意义。

乒乓球比赛首先是从发球和接发球开始的，每一局比赛双方接发球和发球的机会相同，每一分的争夺都是由接发球开始的。在乒乓球比赛中，相对发球抢攻或相持环节，接发球的难度最大。因为它完全受发球者的控制，而接发球对发球者在技术上没有任何限制，增加了接发球的不可预测性。接发球者必须在瞬间之内精准、迅速、到位地把"判断""移位"和"回击"这三个环节完成，必须在夹缝中为自己创造机会。合理的接发球技术能有效地调动和控制对方，扭转相对被动的局面，给自己创造进攻的机会。

随着无遮挡发球规则和11分赛制实施，在乒乓球比赛中，积极主动、抢先上手成为总体战术的风格。接发球成为争取主动的前沿，在相对被动的状态中，在控制的基础上，增大了上手的比例，争取主动是接发球的基本指导思想。

(一)接发球站位与判断

1. 站位的选择

要接好对方的发球,首先必须根据对方的站位情况选择自己的站位,为自己的进攻创造有利条件。若对方站在球台左半台发球,接发球的站位应偏左侧;若对方在右半台发球(一般是左手持拍运动员),接发球的站位不应太靠左而应略偏向中间,有利于及时保护自己右边的空档。为了照顾整个台面,又有利于前后移动,接发球站位离球台约 30—40 厘米为宜。

其次,接发球应根据个人特长与习惯旋转接发球站位。如:进攻型运动员站位略靠前,防守型运动员站位则略靠后;两面攻运动员站位则靠中间,有利于两面起板进攻。

总之,接发球站位的选择,既要考虑防守的全面性,又要有利于自己特长技术的发挥。

2. 接发球的判断

正确的判断是接好发球的首要环节。由于接发球对发球者在技术上没有任何限制占有主动性,发球方可发出速度、落点、旋转不同的球,对于接发球方来说,正确的判断显得尤为重要。只有正确的判断,才能采用合理的回球方法,化被动为主动。接发球的判断可从以下几个方面考虑:

(1)方向的判断

来球方向由对方发球时挥拍击球的方向和挥臂方向两部分组成。根据来球方向不同一般分为斜线球和直线球。发斜线球时拍面向侧偏斜,手臂向斜前方挥动;发直线球时,拍面与手臂均向前挥动。

(2)旋转判断

旋转取决于拍面触球的部位及球拍瞬间摩擦球的方向两个因素。不同的拍面触球的部位及摩擦球的方向可发出各种不同旋转的球。在判断球的旋转时,可从拍型、运动轨迹、弧线和出手四方面考虑。

①拍型:拍型决定发球时球拍触球的部位,从而发出不同旋转的球。一般情况下,发上旋时拍型比较竖;发下旋时,拍面后仰从球的中上部向底部摩擦;从左向右挥拍击球是右侧旋;从右向左挥拍击球是左侧旋。转的球击球时拍面后仰的角度大,不转的球则相反。

②运动轨迹:一般来讲,发上旋和不转球时,球拍触球的瞬间,手腕摆动的幅度不是很大;在发下旋和侧下旋时,手腕摆动相对大一点,增加球在拍面上的摩擦距离,使球产生强烈的旋转。

③弧线:上旋球和不转球的运行速度一般比较快,常有向前"窜拱"的感觉,发短时球弧线低平,容易出台;下旋球的运行比较平稳,弧线略高,发短球时不易出台。

④出手:发上旋球和不转球一般出手较快;发下旋球的出手相对慢一些,因为球需要足够的摩擦时间,才会使球产生强烈的下旋效果。

判断来球的旋转,仅有理论上的认识远远不够,主要还是在实践中反复探索,达到熟练的程度,才能在比赛中得心应手。

(3)落点判断

来球的落点取决于对方击球的力量、方向和旋转。根据来球长短不同可分为长球、短球和半出台球。

①对长球的判断:一般情况下,击球力量大,球的第一落点在本方球台的端线附近,发出的球多为长球。在力量相同的情况下,上旋球和不转球的飞行速度明显高于下旋球;如果发侧上、侧下旋斜线长球,球的第二弧线有侧拐的特点。

②对短球的判断:发短球时,手上不能发很大的力,因此短球很难发挥速度的优势,主要是考虑发球的落点和旋转。一般来讲,球的第一落点越靠近球网,球的第二落点就越短。

③对半出台球的判断:对半出台球的判断是接发球判断中难度较大的一项技术。在判断不出台球时,首先根据旋转性质而

定,侧上旋球和不转球比侧下旋球和下旋球容易出台。其次,根据发球者的特点而定,要仔细研究发球者在发半出台球时,哪种容易出台,哪种不容易出台,正手容易出台还是反手容易出台等。此外,在接半出台球时,出手一定要果断。

(二)接发球的方法

接球的方法很多,归纳起来大体有:搓、托、推、吸、摆、拱、切、拧、撇、挑、吊、带、撕、敲、拉、冲、打等多种综合性技术组成的。在比赛中,运动员可根据自己的特长,或根据战术的需要选择如何接发球,以便争取比赛的主动权。

下面介绍几种常见的乒乓球接发球技术。

1.搓接

所谓搓接,一般多用于接短球,不提倡长球用搓接,这是中国运动员技术打法的独到之处。搓球的动作小,出手快,隐蔽性强。

搓接的动作要领:拍面后倾,根据球的旋转强度,向前、向下击球。这虽然是一种最原始的接发球的方法,但也是最基本的技术之一。搓接的力量主要是来自小臂、手腕、手指三个部位,用其合力搓出不同的变化,而且又能把球搓得很低,控制住对方。在搓接时,手腕放松是核心。放松了才能控制住球,达到随心所欲。

在长期的运用实践中,运动员根据自身特点,对这一技术进行了很细致的分化,比如:有快搓、慢搓、搓长、搓短等。搓长技术是和摆短配合运用的快搓底线长球,它以速度和突然性为特点。在搓长时,手法尽量与摆短相似,以前臂发力为主,手腕的摆动不宜过大,以免影响手上对球的感觉。

2.托接

所谓托接,就是在搓球的基础上,拍子不仅向前用力,而且是在触球时向上抬一下,为了避免球过高,拍子不能太后倾,比搓球要立一些。

托接的动作要领：拍面在球的底部向前、向上"包"一下的感觉。即用拍子在球的底部画一个下弧（小半圆），用前弧（靠身体一侧）触球，向前、下用力，是弱下旋；用弧底触球，向前平动用力，是强下旋；用后弧触球，向上用点力，是不转球。托球是对付不出台的强下旋球，进行过渡的最好办法。

3. 推球

所谓推球，就是推挡技术。

推球技术要领：在推挡时，两脚站位与肩同宽，后脚跟稍抬起，身体重心提高。触球主要靠手和小臂向前发力，直握拍手的大拇指要伸开，主要靠食指和虎口控制住拍型角度。中指和无名指要在拍后用力顶住拍子，配合发力。

推球主要用于不转球和弱上旋球；挡球主要用于强上旋球，就是借力把球"封"过去。在运用上还有大力推挡，如蒋鹏龙推出的球特别有力量。另外还能推下旋球，这就改变了对不出台的下旋球只能靠搓接的老办法，这样推过来的球又平又快，还有点下旋，会给对方造成麻烦。

推球的动作要领：触球瞬间拍面要后倾，并把拍子插到球底部，向前推的时候，大拇指松开，变拍子后倾为前倾，推挡是一项重要的基本功，也是"封"球的重要技术。

4. 摆接

所谓摆接，是搓短球的一种摆短的有效方法。它最大的特点是出手快、突然性强能有效地限制对手的拉、攻上手。

摆接动作要领：引拍不易过高，拍型略立，在来球的上升期，触球中下部以向下方发力为主。击球时手腕瞬间有一较小的制动，在自己发力的基础上适当借对方来球的力量，才能摆出高质量的短球。

在用摆短接发球时要特别注意三个问题。

第一，在上升期触球的中下部，突出"快"。

第二,手臂离身体要近一些,离得远就很难控制这种精细的技术,还会影响准确性和质量。

第三,手臂不要过早伸入台内,这样不能形成较合理的节奏感,难以体现出手快的特点。

5. 切接

所谓切接,常指的是一种侧切的技术。在世界上直握拍选手马琳、横握拍选手孔令辉他们在大赛中常用侧切的技术从被动转为主动,往往还能直接得分。

切接的动作要领:拍面半立,根据来球的不同旋转和强度,一般与地面是在45°到65°之间角度。不论是左和右侧切拍头都要伸出去手臂与身体的内夹角右手侧切一般在60°至70°,左手侧切一般在30°至40°。切出的力量是用上臂把前臂送出,在球的上升期或最高点将球侧切出去,运用的是前臂、手腕和手指的合力。击过去的球不但平直而又侧拐。由于球的节奏发生了变化往往给对手造成措手不及,对不上节奏的感觉。

6. 晃撇接

所谓撇接,一般是在侧身位正手搓侧旋球、斜线球,常用摆短球与侧身挑直线配合使用,使对手不敢轻易侧身,进行有威胁的正手抢攻。

晃撇接动作要领:在来球的最高点击球,球拍接触球的后中下部,手腕略有外展,向左侧前下方摩擦球,使球带有左侧下旋,球着台后向外拐,让对手不容易对准来球。晃撇是一种要求很高的技术,初学者应先掌握好快搓和慢搓的基础上再在根据自己的特点和实际情况,把这一动作加进去,用起来才会得心应手。

7. 挑接

所谓挑接,是接短球的一种比较主动的方法,分为正手挑和反手挑。挑接技术均适用于直、横板运动员。

挑接的动作要领：当球即将过网时手伸进台内,同时视来球的方位不同选择不同的脚向前跨步,腿在台下。如果是正手挑(以右手拍选手为例)就上右脚；反手挑就上左脚；侧身位挑,则上左脚,右脚适当跟上。在来球的高点期,击球的后中部,以前臂发力撞击球为主。在击球的一瞬间手腕有一突然的微小内收(正手)和外展(反手),适当给球一定的摩擦,以保证准确性。

挑接一定挑出力量,要有突然性,为下一板球的主动创造进攻条件。要挑不出力量,会给自己造成被动。在过去多数运动员以搓接为主的时代,现在开始向台内挑接转变,这是台内接发球技术的一个创新。

8. 吊接

所谓吊接,又称为"放",但绝不能只认为是放高球,两者有着一定的不同。吊接往往重于战术的角度,吊到对方的空位用于过渡,调动对方争取主动。一般直握拍选手运用的多。

吊接的动作：不论在正位还是在反位,正、反手持拍基本立直。当迎住球时挥拍主要向上、稍微向前用力,吊接过去的球弧线不高有一定上旋,速度不快有点飘,还有一定下沉感,对方回球时很难借上力。放高球也是吊接的一种,但往往是在极为被动的情况下所采用的。

放高球和吊球在落点上有区别,吊一般落点是在中、近台,放一般是在对方的端线附近,既跳得很高又向前飘拱还有左、右侧拐。第 48 届世乒赛梅兹放的高球,作为国家队的顶级高手王浩和郝帅都不适应最后落败。

9. 带接

所谓带接,是一种对付上旋球的较好的办法。其特点是能够借上对方的力再往前带过去的球弧线低,而且往前拱,给对方的连续进攻造成一定的困难。特别是对方正、反手拉起来的弧圈球,用快带的方法变线稳定性强,过去的球速快。马琳的快带做得较好。

快带的动作要领：快带的主要是调整击球的位置并根据来球高低、上旋强度来调整拍子前倾的幅度。要在上升期把球带过去，用手腕的调整进行变线。快带时整个过程中手腕放松触球有利于微调球的弧线、落点并增强手感。主要是用小臂、手腕、手指三个部位发力，主要是借力击球。快带时身体重心也要提起来。以防止球出界。

10. 拉接

所谓拉接，是我们常说的那种提拉球。一般是用来对付长球的方法。

拉接时要注意第一时间与第二时间的本质区别。手高于球台或基本与球台在一个平面上时可认为是第一时间。此时拉接容易发上力能够保证一定的准确性，它能在时间上争取主动。手低于台面接触球一般情况下就可以认为是第二时间。第二时间接触球时，就需要适当的调整，在力争压低弧线的同时主要是要用落点来控制对方。初学者在开始练习拉接时要多注意练习在第一时间拉球，体会发力击球时对旋转的感觉。等到水平达到一定程度后再有意识的练习第二时间拉接的手上感觉。

拉接的动作要领：拉与冲的动作基本差不多，只拉球在力量和旋转上，都没有冲接大，动作幅度也没有冲球的幅度大。拉接往往用于过渡，而冲接一般用于进攻。两者在撞击和摩擦结合的比例也基本是一样的。

中国研究出的反手侧拉技术并已广泛运用，这一技术横握拍选手比较适用。

反手侧拉的动作要领：以右手持拍为例，大臂抬起端平小臂和手腕自然下摆屈收到右腑下离右肋 20 厘米左右。用转腰、大臂带动小臂、甩腕子向左前方"包"球发力。拍子运行轨迹有一个左内弧线，由于拍头朝下及拍面的左右倾斜度的不同，所以能侧拉出左侧上旋球、左侧旋球和左侧下旋球三种旋转。拍面前倾能拉出左侧上旋球、拍面立直能拉出左侧旋球、拍面后倾能拉出左侧下旋球。反手侧拉技术在实战中取得了很好效果。

11. 冲接

所谓冲接,指的是冲弧圈球。这是当前乒乓球运动中最常见、最重要的技术手段,既能用于过渡又能用于控制,既能用于相持又能用于抢攻。冲弧圈球发展至今有两点值得大家重视。一是弧圈球向爆冲发展与运用;二是冲接半出台球这要有一定意识和足够的胆量。其运用原则是能冲接的就不要搓、撇,否则将会造成被动。

冲接的动作要领:引拍幅度不要过大,手臂向球台靠近,击球点一般在台面以上。重心要拔起来并前移以前臂和手腕的突然向前、上发力为主整个幅度不要过大有点近似于小前冲。而在这些环节中抬高重心是至关重要的。由于这种球比短球还长一点、比长球还短一点,刚刚出台而且比较顶,在使用冲接时要给球一定的力量,一定要有突击性。这样才能达到冲接的目的。

12. 打接

所谓打接,就是我们常说的攻打技术,在接发球中是一项难度较大的动作技术,主要用来对付长球和高球。

打接的动作要领:拍面垂直再根据来球的旋转强度,随时调整拍面的角度。也就是说对付强下旋球拍面稍微后仰;对付上旋球,拍面要前倾。比如打高吊弧圈球,一定要做到盖打,也就是用拍子从上向下盖住球,拍子的前倾度是非常大的,运用时基本是以击打为主略有点摩擦。打接对拍子角度的要求比较高,这就需要在长期的训练中去慢慢感悟。

由于现代乒乓球的竞技中发球的旋转非常强,突然性和速度也今非昔比,给攻打技术的运用带来了极大的困难。运动员接发球时使用攻打的概率已经很低。但攻打作为乒乓球的一项主要技术,其在比赛中的作用也是显而易见的。可谓学之难度大用之威胁也更大。

（三）接发球方法的具体运用

1. 接急球

急球是指对方发出的直线、斜线或中路底线长球,具有角度大、速度快的特点。回接击球时,站位应偏远一点,以便做好击球准备。根据来球速度、力量、旋转和落点的不同,可采用攻、拉、冲、拨、推等方法回接急球。

(1)接正手位的奔球、侧旋球或侧上旋球,以攻、冲为主。

(2)接反手位的奔球、侧旋球或侧上旋球,以快推、快拨对方大角度或用反手攻和侧身冲为主。

(3)接侧旋急球时,以拉冲为主。

(4)接急下旋球,由于来球具有一定的下旋,用攻或推球回接时,拍面后仰以增加向上发力；用弧圈球回接时,应增加向上提拉的力量；用搓球回接时,应先退一步,拍面角度不宜后仰太大,击球的中部并向底部摩擦,以抵消来球的前冲力。

2. 接短球

短球是一个统称,从路线上分为正手位、反手位和中路短球；从旋转上分可以分为上旋、下旋、侧旋、侧上旋、侧下旋和不转球。由于对方发过来的球是近网球,回接近网球时最主要的是要及时上前,以获得最佳的击球位置。在接短球的方法上,由于来球的性能不同,所采用的接发球技术也会有所不同,同一种发球也可采用几种不同的接发球。例如：接正手位侧下旋短球时,可采用摆短、劈长、挑、撇等。在这种情况下,接发球的方法取决于运动员本身接发球的能力,如能娴熟地运用以上各种技术,根据个人的特长,多采用积极主动的挑、撇技术,以提高接发球的质量。

由于来球是台内短球,台面会影响引拍幅度,因此无论采用搓、挑、削等哪一种技术回接短球,要充分依靠前臂和手腕发力,同时根据来球的旋转性能调节拍面的角度、击球的部位和击球的时间以及用力方向。

3.接下旋球

接下旋球可用搓、摆短、劈长、挑、拉、冲等方法。对于初学者来说,回接下旋球的基本方法就是慢搓,由于下旋球速度较慢,球触拍后向下反弹,用搓球技术回接时,注意拍面后仰及增加向上的发力。对于水平较高的运动员,接下旋球时,要积极主动,加大回接的难度。如摆短、挑、拉、冲等方法回接,在使用拉、冲技术时,一定要增加向上提拉的力量。

4.接左、右侧上、下旋球

用正手发球,可使球产生左侧上、下旋球。用反手位发球可使球产生右侧上、下旋球。无论使用那种发球方法,除了上旋球、不转球和下旋球外,都是左、右侧上、下旋球。

(1)左侧上旋球:是左侧旋与上旋结合的旋转球。接球时一般采用推、攻为宜。触球时拍面前倾,拍面向左侧偏斜,来抵消来球的左侧旋,向前下方用力要相对加大,防止球触拍时向自己右上方反弹;用弧圈球回接时,要加大拍面前倾的角度,多向前发力,少向上提拉。

(2)左侧下旋球:是左侧旋与下旋结合的旋转球,接球时一般采用搓、削为宜。触球时拍面后仰,拍面向左侧偏斜,稍向上用力,防止球触拍时向自己左上方反弹;用弧圈球回接时,要加大拍面角度不宜过于前倾,多向上提拉,少向前发力。

(3)右侧上旋球:是右侧旋与上旋结合的旋转球。接球时一般采用推、攻为宜。触球时拍面前倾,拍面向右侧偏斜,来抵消来球的右侧旋,向前下方用力要相对加大,防止球触拍时向自己右上方反弹;用弧圈球回接时,要加大拍面前倾的角度,多向前发力,少向上提拉。

(4)右侧下旋球:是右侧旋与下旋结合的旋转球,接球时一般采用搓、削为宜。触球时拍面后仰,拍面向右侧偏斜,稍向上用力,防止球触拍时向自己右上方反弹;用弧圈球回接时,要加大拍面角度不宜过于前倾,多向上提拉,少向前发力。

(四)接发球主要战术

(1)以搓球、削球的旋转变化和落点变化来削弱对方的攻势。

(2)用快搓、摆短球遏制对方发力抢攻(拉冲)。

(3)以快拨、推挡和提拉等技术回接,争取形成对攻局面。

(4)力争抢拉、抢攻在先,以免陷入被动局面,由于发球主动、多变,接发球已向全方位、多手段的方向发展。

(五)接发球的注意事项

(1)在练习接发球之前,必须了解各种来球的旋转性能,才能有计划地进行练习,不至于陷入盲目性。

(2)判断是接发球的重要环节,因而必须时刻观察对方触球一瞬间的动作变化和来球的具体特征。

(3)出手果断。有了正确的判断之后,果断地采用相应的方法进行回击,千万不能犹豫。

(4)接发球从形式上看是被动的,但在思想上和回接方法上应力争主动,抢先上手。

(六)接发球的训练方法

(1)通过理论上的讲解,了解各种旋转的性能。

(2)单一接发球练习。

①规定一种发球的旋转和落点,自己用一种或几种方法接。可集中精力熟悉一种发球。

②规定一套发球变化的规律(如,一长一短、一转一不转等),自己用一种或几种方法接。在分辨不清某种发球的旋转变化时,用此练习效果最好,可提高判断能力。

③不限制发球的变化规律,全面练习接发球的技术。此法比较结合实战。

(3)对方发球后结合抢攻条件下的接发球练习,可进一步提高接发球的控制能力,及时得到反馈,了解接发球的效果。

无论是单纯的发、接发练习,还是对方发球后结合抢攻条件下的接发球练习,都必须对接发球提出具体的要求,或抢攻、或摆短、或撇、或挑起来……总之,不能是毫无要求的泛泛练习。

七、推挡技术

推挡是我国直拍快攻打法的基本技术之一,推挡技术也是在"挡"的基础上发展起来的,属借力与自发力的合力回球的一种既可防守和控制,又可辅助进攻的一种基本功底。推挡站位近、动作小、落点多变、速度快并具有一定的力量,所以在比赛中能主动调动和压制对方,为正手攻和侧身攻创造有利时机,在被动和相持时还可以起到积极防守和从相持转主动的作用。推挡球包括平挡、快推、加力推、减力挡、推下旋、推侧旋、推挤、反手拨等。

推挡的站位及准备动作:根据运动员身材的不同,站位离台40—50厘米,两脚开立,比肩略宽,左脚稍前,右脚稍后,或两脚平行,在球台左半台的1/3处;上体略前倾,身体重心在两脚之间,双膝微屈;拍面呈半横状,拍面垂直或稍前倾;握拍时食指稍用力,拇指放松,上臂和肘部自然身体右侧,上臂与前臂的夹角约为100°,肩关节放松。

(一)推挡的特点与动作方法(以右手持拍为例)

1. 平挡

(1)特点与作用

击球员用球拍借助对方来球的反弹力进行挡击的一种技术。具有球速慢、力量轻的特点。由于动作简单,容易掌握,是初学者的入门技术。练习挡球能熟悉球性,体会击球时间,击球拍型和发力方向,宜于提高控制球的能力。在对方进攻时挡球也可作为防御的一种手段。

(2)动作方法(图2-25)

图 2-25 挡球

①击球前

A.站位:两脚平行或左脚稍前站立。身体离球台40—50厘米,两脚开立约与肩宽,两膝微屈。

B.引拍:球拍置于腹前,手臂自然弯曲,前臂外旋,使拍面垂直,拍头呈半横状,约与台面垂直,将球拍引至身体的前方,上臂和肘关节靠近身体右侧。

C.迎球:当来球从台面弹起时,手臂稍向前方迎球。

②击球时

A.击球时间:在来球的上升期击球。

B.击球部位:击球的中部。

C.发力部位及方向:食指用力,拇指放松,前臂和手腕向前推出,借力还击,前臂发力为主。

③击球后

手臂、手腕随势前送,并迅速还原成击球前的准备姿势。

2.快推

(1)特点与作用

快推的动作小,回球速度快,有斜、直变化。在对攻和相持中运用对推两大脚或突击对方空当,能争取时间,使对方左右应接不暇,造成对方直接失误或漏出机会为自己正手或侧身强攻创造条件。适用于对付旋转较弱的拉球、推挡球和中等力量的突击球,是快攻类打法中最常见的一种基本技术。

(2)动作方法(图2-26)

①击球前

A.站位:站位近台偏左,两脚平行站立或左脚稍前。

B.引拍:手臂自然弯曲,前臂外旋,使拍面稍前倾,将球拍引至身体的前方,上臂内收自然靠近靠近身体右侧,击球前前臂稍向后引(动作要小)。

C.迎球:当来球从台面弹起时,手臂迅速向前方迎球。

图 2-26 快推

②击球时

A.击球时间:在来球的上升期击球。

B.击球部位:击球的中上部。

C.发力部位及方向:食指用力,拇指放松,手臂主要向前稍微向上辅助发力,前臂发力为主。

③击球后

手臂随势前送,并迅速还原成击球前的准备姿势。

3.加力推

(1)特点与作用

加力推回球力量,球速快,有落点变化,比赛中,可迫使对方离台后退陷入被动防守的局面。与减力挡配合使用,能更有效的牵制对手,夺得主动,是推挡中威胁较大的一种技术。适用于对付速度较慢、旋转较弱的上旋球或力量较轻的攻球及推挡。

(2)动作方法(图 2-27)

图 2-27 加力推

①击球前

A.站位:站位近台偏左,两脚平行站立或左脚稍前身体略左转。

B.引拍:前臂外旋使拍面稍前倾,收肘引拍至左胸前,应与网高同高或略高。

C.迎球:来球弹起时,身体重心略上提;以转髋带动腰、腰带动手臂挥拍迎前。

②击球时

A.击球时间:在来球的上升后期或高点期击球。

B.击球部位:击球的中上部。

C.发力部位及方向:击球瞬间,大、小臂之间夹角快速打开、肘关节快速前送,上臂,并用中指顶住拍背向前用力。前臂、手腕向前下方推出,上臂、前臂、手腕同时发力,腰、髋辅助发力。

③击球后

手臂随势前送,并迅速还原成击球前的准备姿势。

4.减力挡

(1)特点与作用

减力挡回球弧线低、落点短、力量轻,一般在加力推或正手发力攻迫使对方离台后使用。在对攻相持中,当用加力推迫使对方离台防御或遇对方回过来力量不大、旋转较弱的球时,使用减力挡变化力量和落点来调动对方,使其前后移动,然后伺机用正手或侧身抢攻,易得主动。加力推与减力挡的配合运用,是对付中台两面拉弧圈打法的有效战术。

(2)动作方法(图 2-28)

图 2-28 减力挡

①击球前:

A.站位:两脚平行站立或左脚稍前,身体离台约 40 厘米。

B.引拍:前臂外旋使拍面稍前倾,前臂稍收使拍面略高,放至身前。

C.迎球:当球在台面弹起时,手臂向前迎球,同时身体重心略升高。

②击球时

A.击球时间:在来球的上升期击球。

B.击球部位:击球的中上部。

C.发力部位及方向:拍触球一瞬间,手臂和手腕稍向后收,以缓冲球撞击拍的力量,身体的重心略向前移。

③击球后

手臂和手腕继续向后随势回收,并迅速还原成击球前的准备姿势。

5.推下旋

(1)特点与作用

推下旋有回球落点长、弧线低、带下旋,落台后下沉快等特点。在对攻中使用下旋推挡改变回球的旋转性能,能使对方攻、推下网,或使对方对推时不易发力而造成被动。但是,由于下旋推挡发力不能太大,且用它来对付上旋球有一定困难,因此只能作为辅助技术使用,不能作为主要的推挡技术。适用于对付对方发过来的侧下旋球、用长胶和防护胶皮搓过来的球以及带下旋的推挡球。

(2)动作方法(图 2-29)

图 2-29 推下旋

①击球前

A. 站位:左脚稍前,身体离台约 40 厘米,重心偏高。

B. 引拍:前臂内旋,拍面稍后仰,肘关节后引,将球拍引至身体前上方。

C. 迎球:当球在台面弹起时,手臂向前下方迎球。

②击球时

A. 击球时间:在来球的高点期或下降前期击球。

B. 击球部位:击球的中下部。

C. 发力部位及方向:拍触球一瞬间,前臂向前下推切,手腕可适当向前切一下,以增大球的下旋。

③击球后

手臂和手腕继续向前下方随势挥动,并迅速还原成击球前的准备姿势。

6. 推挤

(1)特点与作用

推挤的回球带有侧下旋,弧线低,落点短、角度大。在对付弧圈球或球速较快且带上旋的发(奔)球,使用推挤改变球的旋转,变化角度和落点,能增大对方进攻的难度,从而为自己进攻创造有利条件。推挤虽然角度大、落点短,但速度较慢,必须与加力推和变线配合,才能较好地发挥作用。

(2)动作方法(图 2-30)

图 2-30　推挤

①击球前

A.站位:站位偏左,两脚平行或右脚稍前,双膝微屈、收腹含胸、身体前倾,离台约 40 厘米。

B.引拍:右大臂和肘关节自然靠近身体右侧;手臂自然弯曲,前臂外旋与手腕配合使拍面稍前倾,前臂上提将球拍引至身体前上方。

C.迎球:当来球从台面上弹起时,前臂与手腕向左前下方迎球。

②击球时

A.击球时间:在来球的上升期击球。

B.击球部位:击球的中上部。

C.发力部位及方向:击球瞬间,前臂、手腕向左前下方发力。

③击球后

手臂和手腕继续向前下方随势挥动,并迅速还原成击球前的准备姿势。

7.推侧旋

(1)特点与作用

推侧旋具有弧线低,角度大,回球路线短,回球带有侧拐等特点,由于击球部位是来球的弱转区,因此是对付弧圈球的一种有效方法。

(2)动作方法

①击球前

A.站位:左脚稍前,双膝微屈、收腹含胸、身体前倾,离台约40厘米。

B.引拍:手臂自然弯曲,前臂外旋,使拍面稍前倾,前臂上提将球拍引至身体前方。

C.迎球:当来球从台面上弹起时,小臂与手腕向前下方迎球。

②击球时

A.击球时间:在来球的上升期击球。

B.击球部位:由球体的左侧中上部向左侧下部摩擦。

C.发力部位及方向:击球瞬间,前臂、手腕向左前下方发力。

③击球后

手臂和手腕继续向左前下方随势挥动,并迅速还原成击球前的准备姿势。

8.反手快拨

(1)特点与作用

反手快拨具有动作幅度小,速度快,落点变化多并有一定的速度和力量等特点,是横握球拍进攻型选手的一项相持性技术。

(2)动作方法

①击球前

A.站位:两脚平行站立,双膝微屈、身体前倾,重心在两腿之间。

B.引拍:向后下方引拍,肘关节稍前顶,前臂外旋使拍面稍前倾,手腕内收,右肩稍沉。

C.迎球:当来球从台面上弹起时,前臂与手腕向前右上方迎球。

②击球时

A.击球时间:在来球的上升期击球。

B.击球部位:击球的中上部。

C.发力部位及方向:击球瞬间,前臂、手腕向上方弹击,触球时发力要集中。

③击球后

手臂和手腕继续向右前方随势挥动,随势挥拍距离不宜太大,并迅速还原成击球前的准备姿势。

(二)推挡的技术比较

表2-1 推挡的技术比较

技术名称	拍型	击球时间	击球部位	主要用力方向和用力方法
平挡	垂直	上升期	击球中部	前臂、手腕向前推出,借力还击,前臂发力为主
快推	稍前倾	上升期	推挡球的中上部	前臂、手腕向上推出,以前臂、手腕发力为主
加力推	前倾	上升后期或高点期	击球中上部	上臂、前臂、手腕同时发力,向前下方推出,腰、髋辅助发力
减力挡	稍前倾	上升期	击球中上部	前臂稍向后收,以前臂发力为主
推下旋	稍后仰	高点期	击球中下部	上臂、前臂向前下方推出
推挤	上升期	稍前倾	击球的左中上部,向左前下用力推挤	前臂、手腕向左前下方发力,腰、髋左移辅助发力
推侧旋	稍后仰	上升期	左侧中上部向左侧下部摩擦	前臂、手腕向左前下方发力
反手快拨	稍前倾	上升期	击球中上部	前臂、手腕向右前上方发力

(三)推挡技术易犯的错误及纠正方法

(1)击球时手腕上翘或下垂,动作僵硬不协调,控球能力差。

纠正方法:固定拍型,拍型成半横状。

(2)上臂和肘部离开身体右侧,影响推球的速度和用力,动作不稳定。

纠正方法:击球时上臂靠近身体右侧。

(3)击球时,拍面过于前倾或后仰,球下网、球过高或出界。

纠正方法:击球前,固定拍面角度。

(4)站位时,左脚过于靠前,难以运用腰、髋之力,影响了推挡的力量,也不利于回击左大角的来球。

纠正方法:两脚平行开立或左脚稍前。

(5)只有手臂动作,不会运用身体重心的力量,动作不协调,缺乏稳定性,因而推挡中难于发大力。

纠正方法:注意腰、腿的协调用力。

(6)手腕太活,拍面角度不稳定或手腕发力过早,球的落点不稳定。

纠正方法:击球时,手腕相对固定,手腕适当配合发力。

(7)站位过死,不会经常随来球位置的变换用小范围的移步来取得正确的击球位置。

纠正方法:在击球的过程中,配合步法移动,调整适当的击球位置。

(四)推挡技术的注意事项

(1)两腿分开,比肩略宽,左脚稍前或两脚平行站立,这样的站位便于照顾正手。

(2)反手推挡时,拇指放松,食指压拍,中指第三个关节顶住拍,虎口和拍柄有一点空隙。

(3)引拍的位置在腹前,由后向前上推,手腕相对固定,略加一点点手腕,不要用太多手腕。

(4)推挡时,肘关节一定要靠近身体的右侧面,不要打开,否则就成了反手攻。

(5)推挡动作在引拍时易受身体阻碍,所以在准备击球时一定要收腹加大引拍的距离,以利于前臂向前推出发力。

(6)引拍时球拍过低,击球时来不及调整拍面角度,难以发力,回球容易出界,更压不住弧圈球。

(7)推挡时,手腕相对固定,手腕如上翘或下吊,将无法配合前臂向前发力;手腕也不应太活,否则会导致拍面角度不稳定,击球的准确性下降。

(8)每次推挡动作完成后,迅速还原,才能再次主动迎球发力。

(9)虽然推挡的移动范围相对较小,但也不能忽视步法移动的重要性,推挡位置是否合适将直接影响到击球的质量。

(10)推挡动作主要由上肢完成,但充分利用腰髋部位的转动和身体重心的移动来增大击球力量。

(五)推挡技术的练习方法

(1)徒手挥拍练习,体会推挡的动作技术要领。

(2)多球练习,形成推挡技术正确的动力定型。

(3)台上推挡练习,以稳健为主,在回合中体会击球的动作要领。

(4)各种推挡技术结合练习,体会不同动作技术的主要区别。

(5)一点推两点或一点推不同点,体会在移动中完成击球动作,加强步法移动的能力。

八、攻球技术

攻球是乒乓球技术中重要的组成部分,攻球具有力量大、速度快、攻击性强的特点,是比赛中争取主动、克敌制胜的重要手段。按照击球位置分为近台攻球、中台攻球和远台攻球;按照球的上升位置分为上升期攻球、高点期攻球和下降期攻球。

攻球分为正手攻球、反手攻球、侧身攻球三大部分。其中包括快点、快带、快攻、拉攻、突击、滑板和扣杀等多种攻球方法。每种技术的特点不同,所起的作用也不同。初学者先学习正手近台快攻。近台快攻具有站位近、动作小、出手快、借来球的力量还击,与落点变化结合可调动对方。

(一)正手攻球技术的特点与动作方法(以右手持拍为例)

正手攻球是乒乓球攻球技术中的重要组成部分,能体现积极主动、快速进攻的指导思想。比赛时,正手攻球运用很好,就能使自己处于主动,使对方陷于被动。因此,无论什么打法的运动员,都必须很好地掌握正手攻球技术。

1. 正手近台快攻

(1)特点

正手近台快攻的特点是:站位近、动作小、出手快、球速快、多借力还击。在比赛中,与落点变化结合,可调动对方,为扣杀创造条件,是我国传统近台快攻打法的一项主要技术。

(2)动作方法(图 2-31)

图 2-31 正手近台快攻

①击球前:

A. 选位:站位近台偏左,左脚在前,右脚稍后(两脚之间的距离大约半角左右),身体离球台约 40 厘米,两膝微屈,上体略前倾。

B. 引拍:手臂自然弯曲并做内旋使拍面稍前倾,以前臂后引为主(幅度小),将球拍引至身体右侧后方,直拍持拍手的手腕稍上抬,拇指用力,食指放松;横板持拍手的手腕自然下垂,使拍头呈半横状,重心移至右脚,上臂与身体的夹角约为 30°,上臂与前臂之间的夹角约 120°。

C. 迎球:手臂向左前方迎球。

②击球时:当来球跳至上升期,拍面稍前倾击中上部,在上臂带动下前臂快速向左前上方挥动;手腕配合外展。

③发力主要部位:以前臂为主,动作过程中身体重心从右脚

移至左脚。

④击球后:手臂继续向左前上方随势挥动,迅速还原成击球前的准备姿态。

2.正手中远台攻

(1)特点

正手中远台攻球站位远、动作幅度大、主动发力击球、力量重、线路长、带上旋、进攻性较强。在对攻中,力量配合落点变化能争取到主动或直接得分,被动防御时可以用这种打法进行反击。是攻球选手在相持阶段常用的基本技术之一。

(2)动作方法(图2-32)

图 2-32　正手中远台攻

①击球前:

A.选位:左脚稍前,身体离台约1米。

B.引拍:手臂自然弯曲并做内旋,使拍面接近稍前倾,随着腰、髋向右转动,手臂大幅度向后移动,将球拍引至身体右后方,同时上臂拉开与上体的距离,身体的重心落在右脚上。

C.迎球:手臂向前挥动迎球。

②击球时:当来球跳至高点期或下降前期,上臂带动前臂同时加速向左前上方挥动,同时,右脚蹬地,重心前移,腰、髋向左转动配合发力,击球的中部并向前上方摩擦。

③发力主要部位:以上臂、前臂为主,腰、髋配合,动作过程中身体重心从右脚移至左脚。

④击球后:手臂继续向左前上方随势挥动,迅速还原成击球前的准备姿势。

3. 正手拉攻

(1) 特点

正手拉攻站位稍远、动作较小、速度快、线路活、带上旋,依靠主动发力摩擦回击来球,是对付下旋球(特别是对付削球)最常用的进攻技术。在比赛中,正手提拉出不同的落点和力量轻重结合上旋球,可为扣杀创造条件。

(2) 动作方法(图 2-33)

图 2-33 正手拉攻动作方法

①击球前:

A. 选位:左脚稍前,身体离台约 60 厘米。

B. 引拍:手臂根据对方来球旋转强弱,前臂外旋使拍面垂直或稍后仰,肩关节下沉,将球拍引至身体右后下方,重心落在右脚上。

C. 迎球:前臂向左前上方挥动。

②击球时:当来球跳至高点期或下降前期时,上臂带动前臂加速向左前上方挥动。来球下旋强,拍面稍后仰击球中下部;来球下旋弱,拍面接近垂直击球中部。

③发力主要部位:以前臂和手腕为主,同时腰、腿协调配合,动作过程中身体重心从右脚移至左脚。

④击球后:手臂、手腕继续向左前上方随势挥动,迅速还原成击球前的准备姿势。

4. 正手快点

(1) 特点

正手快点也称正手台内攻球,其站位近、动作小、球速快、线路活、突然性强。击球点在台内,在接发球时可用于直接抢攻或比赛中由被动变主动,一般用于接近网下旋球。是直、横板快攻型选手必备的一项进攻技术。

(2)动作方法

①击球前:

A.选位:站位靠近球台,右方大角度来球时,右脚向右前方上步插入台下;中间或偏左方向来球时上左脚。

B.引拍:手臂自然弯曲迎前,前臂伸向台内,手腕稍外展,根据来球旋转程度手臂相应地做内旋或外旋调整拍面角度。

C.迎球:前臂、手腕向前挥动。

②击球时:当来球跳至高点期,下旋强时,拍面稍后仰,击球中下部,前臂、手腕向前上方发力;下旋弱时,拍面垂直,击球中部,前臂、手腕向前为主,适当向上用力;上旋时拍面稍前倾,击球中上部,手臂直接向前用力,以撞击为主,略带摩擦。

③发力主要部位:以前臂、手腕为主,动作过程中身体重心放至迎前上步的脚上。

④击球后:随势挥臂动作小,迅速还原成击球前的准备姿势。

5.正手快带

(1)特点

正手快带站位近、动作小、速度快、弧线低、路线活、借力还击,是对付弧圈球的一项重要技术,是相持或被动时转变为主动的过渡技术。

(2)动作方法

①击球前:

A.选位:左脚稍前,站位较近,离台约40厘米。

B.引拍:手臂自然弯曲,前臂内旋,使拍面前倾,将球拍引至身体右前方(向后引拍很少),拍面稍高于来球。

C.迎球:手臂、手腕向左前方迎球,腰、髋开始向左转动。

②击球时:当来球跳至上升期,拍面前倾,击球中上部,借助

腰、髋的转动,手臂迎前击球,手腕保持相对稳定,不宜发力。

③发力主要部位:是手臂借来球反弹力量带髋配合,动作过程中身体重心从右脚移至左脚。

④击球后:手臂继续向前随势挥动,迅速还原成击球前的准备姿势。

6.正手扣杀

(1)特点

正手扣杀动作较大、力量重、球速快、攻击性强、威胁大。大都是在其他技术取得主动和优势情况下或对方回接出半高球时运用,是比赛中得分的一种重要手段。

(2)动作方法(图 2-34)

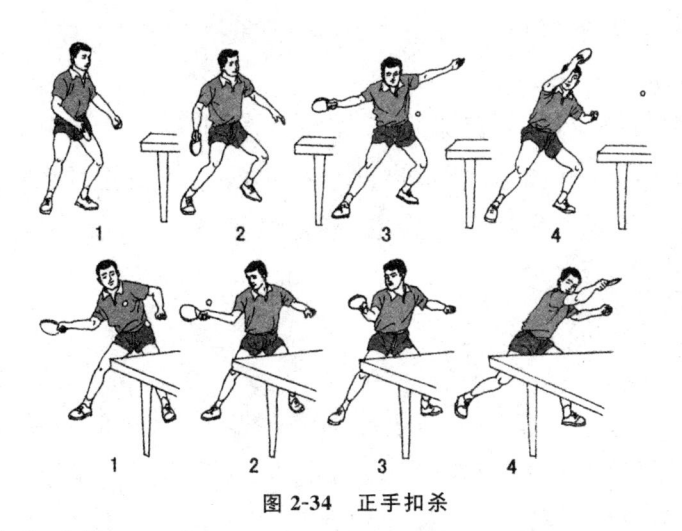

图 2-34　正手扣杀

①击球前:

A.选位:根据对方来球的落点选择站位。来球落点靠近网时,站位应在近台;来球落点靠近端线时,站位应在中远台,左脚稍前。

B.引拍:手臂自然弯曲并做内旋使拍面稍前倾,随着腰、髋的向右转动,手臂向后移动将球拍引至身体右后方,拉大球拍与来球的距离,以便加大挥拍的速度和增加击球力量,重心落下右脚上。

C.迎球：手臂向前迎球。

②击球时：当来球跳至高点期，拍面前倾，上臂带动前臂加速向左前下方发力挥动，腰、髋向左转动配合发力，击球中上部。

③发力主要部位：以上臂、前臂为主，腰、髋配合，动作过程中身体重心从右脚移至左脚。

④击球后：手臂继续向左前下方随势挥动，迅速还原成击球前的准备姿势。

7. 正手突击下旋球

(1) 特点

正手突击下旋球球速快、动作小、击球带有突然性，是我国快攻打法选手的独有技术，是对付下旋球的主要得分手段。

(2) 动作方法

基本与拉攻相同，区别在于：拉攻是向上提拉摩擦球；突击则是在触球时，前臂加速运行，借助于一定的上臂和腰、髋力量向前加速击出，前臂和手腕发力为主，带有爆发力。

8. 正手杀高球

(1) 特点

正手杀高球是指回击高于球网 2—3 米的来球时正手攻球的动作。正手杀高球动作幅度大、力量重、击球点高、球速快、线路多，球不转或微带旋转，是还击高球时威力最大的进攻技术。在比赛中，可直接得分或压制对方的进攻。

(2) 动作方法

①击球前：

A.选位：左脚在前，身体离台约 1 米。

B.引拍：手臂做内旋使拍面前倾，手臂随着腰、髋向右转动，尽量向身体右后方引拍，以增大球拍与来球的距离，便于充分发挥击球力量。

C.迎球:随着腰、髋向左转动,整个手臂向前挥动。

②击球时:当来球跳至下降前期至头肩之间高度时,整个手臂加速向左前下方挥动,腰、髋、腿同时配合发力。拍面前倾,击球中上部。

③发力部位:以手臂为主,腰、髋配合,动作过程中身体重心从右脚移至左脚。

④击球后:手臂继续向左前下方随势挥动,迅速调整身体重心并还原成击球前的准备姿势。

9.正手滑板球

(1)特点

正手滑板球是乒乓球一项助攻技术,其站位近、动作小、速度快、突然性强。以手腕控制拍型角度和拍面方向,击球的不同部位,使球带有左侧旋或左侧上旋,可出其不意地突然变化球路迷惑对方,使对方失误或击出高球,为进攻创造条件,是我国直拍快攻型选手擅长的一种比较高级技术。

(2)动作方法(图 2-35)

图 2-35　正手滑板

①击球前:

A.选位:回击右侧大角度来球时,右脚上位在前;侧身位时,左脚上位,身体离台约 50 厘米。

B.引拍:手臂自然弯曲并做内旋使拍面稍前倾,前臂伸至台内,球拍引至身体右侧前方。

C.迎球:手臂向来球方向迎出。

②击球时:当来球跳至高点期,上臂带动前臂由右向左挥动,

手腕做外展,拍面稍前倾,击球中部向左侧摩擦,顺势向左一滑,将球击到对方左角。

③发力主要部位:以前臂为主,但手腕是控制拍面角度,变化线路的关键,动作过程中,右方大角度滑拍,身体重心转至上步的右脚,侧身滑拍,身体重心放至左脚上。

④击球后:手臂、手腕继续向左方随势挥动,迅速还原成击球前准备姿势。

10.正手放高球

(1)特点

正手放高球站位远、回球弧线曲度大、打出距离长、回球高。它是防御时所采用的一种手段。利用球的飞行高度和旋转变化,来争取时间、调整站位和动作,以便取得主动或反击的机会。

(2)动作方法

①击球前:

A.选位:左脚稍前,身体离台1米以外。

B.引拍:手臂自然弯曲并做外旋使拍面稍后仰,前臂下沉,将球拍引至身体右下方。

C.迎球:手臂向前上方迎出。

②击球时:当来球下降,上臂带动前臂由后下向前上挥动,前臂和手腕用力向上提拉转动,摩擦球的中部或中部偏下的位置。

③发力主要部位:以前臂为主。

④击球后:手臂继续向前上方随势挥动,迅速还原成击球前的准备姿势。

(二)反手攻球技术的特点与动作方法(以右手持拍为例)

随着当今乒乓球运动的发展,反手攻球已是各种打法的运动员,特别是进攻类型运动员不可缺少的一项技术。比赛中运用反手攻球,常可以发动威力强大的全台进攻,大大加强了攻势。虽然掌握起来比较困难,尤其是对直拍运动员,展望乒乓球运动发展的未来,反手攻球技术将是必备的技术之一。

1. 反手快点

(1)特点:同正手快点。
(2)动作方法:
①击球前:
A.选位:站位靠近球台。在大角度来球时,上左脚;中间或偏右来球时,上右脚。
B.引拍:手臂自然弯曲,前臂伸向台内,根据来球旋转强弱程度,手腕相应内旋或外旋,调整拍面角度。
C.迎球:前臂向前挥动。
②击球时:当球跳至高点期,下旋强时,前臂、手腕向前上方发力,拍面稍后仰击球中下部;下旋弱时,前臂、手腕向前发力,拍面垂直击球中部。
③发力主要部位:以前臂、手腕为主,动作过程中身体重心放至上步脚上。
④击球后:随势挥臂动作小,迅速还原成击球前的准备姿势。

2. 反手快带

(1)特点:同正手快带。
(2)动作方法:
①击球前:
A.选位:右脚稍前几乎成开立平站,上臂靠近身体,站位较近,离台约40厘米。
B.引拍:手臂自然弯曲,大臂外旋使拍面前倾,膝关节弯曲,腰部稍微抬高,含胸收腹,重心放在前脚掌。在高于台面的位置上小幅度地向后引拍,将球拍引至身体左前方。
C.迎球:手臂、手腕向前迎球,腰、髋开始向右转动。
②击球时:当来球跳至上升期,借助腰、髋的转动,手臂迎前

带击,肘关节内收,手臂保持相对稳定,拍面前倾,球拍高于球,击球中上部。

③发力部位:主要以手臂借来球反弹力量带击,腰、髋配合,动作过程中身体重心从左脚移至右脚或基本放在两脚上。

④击球后:手臂继续随势向前挥动,迅速还原成击球前的准备姿势。

3.反手快攻

(1)特点

反手快攻站位近、动作小、球速快、借来球的反弹力提高球速,攻击性强。是直、横板两面攻打法选手的重要技术之一。

(2)动作方法(图 2-36)

图 2-36 反手快攻

①击球前:

A.选位:右脚稍前或平行站立,身体离台约 50 厘米。

B.引拍:手臂自然弯曲并外旋使拍面稍前倾,同时身体左转,右肩下沉,上臂、肘关节自然靠近身体,上臂与前臂的夹角约为 130°,手腕做屈和内收,向左侧方引拍,使拍略高于来球。

C.迎球:前臂向右前方迎球。

②击球时:打上旋时:当来球跳至上升后期或高点期,肘关节内收,前臂加速向右前上方发力并外旋,手腕同时配合做伸和外旋,拍面稍前倾击球中上部;打下旋时:拍型垂直或后仰,以肘关节为轴,以前臂发力为主,在来球的高点期或下降前期击球的中部或中下部,拍型多摩擦球,制造一定的上旋。

③击球后:前臂继续向前上方随势挥动,迅速还原成击球前的准备姿势。

④发力主要部位:以前臂为主,肘关节加速内收,动作过程中身体重心从左脚移至右脚,或基本放至两脚上。

4.反手中台攻

(1)特点

反手中台攻站位较远、动作大、力量较重,球速快、攻击力强、线路较灵活。在比赛中,对方回击过来的高球而自己来不及侧身用正手进攻时,在相持或被动防御时,可以进行反击。

(2)动作方法(图 2-37)

图 2-37　反手中台攻

①击球前:

A.选位:右脚稍前或两脚平行站立,身体离台约 70 厘米—1 米。

B.引拍:手臂自然弯曲并稍外旋使拍面接近垂直,腰、髋向左转动,上臂和肘关节靠近身体,前臂向左后方移动,手腕做屈和内收,将球拍引至身体左侧后方。

C.迎球:腰、髋向右转动,同时手臂向前迎球。

②击球时:当来球跳至下降前期,肘关节内收,在上臂带动下前臂加速横摆,手腕做伸和外展,腰、髋向右移动,向右前上方发力,拍面接近垂直击球的中部。

③发力主要部位:以前臂为主,上臂、手腕、肘关节及腰、髋配合,动作过程中身体重心从左脚移至右脚,或放至两脚上。

④击球后:手臂继续向右前上方随势挥动,迅速还原成击球前的准备姿势。

5.反手拉攻

(1)特点

反手拉攻站位稍远、动作较小、线路活、力量较轻、靠自己主动发力还击。在还击下旋球时,可作为过渡技术为扣杀创造条件。是对付下旋球的一种有效办法。掌握反手拉球,可减少侧身拉球,避免正手空位过大。

(2)动作方法(图2-38)

图 2-38 反手拉攻

①击球前

A.选位:右脚稍前或两脚平行开立,身体离台约60厘米。

B.引拍:手臂自然弯曲并向内旋使拍面稍后仰,腰部向左转动,上臂和肘关节靠近身体,前臂下沉,手腕做屈和内收,将球拍引至身体左侧下方。

C.迎球:腰、髋向右转动,同时手臂向前迎球。

②击球时:当来球跳至高点期或下降前期时,腰、髋向右转动,上臂向前迎击,肘关节内收,前臂加速向右上方提拉,手腕做伸和外旋,拍面稍后仰击球中上部。

③击球后:手臂继续向右前下方随势挥动,迅速还原成击球前的准备姿势。

④发力主要部位:以上臂和前臂为主,腰、髋配合。动作过程中身体重心从左脚移至右脚,或放至两脚上。

6.反手扣杀

(1)特点

反手扣杀站位稍远、动作较大、球速快、力量重等特点。对方回球较高或当左半台出现半高球时,采用反手扣杀来得分,横板选手采用此技术较多。

(2)动作方法(图2-39)

图2-39 反手扣杀

①击球前:

A.选位:右脚稍前,站位稍远。

B.引拍:前臂稍外旋使拍面稍垂直,腰部向左转动,直拍选手上臂应靠近身体,横拍选手上臂将拍提至来球高度,将球拍引至身体右后方。

C.迎球:腰、髋向右转动,同时手臂右前方迎球。

②击球时:当来球跳至高点期,腰、髋向右转动,球拍触球瞬间身体的重心略向上提,直拍选手食指压拍,拇指放松,使拍型稍

前倾;横板选手拇指略竖压拍,前臂迅速向右前下方发力,击球中上部。

③击球后:手臂继续向右前下方随势挥动,迅速还原成击球前的准备姿势。

④发力主要部位:以前臂为主,上臂、腰、髋配合。动作过程中身体重心从左脚移至右脚。

(三)侧身攻球

侧身攻球是指在反手位通过步法移动侧身位正手攻球。侧身动作和正手攻球动作衔接流畅是完成侧身攻球的重点。

(1)特点:侧身位正手攻球充分发挥正手攻球速度快、力量大、变化多的威力,是直、横板近台快攻打法的主要得分手段。随着乒乓球技术水平的不断提高,侧身攻球使用的比例越来越大。

(2)动作方法(图 2-40):

图 2-40 侧身攻

①击球前:

A. 选位:迅速移动步法成侧身对球台,左脚在前,右脚在后。

B. 引拍:手臂自然弯曲,在移动的过程中,腰部向右转动,将球拍引至身体右后方,重心落在右脚。

C. 迎球:腰、髋向左转动,同时手臂向前迎球。

②击球时:当来球跳至高点期时,充分利用蹬地、转腰动作,并根据不同的来球调整挥臂方向和击球动作,找到最佳的击球点,向左转腰,挥拍击球,确保击球的准确性和击球的质量。

③击球后:手臂随势挥动,迅速还原成击球前的准备姿势。

④发力主要部位以上臂和前臂为主,腰、髋配合。动作过程中身体重心从右脚移至左脚。

(五)攻球技术易犯的错误及纠正方法

(1)击球时手腕上翘或下垂,动作僵硬不协调,控球能力差。

纠正方法:击球时手腕自然放松成直状态,做徒手模仿的练习。

(2)击球时,拍面过于前倾或后仰,球下网、球过高或出界。

纠正方法:纠正击球部位,调整拍面角度及用力方向。

(3)击球时上臂和肘关节抬得过高

纠正方法:纠正引拍动作,肘关节自然下垂,迎击来球。在击球过程中,肘关节相对固定。

(4)引拍不到位,击球定不准,球的落点不稳或击球落空。

纠正方法:做徒手模仿的练习,加强步法移动。

(5)手腕太活,拍面角度不稳定或手腕发力过早,球的落点不稳定。

纠正方法:击球时,拍面和手腕相对固定,手腕适当配合发力。

(6)站位过死,不会随来球位置用小范围的移动取得正确的击球位置。

纠正方法:在击球的过程中,加强步法移动,调整适当的击球位置。

(7)击球时,手臂呈直线挥动撞击球,击出的球没有弧线。

纠正方法:体会击球过程中制造弧线的动作。

(8)击球后挥拍立即停止不前,动作不协调。

纠正方法:体会击球后顺势挥拍的动作。

(9)只有手臂动作,不会运用身体重心的力量,动作不协调,缺乏稳定性,击出去的球力量不大。

纠正方法:击球时加强腰、髋、腿的协调用力。

(10)击球动作完成,手臂不还原,不能快速连续击球。

纠正方法:击球后立即还原成准备姿势。

(六)攻球注意事项

(1)准备姿势:含胸收腹,身体前倾,左脚稍前,右脚稍后,膝盖微屈保持弹性。

(2)击球位置:根据不同的来球,选择合适的击球位置,来球的位置不可在身体太前,也不能在身体之后,应在身体的右(左)前方。

(3)大臂与腰之间的距离不可太远。大臂放松,但也不需要夹臂,保持舒适的距离即可。

(4)手臂与身体的距离要保持固定。如果引拍姿势错误,整个动作的准确性就被破坏。

(5)以腰带手挥拍前迎,肩膀、大臂不可发力,用身体转腰带动肩膀,以腰带肩,以肩带手。注意迎前时要多用腰、髋、腿的力量。

(6)重心移动时,上半身保持正直姿势,注意身体是水平平移,不可以往下蹲,造成身体倾斜。

(7)注意手肘要固定在右腰侧,不可抬高,也不可前后拉动。手肘固定,大臂就自然固定。注意肘部不得高于肩膀,击球时以手肘为支点收缩前臂。

(8)在击球过程中,加强步法移动,注重步法与手法的配合。

(9)击球时,不仅注意上肢的手法和下肢步法的运用,同时还要加强腰、髋、腿等辅助力量的运用。

(10)注意还原。还原是保证连续快速回击下一板球的前提保证,因此在击球动作完成以后,迅速还原成准备姿势。

(七)攻球的练习方法

1.重心转换练习

(1)预备姿势

左脚在前,右脚稍后,两脚分开稍比肩宽,身体偏右斜对球台站立,双膝微屈,上身前倾含胸收腹,身体重量落在双脚的前脚掌上。

(2)动作要领

左脚蹬地发力,身体向右转动,右肩稍下沉,左脚尖向右偏转,右脚尖随着身体右转的力量顺势右摆,重心落在右脚掌上,同时,右脚蹬地发力、转腰身体向左前转动,重心由右脚转移至左脚。如此反复练习,练完后迅速还原成预备姿式。

(3)注意事项

动作要连贯,身体始终处于放松状态,重心不能上下起伏要保持平稳,速度由慢到快。细心体会重心转换和力量传递的过程。

(4)作用

重心转换是乒乓球技术的核心,重心转换的好坏直接影响单项技术的正确掌握和熟练运用,对技术动作的标准程度以及稳定发挥起着决定性的作用。

2.徒手挥拍练习

乒乓球的徒手挥拍可以使初学者体会动作要点和纠正错误动作,尽快地熟练掌握正确的技术动作。练习时最好对着镜子练,可以通过镜子清晰地看到自己的练习动作,从而及时纠正错误动作,确保动作的正确性与稳定性。

(1)按某一个技术的动作结构做台下上下肢徒手模仿练习,体会动作技术要点。

(2)结合步法做台下徒手练习,提高手法和步法的协调性。

3.以腰带手挥拍击球练习

以腰带手挥拍击球练习,是快速掌握正手攻球的正确动作要领的一个必不可少的练习方法,也是一个动作的分解教学法。

(1)动作要领

左手像发球一样将球向上抛起,同时右手向右后转腰带手引拍,当球下落至与球拍同高时,迅速转腰带手向左前挥拍击球。

(2)注意事项

在转腰带手向前挥拍击球时,小臂不能往前挥动,也不要向上收缩,只要能打到球就可以了,主要体会转腰击球的动作。

4.多球和单球练习

多球和单球练习可以在教练的指导下进行,也可以在球友的帮助下进行。多球练习可以增加练习者在单位时间内的练习密度和强度,在练习者练习的初期是一个非常重要的练习手段。单球练习简单易行,不断提高正手攻球的技术水平。

(1)运用多球练习某一项攻球动作技术。

(2)自己抛球然后做攻球练习。

(3)一个人发球,一个人攻球练习。

5.对攻练习

当攻球动作练得比较熟练的时候,就可以也有必要进行对攻练习。练习时,要有速度快慢的变化、力量大小的变化、落点远近的变化、弧线高低的变化和节奏快慢的变化,使练习更加接近于实战。

唐建军博士说:在乒乓球练习中要做到"松、动、快"三点,即要放松、动中打、触球快。

(1)一推一攻练习(斜线、直线、1/2台、2/3台等)。

(2)对攻练习(斜线、侧身斜线、直线、中路等)。

(3)发力攻练习(一点对二点、1/2台、2/3台、不定点等)。

(4)搓攻练习(1/2台、2/3台、全台一搓一攻)。

(5)拉攻练习(斜线、直线、1/2台、2/3台等)。

6.比赛练习

当攻球动作练出一个基本框架之后,就可以和与自己水平相当的球友进行一下练习性的比赛。在比赛中不要一看到球就想一板将别人拍死,这样的话很容易把动作打变形从而造成无谓的失误。平常是怎么练的,比赛的时候就怎么打。通过赛练结合进一步地强化和熟练攻球技术,加深对攻球技术的理解,提高攻球技术在实战中的运用能力。

九、搓球技术

搓球是回击近台下旋球的一项基本技术,由于搓球站位近,动作幅度小,回球落点短,球过网后弧线低,旋转和落点变化较多,可增加对方回球的难度。用搓球回接下旋球是一种比较稳妥的方法,常用于接发球和过渡球,同时,通过落点和旋转的变化为自己进攻创造机会。搓球技术与削球技术原理相似,是削球打法必须掌握的一项基本技术。

搓球种类较多,根据击球时间的不同,可分为慢搓和快搓;根据落点的不同,分为搓球摆短和劈长;根据旋转的不同,分转与不转搓球、侧旋搓球等。在比赛中,只有把以上变化巧妙地结合起来,才能使搓球收到良好的效果。

(一)搓球技术的特点和动作方法(以右手持拍为例)

1. 慢搓

(1)特点

慢搓分为反手慢搓和正手慢搓。其动作幅度较大,回球速度较慢,稳健性强,靠主动发力回击,有一定的旋转强度。适用于回接旋转较强,线路稍长的来球。通过旋转与节奏的变化,可影响对方为自己的进攻赢得主动权。

(2)反手慢搓的动作方法(图2-41)

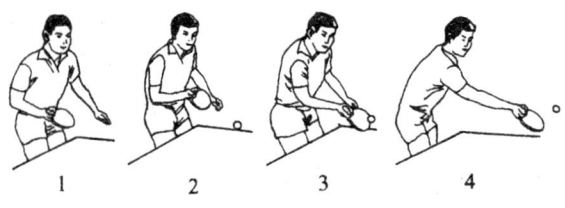

图 2-41　反手慢搓

①击球前：

A.选位：站位近台，左脚稍前，两膝微屈，身体离台约50厘米。

B.引拍：前臂和手腕内旋，使拍面角度稍后仰，前臂提起，手臂向左上方移动，同时直握拍手腕做屈，横握拍手腕做内收，将球拍引至身体的左上方。

C.迎球：手臂向前下方迎球。

②击球时：当来球跳至下降前期，以肘关节为轴，前臂快速向前下方挥摆，同时直握拍手腕做伸，横握拍手腕做外展。拍面后仰，切击球的中下部。以前臂用力为主，转腕动作不宜过大。搓加转球，在向下用力的同时，应增加前送的幅度。重心落在左脚。

③主要的发力部位：以前臂发力为主，手腕配合用力，动作过程中身体重心从左脚移至右脚。

④击球后：手臂随势前送，迅速还原成击球前的准备姿势。

(3)正手慢搓的动作方法(图2-42)

图 2-42　正手慢搓

①击球前：

A.选位：站位近台，右脚稍前，两膝微屈，身体离台约50厘米。

B.引拍：前臂和手腕外旋，使拍面角度稍后仰，前臂提起，同时直握拍手腕做伸,横握拍手腕做外展,将球拍引至身体的右上方至右肩高度。身体的重心落在右脚。

C.迎球:手臂向前下方迎球。

②击球时:当来球跳至下降前期,以肘关节为轴,前臂快速向前下方挥摆,同时直握拍手腕做屈,横握拍手腕做内收,拍面后仰,切击球的中下部。以前臂用力为主,转腕动作不宜过大。搓加转球,在向下用力的同时,应增加前送的幅度。

③主要的发力部位:以前臂发力为主,手腕配合用力,动作过程中身体重心从右脚移至右脚。

④击球后:手臂随势前送,迅速还原成击球前的准备姿势。

2.快搓

(1)特点

快搓分为反手快搓和正手快搓。快搓的动作幅度小,回球速度快,借来球的前进力将球搓回,回旋强度不大,常用于接发球或削过来的近网下旋球,在对搓中,利用快搓变化击球节奏,缩短对方回球的准备击球的时间,为自己争取主动创造条件。

(2)反手快搓的动作方法(图 2-43)

图 2-43 反手快搓

①击球前:

A.选位:站位近台,左脚稍前,两膝微屈,身体离台约 40 厘米。

B.引拍:身体靠近球台。前臂和手腕内旋,使拍面稍后仰,手腕自然弯曲,手腕适当放松,直握拍手腕做屈,横握拍手腕做内收,球拍稍向后引至腹前。

C.迎球:手臂向前下方迎球。

②击球时:在来球的上升期,身体的重心前移,借对方的前冲力,前臂和手腕向前下方挥动,主动前伸插向球的中下部,切击球的中下部。同时直握拍手腕做伸,横握拍手腕做外展,以前臂用力为主,手腕动作不宜过大,重心落在左脚。

③主要的发力部位:以前臂发力为主,手腕、手指配合发力,动作过程中身体重心从左脚移至右脚。

④击球后:手臂随势前送,随势挥拍的距离尽可能短一些,迅速还原成准备姿势。

(3)正手快搓的动作方法(图2-44)

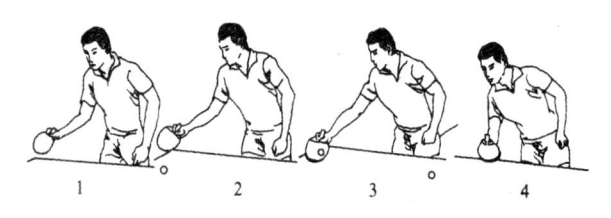

图2-44 正手快搓

①击球前:

A.选位:站位近台,右脚稍前,两膝微屈,身体离台约40厘米。

B.引拍:身体靠近球台。前臂和手腕外旋,使拍面角度稍后仰,直握拍手腕做伸,横握拍手腕做外展,前臂向右上方提起,将球拍引至身体右上方,后引动作稍小。

C.迎球:手臂向前下方迎球。

②击球时:在来球的上升期,身体的重心前移,借对方的前冲力,前臂和手腕向前下方挥动,主动前伸插向球的中下部,切击球的中下部。同时直握拍手腕做屈,横握拍手腕做内收,以前臂用力为主,手腕动作不宜过大,重心落在左脚。

③主要的发力部位:以前臂发力为主,动作过程中身体重心从右脚移至左脚。

④击球后:手臂随势前送,随势挥拍的距离尽可能短一些,迅速还原成击球前的准备姿势。

3.搓转与不转球

(1)特点

运用相似的手法搓出转与不转球,旋转强度差异大,使对方判断错误而直接得分或为抢攻创造条件。在对搓中,把旋转变化与落点变化巧妙地结合起来,可以获得更多的进攻机会,在对付削球时,能使自己从被控制的局面中解脱出来。

(2)动作方法

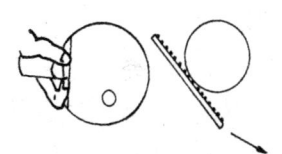

图 2-45　搓转球

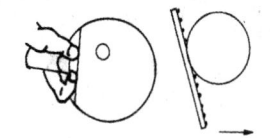

图 2-46　搓不转球

搓转与不转球的动作方法与快搓技术的动作方法相同。搓加转或不转,主要取决于作用力线是远离球心还是接近球心或通过球心。

搓转球时,加大引拍距离、加快挥臂速度、加大击球力量、加大拍面后仰角度,击球中下部,向前下方切球,适当切薄一些,使击球时的作用力线远离球心,这样回击的球旋转就强(图 2-45)。

搓不转球时,在搓球时减慢挥臂速度、减小击球力量、减小拍面后仰角度、击球中部靠下向前推动球,将使击球时的作用力线接近或通过球心,这样回击的球则形成相对的不转球(图 2-46)。

4.搓侧旋球

(1)特点

搓侧旋分为反手搓右侧旋球和正手搓左侧旋球。其动作幅度小,速度较快。由于带有侧旋,搓出的球略向侧拐,球触对方球拍向侧反弹,能减弱对方的攻势或使对方的回球弧线偏高,从而为自己的抢攻创造有利条件。

(2)反手搓右侧旋球的动作方法

①击球前:

A.选位:站位近台,右脚稍前,两膝微屈,身体离台约50厘米。

B.引拍:前臂和手腕内旋,使拍面角度稍后仰,前臂提起,将球拍引至身体的左上方。

C.迎球:手臂向右前下方迎球。

②击球时:当来球跳至高点期或下降前期,身体重心前移,前臂加速移动并伸手腕,拍面后仰,切击球的中下部并向右侧中下部摩擦,同时手腕稍内旋辅助发力。

③主要的发力部位:以前臂和手腕发力为主,动作过程中身体重心从左脚移至右脚。

④击球后:手臂随势向右前下方移动,并迅速还原成击球前的准备姿势。

(3)正手搓左侧旋球的动作方法(图2-47)

图2-47 正手搓左侧旋球

①击球前:

A.选位:站位近台,左脚稍前,两膝微屈,身体离台约50厘米。

B.引拍:前臂和手腕外旋,使拍面角度稍后仰,前臂提起,将球拍引至身体的右前方。

C.迎球:手臂向左前方迎球。

②击球时:当来球跳至高点期或下降前期,身体重心前移,前臂加速移动并伸手腕,拍面后仰,手腕用力,切击球的中下部并向左侧中下部摩擦。

③主要的发力部位:以前臂发力为主,手腕辅助发力,动作过程中身体重心从右脚移至左脚。

④击球后:手臂随势向左前下方移动,并迅速还原成击球前的准备姿势。

5. 搓球摆短

(1)特点

搓球摆短分为反手搓球摆短和正手搓球摆短。搓球摆短的动作幅度小,出手快,回球落点短,弧线低,使得对方难以有抢攻、抢拉、抢冲的机会,是回击近网下旋球和接发球控制的有效技术。当对方来球长而不转时,不宜采用摆短技术。

(2)反手搓球摆短的动作方法

①击球前:

A.选位:站位近台,左脚稍前,两膝微屈。

B.引拍:身体的重心前移,身体靠近球台。前臂和手腕内旋,使拍面角度稍后仰,球拍稍向左后引至腹前。

C.迎球:手臂向前下方迎球。

②击球时:在来球的上升期,前臂和手腕向前下方挥动,击球的中下部,同时手腕适当外展发力。

③主要的发力部位:以前臂发力为主,手腕辅助发力,动作过程中身体重心从左脚移至右脚。

④击球后:随势挥拍动作不宜过大,迅速还原成击球前的准备姿势。

(3)正手搓球摆短的动作方法

①击球前:

A.选位:站位近台,右脚稍前,两膝微屈。

B.引拍:右脚向前移动,身体靠近球台。前臂和手腕外旋,使拍面角度稍后仰,球拍稍向右侧后上方。

C.迎球:手臂向前下方迎球。

②击球时:在来球的上升期,前臂和手腕向前下方挥动,击球

的中下部,同时手腕适当发力。

③主要的发力部位:以前臂发力为主,手腕辅助发力,动作过程中身体重心从左脚移至右脚。

④击球后:随势挥拍动作不宜过大,迅速还原成击球前的准备姿势。

6. 劈长

(1)特点

速度快、路线长、旋转强,弧线低平,出手凶狠,使对方无法获得上手进攻所必需的引拍距离,在接发球时与摆短配合运用能起到更好的效果。

(2)动作方法

劈长与一般搓球类似,但引拍稍高,在高点期触球,前臂带动手腕快速向前下方切击,发力集中,动作幅度较大,以前臂和手腕发力为主,身体重心要随摩擦球的方向跟出。

(二)搓球的技术比较(表 2-4)

表 2-4 搓球的技术比较

技术名称	拍型	击球时间	击球部位	主要用力方向和用力方法
慢搓	稍后仰	下降期	切击球中下部	手臂直接向前下用力,以前臂发力为主,手腕适当外展
快搓	稍后仰	上升期	切击球中下部	手臂直接向前下用力,以前臂发力为主
搓转与不转	稍后仰	上升期	击球的中部或切击中下部	手臂直接向前下用力,以前臂发力为主,手腕配合发力
搓侧旋	稍后仰	高点期或下降前期	击球的中下部向左(右)侧摩擦	前臂带动手腕快速向前下方切击,以前臂和手腕发力为主
搓球摆短	稍后仰	上升期	击球的中下部	手臂直接向前下用力,以前臂发力为主
劈长	稍后仰	高点期	切击球中下部	前臂带动手腕快速向前下方切击,以前臂和手腕发力为主

(三)搓球易犯的错误及纠正方法

(1)引拍不够,击球的前臂由上向下动作不明显,球速快,下旋不强。

纠正方法:持拍练习前臂和手腕向上引,加大击球距离。

(2)击球时拍面后仰不够,球下网或下旋不强。

纠正方法:调整拍面角度,加大拍面后仰角度。

(3)击球时拍面过于后仰,击球的底部,容易搓出网前高球或下网。

纠正方法:调整拍面角度,减小拍面后仰角度。

(4)前臂前送力量不够,击球后动作停止,球不过网。

纠正方法:做慢搓练习,体会击球后小臂继续前送的动作。

(5)球点离身体过远,重心偏后,击球部位不准。

纠正方法:做慢搓练习,在高点期或下降期击准球的中下部。

(6)站位过死,不能通过移动取得合理的击球位置。

纠正方法:在击球的过程中,加强步法移动,调整适当的击球位置,加强步法和手法的配合。

(7)击球时,手臂直接向下挥动,击出的球没有弧线。

纠正方法:体会向前随势挥拍。

(8)击球后挥拍立即停止不前,动作不协调。

纠正方法:体会击球后顺势挥拍的动作。

(9)只有手腕动作,不会运用身体重心的力量,动作不协调,缺乏稳定性,击出去的球力量不大。

纠正方法:击球时重心前移,身体靠近球台,加强腰、大臂、前臂、小臂、手腕的协调用力。

(10)击球动作完成,手臂不还原,不能快速连续击球。

纠正方法:击球后立即还原成准备姿势,为下一板球的衔接做充分准备。

(四)搓球技术的注意事项

1. 站位步法

由于搓球大部分是在台内,因此站位近台,身体靠近球台,通过双脚的前后左右移动来"迎前"。搓球虽然移动的范围不大,但一定要做到步法到位,以提高击球质量。

2. 引拍

搓球多在台内进行,受台面阻碍,引拍动作不宜太大,以便快速还原,拍面角度和触球部位应视来球情况调整。

3. 发力

初学者应特别注意手腕和前臂动作的协调配合,切忌滥用手腕。

4. 还原

还原是保证连续快速回击下一板球的前提保证,因此在击球动作完成以后,迅速还原成准备姿势。

(五)搓球的练习方法

1. 徒手挥拍练习

通过徒手挥拍尽快地熟练掌握正确的技术动作,徒手挥拍练习在练球的初始阶段是作为有球练习的一个动作准备起过渡作用。

(1)按某一个技术的动作结构做台下上下肢徒手模仿练习,体会动作技术要点。

(2)结合步法做台下徒手练习,提高步法的灵活性和手法与步法的配合。

2.多球和单球练习

多球练习可以增加练习者在单位时间内的练习密度和强度,单球练习简单易行,而且来球的质量更加接近于实战程度,不断提高搓球的技术水平。

(1)教师发多球练习某一项搓球动作技术。

(2)自己抛球然后做搓球练习。

(3)一个人发球,一个人搓球练习。

3.对搓练习

练习时,要有速度快慢的变化、力量大小的变化、落点远近的变化、弧线高低的变化和节奏快慢的变化,使练习更加接近于实战。

(1)对搓斜线。

(2)一点搓两点或两点搓一点。

(3)快搓与慢搓结合。

(4)搓球与拉、攻技术结合练习。

4.比赛练习

通过赛练结合进一步地强化和熟练搓球技术,加深对搓球技术的理解,提高搓球技术在实战中的运用能力。

十、弧圈球技术

弧圈球技术是一种将速度、力量、旋转结合为一体的具有强烈上旋的攻击力强、威力大的进攻技术,是比赛中主要的得分手段。弧圈球技术的出现,将乒乓球运动推向了更高的水平,以弧圈球为核心技术形成了直拍、横拍多种弧圈球打法。当今欧亚弧圈高手比比皆是,德国的波尔,希腊的格林卡,白俄罗斯的萨姆索诺夫,我国的王励勤、马琳、王皓、张继科、马龙、樊振东,以及韩国的柳承敏、吴尚垠等,均是世界乒坛超一流选手。

弧圈球的种类按击球方法区分有:正手弧圈球、反手弧圈球、侧身弧圈球;按旋转特点区分有:加转弧圈球、前冲弧圈球、侧旋弧圈球。

(一)弧圈球技术的特点和动作方法(以右手持拍为例)

1.加转弧圈球

(1)特点

加转弧圈球分为正手加转弧圈球和反手加转弧圈球,具有飞行弧线高,球速慢,上旋强的特点。球着台后下滑速度快,容易造成对方回球过高或出界。击出的球第一弧线较高,第二弧线较低,是对付下旋球的有效技术。在相持中,可以用来改变击球节奏。

(2)正手加转弧圈球的动作方法(图2-48)

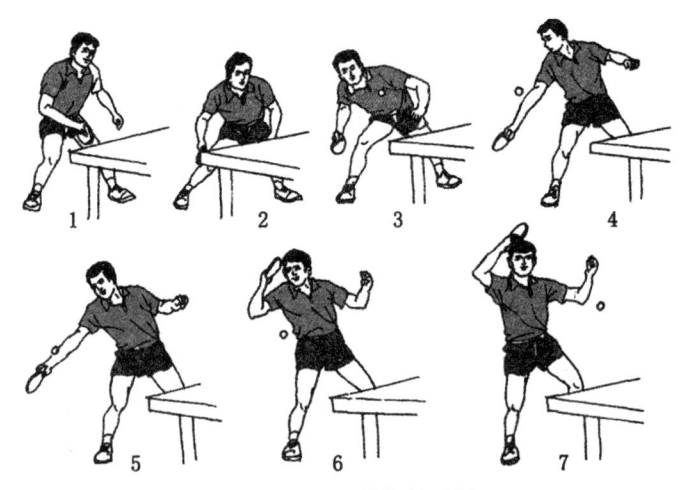

图 2-48　正手拉加转弧圈

①击球前:

A.选位:两脚开立比肩宽,左脚稍前,身体离台约60厘米,身体的重心较低。

B.引拍:持拍手手臂自然下垂,手臂稍内旋使拍面稍前倾,将球拍引至身体右侧后下方,同时稍向右转腰,右肩下沉,前臂自然下垂,重心落在右脚。

C.迎球:手臂由右后下方向前上方挥动迎球。

②击球时:在来球的下降前期,拍面稍前倾,上臂带动前臂向前上方挥动,击球的中部或中上部,手腕配合发力,身体的重心向左转动,在摩擦球的瞬间加速收缩前臂加大摩擦力。

③主要的发力部位:以前臂发力为主,腰、腿、手腕相互协调配合。

④击球后:球拍随势挥至头部位置,身体稍向上提起,动作过程中身体重心由右脚转至左脚,迅速还原成击球前的准备姿势。

(3)反手拉加转弧圈球的动作方法(图2-49)

图2-49 反手拉加转弧圈

①击球前:

A.选位:两脚平行站立或右脚稍前,两膝微屈。

B.引拍:右肩下沉,手腕稍内旋使拍面稍前倾,将球拍引至腹前下方,腹部内收,肘关节稍向外顶出,重心落在两脚之间。

C.迎球:手臂向右前上方挥动迎球。

②击球时:在来球的下降前期,拍面稍前倾,以肘关节为轴前臂快速向右上方挥动,摩擦球的中上部,两腿向上蹬伸,身体稍向后仰以辅助发力。

③主要的发力部位:以前臂发力为主,腰、腿、手腕相互协调配合发力。

④击球后:随势挥拍,迅速还原成击球前的准备姿势。

2.前冲弧圈球

(1)特点

前冲弧圈球分为正手前冲弧圈球和反手前冲弧圈球,具有出手快、球速快、弧线低、上旋强,着台后前冲力大等特点。它是一种将力量和旋转结合得较好的进攻性技术,是弧圈球打法的主要得分手段,也是对付发球、搓球、削球、推挡以及在相持中对拉的有效技术。

(2)正手前冲弧圈球的动作方法(图2-50)

图 2-50　正手拉前冲弧圈

①击球前:

A. 选位:两脚开立比肩宽,左脚稍前,根据来球的远近选择站位。

B. 引拍:持拍手手臂自然下垂,手臂稍内旋使拍面稍前倾,将球拍引至身体右后方,同时向右转腰,右肩下沉,重心落在右脚。

C. 迎球:手臂由右后方向前上方挥动迎球。

②击球时:在来球的上升后期或高点期,利用蹬地转体的力量,上臂带动前臂加速向前上方挥动,拍面稍前倾,击球的中上部,手腕配合发力,身体的重心向左转动。

③主要的发力部位:以上臂、前臂发力为主,腰、腿、手腕相互协调配合发力。

④击球后:球拍随势挥至头部位置,动作过程中身体重心由右脚转至左脚,迅速还原成击球前的准备姿势。

(3)反手拉前冲弧圈球的动作方法

①击球前:

A. 选位:两脚平行站立或右脚稍前,两膝微屈。

B. 引拍:右肩下沉,手腕稍内旋使拍面稍前倾,将球拍引大腿内侧,肘关节稍前顶,重心落在两脚之间。

C. 迎球:手臂向前上方挥动迎球。

②击球时:在来球的高点期,以肘关节为轴前臂快速向前上方发力,拍面稍前倾,摩擦球的中上部,两腿向上蹬伸,身体略向前上方顶以辅助发力。

③主要的发力部位:以上臂、前臂发力为主,腰、腿、手腕相互协调配合发力。

④击球后:随势挥拍,动作过程中身体重心由左脚转至右脚,迅速还原成击球前的准备姿势。

3.正手拉侧旋弧圈球

(1)特点

正手侧旋弧圈球回球略带上旋与侧旋,飞行弧线向侧方偏拐,球着台后急速向侧下滑落,多用于处理正手位大角度的来球。

(2)动作方法(图2-51)

①击球前:

A.选位:两脚开立比肩宽,左脚稍前,根据来球的远近选择站位的远近。

B.引拍:持拍手手臂自然下垂,前臂内旋使拍面方向略偏左,腰向右转,将球拍引至身体右后方,拍头下垂,重心落在右脚。

C.迎球:手臂向前上方挥动迎球。

图2-51 正手拉侧旋弧圈

②击球时：在来球的下降前期，右脚蹬地，腰向左转，上臂带动前臂快速挥动，摩擦球的右侧中部或下部向外侧并向前上方挥拍，使球拍划一个横向的半弧形，手腕配合发力，身体的重心向左转动。

③主要的发力部位：以前臂发力为主，腰、腿、手腕相互协调配合发力。

④击球后：球拍随势挥动，动作过程中身体重心由右脚转至左脚，迅速还原成击球前的准备姿势。

4.侧身拉弧圈球

(1)特点

当球处于反手位、步法跟得上时，适宜运用侧身正手拉弧圈球，以争取主动和得分。直、横拍弧圈选手侧身拉意识很强，都能较好地掌握与运用这一技术。它是弧圈球打法常用的进攻技术。

(2)动作方法

侧身拉弧圈球的动作方法与正手拉弧圈球的动作方法基本相同，要注意正确选择侧身时机，步法移动迅速，侧身到位，并适当地调节引拍方向、出手角度和挥拍方向，避免盲目侧身。

5.正手反拉弧圈球

(1)特点

正手反拉弧圈球是一项难度很高的技术，在相持中抓住机会反拉对方的弧圈球，是由防守转为反攻的重要技术，也是变被动为主动的有效手段。

(2)动作方法

①击球前：

A.选位：两脚平行开立或左脚稍前，根据来球的远近选择站位的远近。

B.引拍：前臂内旋使拍面前倾，腰向右转，将球拍引至身体右后方，重心落在右脚。

C.迎球：手臂向前上方挥动迎球。

②击球时:在来球的上升后期,右脚蹬地,腰向左转,拍面前倾,上臂带动前臂加速挥动向前上方挥动,手腕配合发力,身体的重心向左转动。

③主要的发力部位:以上臂、前臂发力为主,腰、腿、手腕相互协调配合发力。

④击球后:球拍随势挥动,迅速地调整身体的重心,还原成击球前的准备姿势,动作过程中身体重心由右脚转至左脚。

6.反手反撕弧圈球

(1)特点

反手反撕弧圈球是一项具有进攻性的反手技术,无论是进攻还是防守都具有一定的威胁,有利于在比赛中争取主动。

(2)动作方法

①击球前:

A.选位:两脚平行开立或左脚稍前,两膝微屈,根据来球的远近选择站位的远近。

B.引拍:前臂外旋使拍面前倾,腰向左转,右肩下沉,引拍位置稍高。

C.迎球:手臂向前上方挥动迎球。

②击球时:在来球的上升后期,腰向右转,拍面前倾,上臂带动前臂加速挥动向前上方挥动,手腕配合发力,球拍的正面面对来球,在触球的瞬间自下向上转动拍头摩擦球的中上部。

③主要的发力部位:以上臂、前臂发力为主,腰、腿、手腕相互协调配合发力。

④击球后:随势挥动,还原成击球前的准备姿势。

(二)弧圈球的技术比较(表2-5)

表2-5 弧圈球的技术比较

技术名称	拍型	击球时间	击球部位	主要用力方向和用力方法
加转弧圈球	稍前倾	下降前期	击球中下部或中部	手臂直接向前上用力,向上为主,以前臂发力为主,腰、腿、手腕配合发力
前冲弧圈球	稍前倾	上升后期或高点球	击球中上部	手臂直接向前上用力,以上臂、前臂发力为主,腰、腿、手腕配合发力
侧旋弧圈球	稍前倾	下降前期	击球的中部向右侧中部摩擦	手臂直接向前上用力,以前臂发力为主,腰、腿、手腕配合发力
侧身拉弧圈球	稍前倾	上升后期或高点球	击球的中部	前臂快速向前上方用力,以上臂、前臂发力为主,腰、腿、手腕发力为主
正手反拉弧圈球	稍前倾	上升后期	击球的中上部	手臂直接向前上用力,以上臂、前臂发力为主,腰、腿、手腕配合发力
反手反撕弧圈球	稍前倾	上升后期	击球的中上部	手臂直接向前上用力,以前臂发力为主,腰、腿、手腕配合发力

(三)弧圈球技术易犯的错误及纠正方法

(1)在引拍过程中,前臂和上臂在肘关节处的夹角没有打开,而是靠拉肘向后引拍,影响拉球的发力。

纠正方法:在训练中有意识地把前臂放下来,配合脚部的转动和重心移动,引拍效果会好些。

(2)击球前,腰部向后转动过大,影响向前发力。

纠正方法:在实践中,只要感到身体的重心能够移至击球一侧脚时即可。

第二章　技术篇

(3)击球时撞击多,摩擦少,回球上旋不强。

纠正方法:纠正击球部位、拍面角度及用力方向,击球时作用力远离球心,体会摩擦球。

(4)击球时,球拍过于前倾,摩擦球过薄,使拉球的力量减小,准确性降低,容易打在拍边。

纠正方法:击球时球拍不要过于前倾,同时注意手腕向内向前的转动,这样方可拉出高质量的弧圈球。

(5)拉球过程中,手臂由后直接向前挥动,成近似于直线型,难以制造拉球的弧线。

纠正方法:正确的挥动方法是手臂由右后下方,以肘关节为轴,向左前上方挥动,其挥动轨迹近似于"小弧型",这也部分地体现了弧圈球这一技术术语的内涵。

(6)肩部过于紧张,动作僵硬。

纠正方法:由于弧圈球的动作比一般攻球动作稍大些,因此要做到拉后手臂,尤其是肩部要迅速放松还原,以利于连续拉和提高拉后扣杀的命中率。

(7)击球时抬肘、抬肩,动作僵硬不协调。

纠正方法:击球时上臂相对固定。

(8)重心后坐,腿、腰、手不能协调一致,击球点靠后,回球质量不高。

纠正方法:击球过程中,身体重心保持平稳,不要晃动,重心落在前脚掌,在身体的右前方击球。

(9)击球过程中,只用手臂力量击球,动作不协调,稳定性差,回球的质量不高。

纠正方法:注意上臂、前臂、手腕、腰、腿的相互协调配合,以增加击球的速度和旋转。

(10)击球后动作不还原。

纠正方法:击球后迅速调整身体重心,还原成准备姿势。

(11)站位过死,不能通过步法移动取得合理的击球位置。

纠正方法:在击球的过程中,加强步法移动,调整适当的击球位置,加强步法和手法的配合。

(四)弧圈球技术注意事项

1. 引拍

拉弧圈球时强调击球的作用力一定要远离球心,击球时调整好拍面角度和击球的部位。

2. 重心

必须注意重心的交换,重心迎前的方向要和击球的方向一致。

3. 发力

一定要用腰控制大臂,是腰上发力,而不是用手臂发力,注意拉球时腿、腰、大臂、前臂、手腕发力的协调。

4. 击球点

击球点必须保持在身体的右前方,击球点离身体越近,越容易控制球。

5. 步法

步法的好坏,直接关系到正手拉球的命中率、力量的大小和拉球时的调节能力。

(五)弧圈球技术的练习方法

1. 徒手挥拍练习

(1)按某一个技术的动作结构做台下上下肢徒手模仿弧圈球动作,体会动作技术要点。

(2)结合步法做台下徒手练习,提高步法的灵活性和手法与步法的配合。

2. 多球和单球练习

通过多球和单球练习可以使练习者进一步地熟悉和掌握弧圈球的技术动作,不断提高弧圈球的技术水平。

(1)对地自抛自拉练习,体会拉弧圈球的动作技术要点。

(2)教师发多球练习某一项弧圈球动作技术,体会拉弧圈球的动作要领,形成正确的动力定型。

(3)一个人发球,一个人拉弧圈球练习。

3. 对拉练习

练习时,要有速度快慢的变化、力量大小的变化、落点远近的变化、弧线高低的变化、节奏快慢的变化以及旋转的变化,使练习更加接近于实战。

(1)一人发中路出台的下旋球,另一人练习拉弧圈球。

(2)一人正手攻球或反手挡,另一人连续拉弧圈球。

(3)二人对搓,固定一个搓中转拉弧圈球。

(4)一人推,另一人练习连续拉弧圈球。

(5)先拉固定点,再拉非固定点。

(6)半台连续拉上旋球,逐步过渡到 2/3 台。

(7)对拉弧圈球练习。

(8)发球抢拉练习。

(9)接发球抢拉练习。

(10)拉、冲、扣等结合练习。

4. 比赛练习

通过赛练结合进一步地强化和熟练弧圈球技术,加深对弧圈球技术的理解,提高弧圈球技术在实战中的运用能力。

十一、削球技术

削球是乒乓球传统手法之一,也是乒乓球防守技术之一,是削攻类打法的重要技术。削球是一种积极防守性技术,通过旋转、落点的变化来控制对方。在削球过程中,能破坏对方击球的节奏,给对手施加压力,造成对方被动,寻找反攻的机会。削球的稳健性和积极性是其重要特点,削球的稳健性主要是指站位较远,击球时间较晚,准备时间长,同时球的速度和旋转也减弱。积极性表现在回球的落点和旋转变化,令对方容易失误。

20世纪90年代以后,削球打法更朝着积极主动的方向发展,使得原来稳削的削球打法逐渐向削攻型打法转变,除了原来的正、反手削球,还加上了正手的拉弧圈,攻球和反攻。中国的丁松和韩国的朱世赫都是这种打法。他们在比赛中的主要得分手段第一是发球抢攻,第二是削中反攻、反拉,而且有连续进攻的能力。

削球的种类按击球方法区分有:正手削球和反手削球;从站位上,分近削和远削;从来球性质上,分削前冲弧圈球、削加转弧圈球、削高吊弧圈球、削突击球(俗称的顶重板)、削追身球;从削球的性质上,分为削加转与不转球、削侧旋等。

(一)削球技术的特点和动作方法(以右手持拍为例)

1. 近台削球

(1)特点

近台削球站位较近,动作较小,击球点高,回球速度快,旋转较强,弧线较低,节奏快、前冲力强。利用旋转与落点的变化,增加对方回球的难度,为自己削中反攻创造机会或直接得分。主要用来对付快拉上旋球。

(2)正手近台削球的动作方法(图2-52)

图2-52　正手近台削球

①击球前：

A.选位：左脚稍前,身体离台100厘米以内,两膝微屈。

B.引拍：手臂自然弯曲,持拍手手臂外旋使拍面稍后仰,同时直握拍手腕做伸,横握拍手外做外展,前臂上提使球拍位置约与肩同高,将拍引至身体右上方。身体略向右倾斜,重心落在右脚。

C.迎球：手臂左前下方挥动迎球。

②击球时：在来球的高点期或下降前期,拍面稍后仰,上臂带动前臂快速向左前下方挥拍,同时直握拍手腕做屈,横握拍手外做内收,击球的中下部,向球的左前下方摩擦球,随着身体向左转动,以前臂发力为主,手腕配合发力,身体的重心移至左脚。

③主要的发力部位：以前臂发力为主,腰、腿、手腕相互协调配合。

④击球后：手臂随势向左前下方挥动,动作过程中身体重心由右脚转至左脚,然后迅速还原成击球前的准备姿势。

(3)反手近台削球的动作方法(图2-53)

①击球前：

A.选位：右脚稍前,身体离台1米以内,两膝微屈。

B.引拍：手臂自然弯曲,右肩下沉,持拍手手臂内旋使拍面稍后仰,同时直握拍手腕做屈,横握拍手外做内收,前臂上提使球拍位置约与肩同高,将拍引至身体左上方。身体略向左转,重心落在左脚。

图 2-53 反手近台削球

C.迎球：手臂右前下方挥动迎球。

②击球时：在来球的高点期或下降前期，拍面稍后仰，上臂带动前臂快速向右前下方挥拍，同时直握拍手腕做伸，横握拍手外做外展，击球的中下部，以前臂发力为主，手腕配合发力，向右前下方摩擦球，随着身体向右转动，身体的重心移至右脚。

③主要的发力部位：以前臂发力为主，腰、腿、手腕相互协调配合。

④击球后：手臂随势向右前下方挥动，动作过程中身体重心由左脚转至右脚，然后迅速还原成击球前的准备姿势。

2.远台削球

(1)特点

远台削球动作较大，球速慢，弧线长，击球点低，旋转强。以削下旋球为主，是削球方法的核心技术。可用于对付大力扣杀和弧圈球的有效技术。

(2)正手远台削球的动作方法(图 2-54)

①击球前：

A.选位：左脚稍前，身体离台 2—3 米，两膝微屈。

B.引拍：手臂自然弯曲，持拍手手臂外旋使拍面稍后仰，同时直握拍手腕做伸，横握拍手外做外展，前臂上提使球拍位置约与肩同高，将拍引至身体右上方。身体略向右倾斜，重心落在右脚。

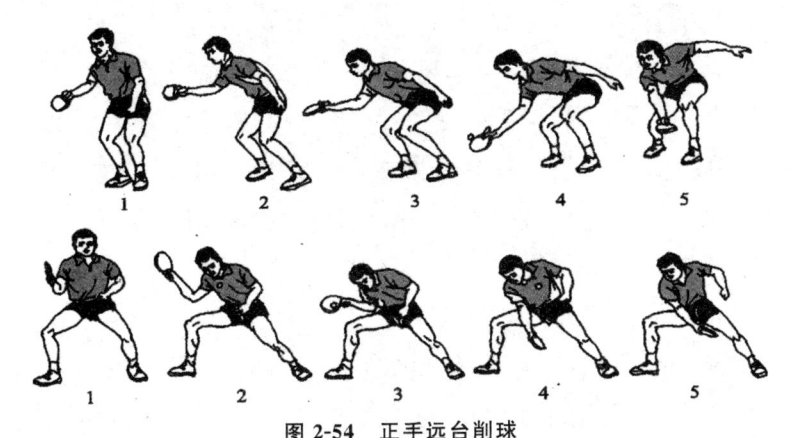

图 2-54　正手远台削球

C.迎球：手臂左前下方挥动迎球。

②击球时：在来球的下降后期，拍面稍后仰，上臂带动前臂快速向左前下方挥拍，同时直握拍手腕做屈，横握拍手外做内收，击球的中下部，向球的左前下方摩擦球，击球时要加大力量并多向前送，身体向左转动，身体的重心移至左脚。

③主要的发力部位：以上臂、前臂发力为主，腰、腿、手腕相互协调配合。

④击球后：身体重心前移，手臂随势向左前下方挥动，动作过程中身体重心由右脚转至左脚，然后迅速还原成击球前的准备姿势。

(3)反手远台削球的动作方法(图2-55)

图 2-55　反手远台削球

①击球前：

A.选位：右脚稍前，身体离台 2—3 米，两膝微屈。

B.引拍：手臂自然弯曲，持拍手手臂内旋使拍面稍后仰，同时直握拍手腕做屈，横握拍手外做内收，前臂上提使球拍位置约与肩同高，将拍引至身体左上方。身体略向左转，重心落在左脚。

C.迎球：手臂右前下方挥动迎球。

②击球时：在来球的下降后期，拍面稍后仰，上臂带动前臂快速向右前下方挥拍，同时直握拍手腕做伸，横握拍手外做外展，击球的中下部，向右前下方摩擦球，击球时要加大力量并多向前送，身体向右转动，身体的重心移至右脚。

③主要的发力部位：以上臂、前臂发力为主，腰、腿、手腕相互协调配合。

④击球后：身体的重心向前向右移，手臂向右前下方随势挥动，动作过程中身体重心由左脚转至右脚，然后迅速还原成击球前的准备姿势。

3.削突击球

(1)特点

削突击球俗称"顶重板"，挥拍动作小，力量重，突然性强，球速快，借力还击较多，回球难度大。在削球打法中，它是有效控制对方连续进攻的一项重要技术。

(2)正手削突击球的动作方法

①击球前：

A.选位：左脚稍前，两膝微屈，含胸收腹，根据来球速度选位。

B.引拍：前臂引拍至身体右前上方，拍面接近竖立，身体略向右转，重心落在右脚。

C.迎球：手臂左前下方挥动迎球。

②击球时：在来球的下降前期，前臂外旋使拍面稍后仰，上臂带动前臂向左前下方挥拍，同时直握拍手腕做屈，横握拍手外做内收，击球的中部或中下部，向球的左前下方摩擦球，身体向左转

动,身体的重心移至左脚。

③主要的发力部位:以前臂发力为主,腰、腿、手腕相互协调配合。

④击球后:手臂随势向左前下方挥动,动作过程中身体重心由右脚转至左脚,然后迅速还原成击球前的准备姿势。

(3)反手削突击球的动作方法

①击球前:

A.选位:右脚稍前,两膝微屈,含胸收腹,根据来球选位。

B.引拍:手臂自然弯曲,前臂内旋使拍面稍后仰,将球拍引至身体左前上方,身体略向右转,重心落在右脚。

C.迎球:手臂向右前下方挥动迎球。

②击球时:在来球的下降前期,前臂外旋使拍面稍后仰,上臂带动前臂向右前下方挥拍,同时直握拍手腕做伸,横握拍手外做外展,击球的中部或中下部,向球的右前下方摩擦球,身体向右转动,身体的重心移至右脚。

③主要的发力部位:以前臂发力为主,腰、腿、手腕相互协调配合。

④击球后:手臂随势向右前下方挥动,动作过程中身体重心由右脚转至左脚,然后迅速还原成击球前的准备姿势。

4.削追身球

(1)特点

具有判断准确,出手快,让位及时,落点灵活的特点。由于来球紧追身体,身体的阻碍影响手臂的活动,必须通过快速的移动让位给击球留出空间。削追身球是削球技术中难度较大的一项技术。

(2)正手削追身球的动作方法(图 2-56)

①击球前:

A.选位:当来球在身体中间偏右时,右脚后撤,含胸收腹。

B.引拍:上臂靠近身体,前臂稍外旋,拍面竖立,前臂引拍至身体右上方,向右后转腰,重心落在右脚。

C.迎球:手臂前下方挥动迎球。

图 2-56　正手削追身球

②击球时:在来球的下降前期,击球的中部或中下部,上臂带动前臂向下用力压球,控制弧线,身体向左转动,身体的重心移至左脚。

③主要的发力部位:以上臂、前臂发力为主,腰、腿、手腕相互协调配合。

④击球后:手臂随势向下方挥动,动作过程中身体重心由右脚转至左脚,然后迅速还原成击球前的准备姿势。

(3)反手削追身球的动作方法

①击球前:

A.选位:当来球在身体中间偏左时,右脚后退,含胸收腹。

B.引拍:上臂靠近身体,前臂稍内旋,拍面竖立,前臂引拍至身体左上方,向左后转腰,重心落在左脚。

C.迎球:手臂前下方挥动迎球。

②击球时:在来球的下降前期,击球的中部或中下部,前臂带动手腕向下用力摩擦球,身体向右转动,身体的重心移至右脚。

③主要的发力部位:以上臂、前臂发力为主,腰、腿、手腕相互协调配合。

④击球后:手臂随势向下方挥动,动作过程中身体重心由左脚转至右脚,然后迅速还原成击球前的准备姿势。

5.削前冲弧圈球

(1)特点

削前冲弧圈球动作幅度大,击球时间晚,回球速度快,它是削球打法对付前冲弧圈球的一项重要技术。

(2)正手削前冲弧圈球的动作方法

①击球前：

A.选位：左脚稍前，身体离球台1米以外。

B.引拍：手臂自然弯曲，前臂稍外旋，拍面稍竖立或后仰，前臂引拍至身体右后上方，身体略向右转，重心落在右脚。

C.迎球：手臂前下方挥动迎球。

②击球时：在来球的下降后期，击球的中下部，上臂带动前臂向前下方用力，先压后削再送，同时弯腰屈膝辅助向下发力，并借助来球的前冲力进行回击。击球时，手腕保持相对的稳定，身体的重心移至左脚。

③主要的发力部位：以上臂、前臂发力为主，腰、腿、手腕相互协调配合。

④击球后：手臂随势向前下，然后用小跳步迅速还原成击球前的准备姿势。

(3)反手削前冲弧圈球的动作方法

①击球前：

A.选位：右脚稍前，身体离球台1米以外，收腹屈膝。

B.引拍：手臂自然弯曲，前臂稍内旋，拍面竖立或后仰，前臂引拍至身体左后上方，身体略向左转，重心落在左脚。

C.迎球：手臂前下方挥动迎球。

②击球时：在来球的下降后期，上臂带动前臂向前下方用力摩擦，击球的中部或中下部，身体的重心移至右脚。

③主要的发力部位：以上臂、前臂发力为主，腰、腿、手腕相互协调配合。

④击球后：手臂随势向前下，然后用小跳步迅速还原成击球前的准备姿势。

6.削加转弧圈球

(1)特点

削加转弧圈球动作幅度大,飞行弧线长,旋转变化多。它是削球打法对付前冲弧圈球进攻的一项重要技术。

(2)正手削加转弧圈球的动作方法

①击球前:

A.选位:左脚稍前,身体离球台1米以外。

B.引拍:手臂自然弯曲,拍面竖立,将球拍引至身体右后上方,引拍幅度较大,身体略向右转,重心落在右脚。

C.迎球:手臂前下方挥动迎球。

②击球时:在来球的下降后期,击球的中部或中下部,上臂带动前臂向前下方用力,先压后削再送,用力下切、下压为主,双膝下屈,手腕相对稳定,控制下压拍型,身体的重心移至左脚。

③主要的发力部位:以前臂发力为主,腰、腿、手腕相互协调配合。

④击球后:手臂随势向前下,动作过程中身体重心由右脚转至左脚,然后迅速还原成击球前的准备姿势。

(3)反手削加转弧圈球的动作方法

①击球前:

A.选位:右脚稍前,身体离球台1米以外。

B.引拍:手臂自然弯曲贴近身体,拍面稍竖立,将球拍引至身体左后上方,身体略向左转,重心落在左脚。

C.迎球:手臂前下方挥动迎球。

②击球时:在来球的下降后期,击球的中部或中下部,上臂带动前臂向前下方用力,发力下切、下压,手腕相对稳定略带前送,身体的重心移至右脚。

③主要的发力部位:以前臂发力为主,腰、腿、手腕相互协调配合。

④击球后:手臂随势向前下,动作过程中身体重心由左脚转

至右脚,然后迅速还原成击球前的准备姿势。

7. 削转与不转球

(1)特点

削转与不转球动作相似,球的性能变化大。它是用相似的动作削出旋转性能差异较大的加转球与不转球,是削攻类打法争取主动的一项重要技术。

(2)削加转球的动作方法(图 2-57)

拍型后仰,用球拍的左(右)侧偏下的部位触球,击球的中下部。前臂带动手腕向前下方用力摩擦击球。

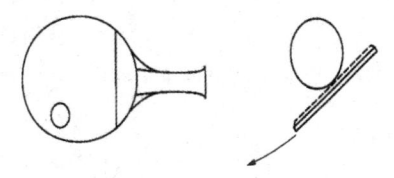

图 2-57　削加转球

(3)削不转球的动作方法(图 2-58)

拍型竖立或稍后仰,用球拍的左(右)侧偏上的部位触球,击球的中部或中下部。多撞击,少摩擦,前下方推送出去。

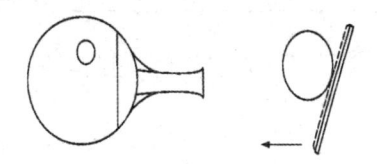

图 2-58　削不转球

(二)削球的技术比较(表 2-6)

表 2-6　削球的技术比较

技术名称	拍型	击球时间	击球部位	主要用力方向和用力方法
近台削球	后仰	高点期或下降前期	击球中下部	手臂向前下方用力,以前臂发力为主,腰、腿、手腕配合发力

续表

技术名称	拍型	击球时间	击球部位	主要用力方向和用力方法
远台削球	后仰	下降后期	击球中上部	手臂向前下方用力,以前臂发力为主,腰、腿、手腕配合发力
削突击球	竖立或稍后仰	下降前期	击球的中部或中下部	手臂向前下方用力,以前臂发力为主,腰、腿、手腕配合发力
削追身球	竖立	下降前期	击球的中部或中下部	手臂向前下方用力,以前臂发力为主,腰、腿、手腕配合发力
削加转弧圈球	稍竖立	下降后期	击球的中上部或中下部	手臂向前下方用力,以上臂、前臂发力为主,腰、腿、配合发力,手腕保持相对稳定
削前冲弧圈球	稍竖立或后仰	下降前期	击球的中下部	手臂向前下方用力,以上臂、前臂发力为主,腰、腿、配合发力,手腕保持相对稳定
削转球	后仰	下降期	击球的中下部	手臂向前下方用力,以前臂发力为主,腰、腿、手腕配合发力,以摩擦为主
削不转球	稍竖立或后仰	下降期	击球的中下部	手臂向前下方用力,以前臂发力为主,腰、腿、手腕配合发力,多撞击,少摩擦

(三)削球技术易犯的错误及纠正方法

(1)在引拍过程中,引拍的高度不够,直接撞击,影响发力。

纠正方法:前臂上引,加大挥拍距离。

(2)拍型过分后仰,削强烈上旋拉球或弧圈球时易出高球或出界。

纠正方法:多与拉加转弧圈的选手练习,强调引拍时拍型应竖立。

(3)击球时,拍面后仰不够,球下网或下旋不强。

纠正方法:用慢搓回接对方发过来的下旋球,体会拍面后仰前送的动作。

(4)正手削球时,不是前臂带动上臂向上引拍(即前臂高于肘部),而是用肘部直向后拉,限制了前臂的下切动作,易成强烈上旋和弧圈。

纠正方法:先练习徒手动作。强调前臂带动上臂向上引拍,再上台练习体会此动作。

(5)只有前臂动作,不会运用身体重心的力量。控制球能力低,削弧圈球差,步法慢。

纠正方法:注意上臂、前臂、手腕、腰、腿的相互协调配合,以增加击球的速度和旋转。

(6)削弧圈球时,手腕转动,易削球出界。

纠正方法:先光用前臂切削,不动手腕,待动作较稳定时再慢慢体会手腕配合前臂的下切动作。

(7)肩部过于紧张,动作僵硬。

纠正方法:由于弧圈球的动作比一般攻球动作稍大些,因此要做到拉后手臂,尤其是肩部要迅速放松还原,以利于连续拉和提高拉后扣杀的命中率。

(8)击球后动作不还原。

纠正方法:击球后迅速调整身体重心,还原成准备姿势。

(9)站位过死,不能通过步法移动取得合理的击球位置。

纠正方法:削球的移动范围较大,远远超过其他打法的运动员。在击球的过程中,加强步法移动,调整合适的击球位置,加强步法和手法的配合。

(四)弧圈球技术注意事项

1. 引拍

削球的站位远,击球时调整好拍面角度和击球的部位,防止拍面过于后仰。

2. 发力

削球时不仅仅是上肢发力,注意削球时腿、腰、大臂、前臂、手腕发力的协调,只有全身协调配合,才能削出高质量的球。

3. 击球时间

削球的击球时间是在下降期,防止击球时间过早。

4. 步法

步法的好与坏对削球运动员来讲至关重要,削球运动员的移动范围远远超过其他打法的运动员,步法的好坏,直接关系到削球的命中率、力量的大小和削球时的调节能力。

(五)弧圈球技术的练习方法

1. 徒手挥拍练习

(1)按某一个技术的动作结构做台下上下肢徒手模仿削球动作,体会动作技术要点。

(2)结合步法做台下削球徒手练习,提高步法的灵活性和手法与步法的配合。

2. 多球和单球练习

通过多球和单球练习可以使练习者进一步地熟悉和掌握弧圈球的技术动作,不断提高削球的技术水平。

(1)教师发多球练习某一项削球动作技术练习,体会拉弧圈球的动作要领,形成正确的动力定型。

(2)一个人发球,一个人削球练习。

3. 对削练习

练习时,要有速度快慢的变化、力量大小的变化、落点远近的变化、弧线高低的变化、节奏快慢的变化以及旋转的变化,使练习更加接近于实战。

(1)削斜线球的练习。

(2)削直线球的练习。

(3)一点削两点或两点削一点的练习。

(4)移动中削小球练习。

(5)削中反攻的练习。

4.比赛练习

通过赛练结合进一步地强化和熟练削球技术,加深对削球技术的理解,提高削球技术在实战中的运用能力。

十二、直拍横打技术

"直拍横打"是20世纪90年代我国对乒乓球运动的一项技术创新。在击球工具上,改变原有直拍单面覆盖正胶或反胶、单面击球的状况,而是在另一面粘上反胶,使球拍正、反面都可以击球。在反手位用球拍反面回击各种来球,因此,也称为"直拍横打"。"直拍横打"是乒乓球运动快攻型打法的一种,由中国发明,特点是能增强拍面控制的灵活性,充分发挥前臂的力量。与传统的直拍快攻打法相比,这种打法的反手技术(如拉、抽、弹、拨、挑等)更为丰富多样,反手位的攻击力也更强。直拍横打完善、丰富了直拍反手位技术,弥补了直拍反手位的不足,拓宽了直拍快攻打法的球路。

"直拍横打"可发展的原因:当时中国的直拍快攻打法面临危机,主要是反手位的相持能力弱,在对横板两面弧的较量中常常处于下风。以刘国梁为代表的直拍快攻选手,在1990年四川成都比赛中率先尝试用直拍横打这项新技术,战胜了众多欧亚名将,随后又在1996年夺得奥运会冠军、世界杯冠军。之后,中国一大批使用直拍横打技术的直拍快攻选手脱颖而出,如马琳、闫森、王皓、许昕等优秀运动员都能在比赛中熟练地运用直拍横打。

(一)直拍反面技术的特点和动作方法(以右手持拍为例)

1. 直拍反面快拨

(1)特点

直拍反面快拨在相持中与推挡结合起到变化节奏的作用,一般用于回接弧圈球,是直拍反面进攻得分的重要手段。

(2)动作方法

①击球前:

A.选位:与直拍反手推挡基本相同,左脚稍前,右脚稍后,两脚间距比肩略宽,离台约50厘米,含胸收腹。

B.引拍:前臂外旋,手腕内屈,向后下方引拍20—30厘米,引拍至腹前,拍面前倾。

C.迎球:手臂前右前上方挥动迎球。

②击球时:在来球的上升期,击球的中上部,触球的瞬间手腕外展,与前臂同时向右上方发力,击球时主要用拇指和中指发力,食指自然放松,身体的重心移至左脚。

③主要的发力部位:以前臂发力为主,腰、腿、手腕相互协调配合。

④击球后:手臂随势前送,迅速还原成击球前的准备姿势。

2. 直拍反面减力挡

(1)特点

直拍反面减力挡主要在防守的过程中使用,在回接力量大、速度快的来球时稳定性较高。使用时要注意落点变化,以便在被动中寻求主动进攻的机会。

(2)动作方法

①击球前:

A.选位:两脚平行站立或左脚稍前,身体离台约50厘米。

B.引拍:上臂自然靠近身体,前臂放松,前臂外旋,使拍面稍前倾,上身前倾迎向来球。

C.迎球:当球在台面弹起时,手臂向前迎球,同时身体重心略升高。

②击球时:在来球的上升期,拍面稍前倾,手腕相对稳定,击球的中部,拍触球一瞬间,手臂和手腕稍向后收,以缓冲球撞击拍的力量,身体的重心略提高,通过手腕的调节来控制落点。

③主要的发力部位:以前臂发力为主。

④击球后:击球后调整拍型,放低重心,迅速还原成击球前的准备姿势。

3.直拍反面攻球

(1)特点

直拍反面攻球球速快,攻击性强。主要用于扣杀反手半高球,以及扑正手后跑还原反手位进攻,如果来球不高,也可以拉。

(2)动作方法

①击球前:

A.选位:右脚稍前,左脚稍后,身体离球台约1米。

B.引拍:前臂外旋,手腕内屈,拇指压拍,拍面前倾,上臂和前臂先向后引拍到左肩处,身体重心落在左腿上。

C.迎球:手臂向右前方挥动迎球。

②击球时:在来球的高点期或下降前期,协同腰、髋、腹的力量,前臂和手腕向右前方挥拍击球,击球的中部或中上部,触球的瞬间手腕外展,与前臂同时向右前方发力,击球时食指自然放松,主要用拇指和中指发力,身体的重心移至右脚。

③主要的发力部位:以前臂发力为主,腰、腿、手腕相互协调配合。

④击球后:手臂随势前送,迅速还原成击球前的准备姿势。

4.直拍反面拉弧圈球

(1)特点

直拍反面拉弧圈球身体发力充分,球的旋转较强,并带有侧上旋的性质等,是直拍选手对付反手位下旋球比较有效的进攻技术。

(2)直拍反面拉加转弧圈球的动作方法

①击球前：

A.选位：与直拍反面快拨的站位基本相同，左脚稍前，右脚稍后，两脚间距比肩略宽，含胸收腹。

B.引拍：前臂外旋，手腕内屈，拇指压拍，拍面前倾手腕自然下垂，向后下方引拍大腿内侧。引拍时，球拍在腰、髋的带动下有一向左后下方的弧线运动，膝微曲，腹稍收，身体重心略下降。

C.迎球：手臂前左前上方挥动迎球。

②击球时：在来球的下降前期，利用脚蹬地，伸膝，挺腹的力量，前臂和手腕先向前迎球，击球的中部或中上部，触球的瞬间手腕外展，与前臂同时向右上方发力，击球时主要用拇指和中指发力，食指自然放松，身体的重心移至左脚。

③主要的发力部位：以前臂发力为主，腰、腿、手腕相互协调配合。

④击球后：手臂随势前送，迅速还原成击球前的准备姿势。

(3)直拍反面拉前冲弧圈球的动作方法

直拍反面拉前冲站位与拉加转弧圈球动作基本相同，击球时，身体重心比拉加转略高，利用蹬地，挺腹和腰髋的扭转动作，前臂、手腕在触球瞬间迅速向前摩擦，触球中上部，击球时间为上升期和高点期。

5.直拍反面挑

(1)特点

直拍反面挑击出的球弧线较低，上旋较强烈，有时还带侧旋，具有一定的力量。主要用于接台内的近网下旋短球，是"前三板"争抢阶段常用的一项比较有效的进攻技术。

(2)动作方法

①击球前：

A.选位：站位近台，两脚开立略比肩宽，左脚稍前。

B.引拍：前臂外旋，手腕内屈，拇指压拍，拍面前倾，上臂和前臂引拍到左前方，身体重心落在左腿上。

C.迎球:手臂向右前方挥动迎球。

②击球时:在来球的高点期,身体重心前移,左脚向左前方插入台内,手臂伸入台内,手腕自然下垂,食指自然放松,主要用拇指和中指用力,同时手腕外展,击球中部后迅速转为向前上摩擦球,触球的瞬间手腕加速转动,加大力量快速摩擦来球,手腕由屈到伸,身体的重心落于右脚。

③主要的发力部位:以前臂、手腕发力为主,腰、腿、手腕相互协调配合。

④击球后:手臂随势前送,迅速还原成击球前的准备姿势。

6.直拍反面弹打

(1)特点

直拍反面弹打动作小,速度快,突然性强。是直拍选手在相处中转为主动进攻的重要手段。

(2)动作方法

①击球前:

A.选位:站位近台,两脚开立略比肩宽,左脚稍前。

B.引拍:上臂抬起,身体的重心略高一点,肘关节稍前顶,手腕内屈,拇指压拍,前臂外旋,拍面前倾,上臂和前臂引拍到左前方,身体的重心落在左脚。

C.迎球:手臂向右前方挥动迎球。

②击球时:在来球的上升后期或高点期,击球的中上部,触球的瞬间短促有力,以撞击为主,向前下方用力弹压,身体的重心落于右脚。

③主要的发力部位:以前臂、手腕发力为主,腰、腿、手腕相互协调配合。

④击球后:手臂随势前送,迅速还原成击球前的准备姿势。

7.直拍反面台内拧

(1)特点

直拍反面台内拧击出的球弧线较低,上旋较强烈,还带侧旋。

主要用于接台内的下旋短球,是"前三板"争抢阶段常用的一项比较重要的进攻技术。

(2)动作方法

①击球前:

A. 选位:站位近台,两脚开立略比肩宽,两膝微屈,含胸收腹。站位根据来球的落点不同略有不同,如果发球偏于反手位,在引拍前两脚应基本与球台端线平行;如发球靠正手位,右脚上步应靠于左脚。

B. 引拍:上体前倾收腹,降低重心,肘关节抬高,其位置略低于肩高于手腕,前臂内旋,手腕大幅度内敛,尽量使球拍与台面近似水平,手掌与前臂的角度约90°,前臂引拍至胸部正前方。前臂外旋,手腕内屈,拇指压拍,拍面前倾,上臂和前臂引拍到左前方,身体重心落在左腿上。

C. 迎球:前臂向右前方挥动迎球。

②击球时:在来球的上升期或下降前期,将手臂伸入台内,大臂保持相对的稳定,以肘关节为轴向右前方展开,并将手腕打开向前发力,触球的后中部,手腕打开时要有一定的爆发力,以增加对球的摩擦力。

③主要的发力部位:以前臂、手腕发力为主。

④击球后:手臂随势前送,迅速还原成击球前的准备姿势。

(二)直拍横打的技术比较(表 2-7)

表 2-7 直拍横打的技术比较

技术名称	拍型	击球时间	击球部位	主要发力部位及用力方向
直拍反面快拨	稍前倾	上升期	击球中上部	以前臂发力为主,腰、腿、手腕相互协调配合,向右前方发力
直拍反面拉加转弧圈球	稍前倾	下降前期	击球中部或中上部	以前臂发力为主,腰、腿、手腕相互协调配合,向右前方发力,以向上摩擦为主

续表

技术名称	拍型	击球时间	击球部位	主要发力部位及用力方向
直拍反面拉前冲弧圈球	稍前倾	上升期或高点期	击球的中上部	以前臂发力为主,腰、腿、手腕相互协调配合,向右前方发力,以向前为主
直拍反面攻球	稍前倾	高点期或下降前期	击球的中部或中上部	以前臂发力为主,腰、腿、手腕相互协调配合,向右前方发力
直拍反面挑	稍前倾	高点期	击球的中部向上摩擦	以前臂、手腕发力为主,腰、腿、手腕相互协调配合,向右前方发力
直拍反面弹打	稍前倾	上升后期或高点期	击球的中上部	以前臂、手腕发力为主,腰、腿、手腕相互协调配合,向前下方用力弹压
直拍反面台内拧	稍前倾	上升期或下降前期	击球的后中部	大臂相对稳定,以前臂、手腕发力为主,向右前方发力

(三)直拍横打技术易犯的错误及纠正方法

(1)引拍动作不正确:引拍动作时,都是用大臂带动小臂向后拉手,导致拉手速度慢,动作不稳定,影响了击球的准确性和发力不足。

纠正方法:做引拍动作时,为了拉开持拍手与来球的距离,是以身体为轴心向后转"腰"来完成引拍动作的。

(2)基本站位姿势不正确:身体的中心普遍偏高,影响了对来球高度的准确判断。纠正方法:上臂贴近身体自然下垂,肘部跟网同高为宜。这个高度容易看清来球的高低,便于选择合适的击球点。

(3)缺乏迎前意识:不主动迎球,而是等球,找不准击球点,击出的球质量不高。

纠正方法:回接来球时,首先从蹬腿、转腰、身体中心的交换(从后脚向前脚转移)做起,然后才是小臂带动大臂(近台攻球时)

或大臂带动小臂(中远台拉球时)球拍触球时的一瞬间小臂突然发力,将球击出。

(4)忽视手腕、手指的用力:发力时只用上臂和前臂发力,动作不协调,回球质量不高。

纠正方法:注意击球时腿、腰、大臂、前臂、手腕发力的协调,只有全身协调配合,才能削出高质量的球。

(5)击球后动作不还原。

纠正方法:击球后迅速调整身体重心,还原成准备姿势。

(6)站位过死,不能通过步法移动取得合理的击球位置。

纠正方法:在击球的过程中,加强步法移动,调整合适的击球位置,加强步法和手法的配合。

(四)直拍横打技术注意事项

1. 握拍

正反手转换时,握拍必须进行适当调整,食指虽然放松,但必须控制住球拍的上沿。

2. 引拍

收腹含胸,引拍到腹前,手腕内曲,以加大引拍距离,获得更多的加速时间(挑打除外)。

3. 发力

击球时不仅仅是上肢发力,注意腿、腰、大臂、前臂、手腕发力的协调,触球瞬间手腕要顶,与前臂同时向侧前方发力。

4. 步法

步法的好坏,直接关系到回球的命中率、力量的大小。

（五）直拍横打技术的练习方法

1. 徒手挥拍练习

（1）按某一个技术的动作结构做台下上下肢徒手模仿直拍横打动作，体会动作技术要点。

（2）结合步法做台下直拍横打徒手练习，提高步法的灵活性和手法与步法的配合。

2. 多球和单球练习

通过多球和单球练习可以使练习者进一步地熟悉和掌握直拍横打的技术动作，不断提高直拍横打的技术水平。

（1）教师发多球练习某一项直拍横打动作技术练习，体会拉直拍横打的动作要领，形成正确的动力定型。

（2）一个人发球，一个人直拍横打技术练习。

（3）直拍横打斜线（直线）球的练习

（4）1/2台、2/3台直拍横打技术练习。

3. 比赛练习

通过赛练结合进一步地强化和熟练直拍横打技术，加深对直拍横打技术的理解，提高直拍横打技术在实战中的运用能力。

十三、乒乓球技术的发展趋势

（一）乒乓球技术的概念

乒乓球技术，是指运动员完成打乒乓球的方法。如发球的动作方法，怎样用力就更旋转等，这些都是技术问题。

乒乓球运动是以技术性为主的项目，它包含了速度、力量、旋转、弧线、落点、节奏和调节。任何一板击球，都会表现出一定的力量、一定的速度、一定的旋转、一定的落点等,这几方面的有机组合是提高乒乓球技术的关键。乒乓球运动的发展,从特定的意义上讲,就是一个如何提高这些要素水平及它们之间组合水平的过程。

(二)乒乓球技术发展方向

纵观乒乓球运动的技术发展历史可以发现,技术进步本质上是速度水平的提高,每一次重大的发展都开端于新加速技术的诞生和以此为主干的新打法,将技术对抗推进到一个新的速度和强度水平上。现代乒乓球技术的发展进程是以球拍工具革新为前提,速度为核心,击球技术创新为主导,以快攻打法结构完善均衡为目标,围绕速度、力量、旋转的三大要素的变化,不断发展的过程。尤其到了20世纪90年代中后期,技术发展进入了以快凶均衡为特征的高速度对抗阶段。21世纪初,国际乒联连续推出大球、11分制和发球无遮挡、无机胶水、新材质塑料球新规则,进一步为速度和力量的完美结合打开了通道。

随着国际乒联规则的一系列的变化,对中国和外国的运动员都有一定的影响,同时也促进了乒乓球运动水平的发展和提高。虽然,技战术的外在形式和结构的基本模式是不变的,但它内在的形式和含义,随着世界乒乓球运动潮流的发展和需要,在不断的裂变且丰富,其组合技术的产生和发展,配合比赛形式的需要,产生新的制胜技术。在激烈的比赛对抗中,相持抗衡转移,主动与被动,进攻与防守,都是以力的形式出现。以快制快,以转制转,以凶制凶。同时优化组合技术的使用率,在积极主动的同时减少无谓的失误。

通过对近几年来世界比赛的情况分析,我们不难发现,当前乒乓球技术正朝着4个明显的特点。具体表现为:竞技能力的个性化,技术构建的立体化,女子技术的男性化和全方位的立体作战。

第二章　技术篇

1. 竞技能力的个性化

乒乓球的魅力是充分地体现个性色彩,同一种打法,一人一种风格。每名运动员都在使用同一种技术的同时,又进一步寻找、探索最后形成适合自己打法特点的技术风格。同是直拍快攻打法,刘国梁、马琳运用起来各有千秋。刘国梁直拍正胶打法,以速度、旋转、技巧为主,突出了"快";马琳的直拍反胶打法,主要体现的是正手主动进攻的能力,以速度、力量、落点、连续性和变化为主。而同是横板打法弧圈打法,瓦尔德内尔、王励勤、张继科皆各有所长。瓦尔德内尔以速度、旋转、技巧为主;张继科以反手突出为主要特点;而王励勤则在主动进攻、速度和正手抢攻方面较为突出。

随着现代训练的发展,运动员的整体实力水平已经相当接近,一场球的胜负往往取决于关键时刻特长的发挥或者出现了漏洞。特长技术是指运动员所掌握的技术群中那些对其获取优异运动成绩有决定意义的,能够展现个人特点或优势,使用率和(或)得分率相对较高的技术(刘健和,2000年)。对这些技术反复多练,精益求精,力求使其形成为突出的特长(吴焕群,1992年)并加以合理的组合运用,使其成为得分制胜的法宝性环节。在高水平竞技中,竞技能力的个性化已毋庸置疑,而个性化的焦点则为"特长突出"。随着运动员训练水平的不断提高,在比赛中对抗的因素和对抗的程度也不断增加,如技术对抗,它是全面对抗的直接表现形式。在技术对抗的过程中,如果没有特长技术,在比赛中就难以制胜。

2. 技术构建的立体化

现代乒乓球比赛是全方位的较量,立体作战,无论是近台、中台和远台都要具有一定的对抗实力。乒乓球进攻和防守的区域是上下左右前后的多维的立体空间。上指杀、放高球的技术等;下指回接、削下降后期的球等;左、右可视为横向移动回击大斜线大角度的球等；前可视为近台快攻及回击短球等；后可视为远台击球。一味地强调近台快攻或远台防守或一味地强调快速或旋转都是不全面的。只有把它看成是立体空间战，强调全面技术，才能克敌制胜。能在前三板发挥技术特长的近台快攻，又能在相持情况下，在中远台利用旋转、节奏、落点的防守技术中过渡到伺机反攻，变被动为主动，这就是立体化的内涵所在。

就中国队而言，技术打法上，面对法国队的"蛮不讲理"、比利时队的"狂轰滥炸"、瑞典队的"老谋深算"，中国队大胆创新，勇于实践，在坚持我国具有特色的基础上，发挥了近台快攻、突出前三板优势，弥补了反手技术的不足，提高了相持及反攻转换能力，确立了合理的技战术组合，实现了令外国人望而生畏的技术立体化构建。就中国选手而言，在欧洲强手面前，他们表现出独立的立体化技术构建，具体表现为：近台为主，结合远台；前三板技术为取胜关键，但也具有打相持球的能力；发球抢攻、接发球能积极上手；单打和双打结合，在掌握单打技术的同时，练好双打技术；速度与旋转的结合；拉前冲弧圈球有速度也有旋转，并能与战术融为一体。总体而言，中国乒乓球运动员在一定程度上实现了技术的立体化构建。

3. 女子技术的男性化

乒乓球男子的最高水平就是世界最高水平。乒乓球界人士普遍认为：男子技术的今天就是明天的女子技术。而女子技术的"男性化"，正是这一说法的有力印证。欲实现女子技术男性化，首先要加强男性化的意识。何谓男性化意识？主要是指主动意识、变化及应变，全面及综合分析、处理事物的能力，其中包含着胆量、意志品质等诸多的因素，此外还要建立积极正确的思想方法，摆正主观与客观、训练与比赛、技术与战术、实力与变化、保险与冒险等诸多方面的关系，以克服女子的狭隘、简单、保守的不足。

当今的世界乒坛的"半边天"，完全是中国姑娘的天下。"男性化"技术是女子乒乓球运动的一剂神丹妙药,如"芝麻开门"一般,是我国女子乒乓球开启胜利之门的钥匙。邓亚萍的超前意识和创新精神让她锁定了辉煌;李菊、杨影、王楠凭借近乎男性化的技术让板上生辉;尤其张怡宁和小将丁宁在打法上的男性化更为突出,这使她们在乒坛再次创造了辉煌。

4.全方位的立体作战

乒乓球运动的"立体作战"具体表现在以下几方面。

(1)反手进攻加强

现代乒乓球竞争激烈,要求运动员做到进攻技术没有死角。"正反手均衡发展",即要求运动员的反手具备与正手相近的进攻能力,保证反手击球力量的强度。现代乒乓球运动的发展要求运动员反手进攻的加强,是在保证正手进攻能力的基础上改进反手进攻的技术动作结构,提高反手进攻的能力,以促进乒乓球运动员技术水平的整体提高。

(2)近台争夺激烈

随着乒乓球运动员技战术水平的不断提高和抢先上手的意识不断加强,近台的争夺至关重要,它成为当今乒乓球技战术发展的集中体现。在当今乒乓球运动比赛中的近台争夺中更加强调上旋球的对抗,无论是发球抢攻和接发球抢攻,运动员都非常重视对近台的争夺,近台成为运动员重点关注的区域。新一代的乒乓球运动员更是将第一板对上旋球进攻的速度提高到了新的层次。

(3)攻防转换意识增强

我国乒乓球运动的传统强项是"前三板"技术,由发球、接发球和发球抢攻共同构成,现代乒乓球的近台争夺更多地延伸到了对第四板、第五板的控制与反控制上,要求"接、防、反"一体化,发球后第三板、第五板的技术、接发球后第四板、第六板技术也同样十分重要。

─ ─ ─ ─ ─ ─ ⋆⋆⋆ 复习思考题 ⋆⋆⋆ ─ ─ ─ ─ ─ ─

1.简述乒乓球的基本站位和基本姿势的作用。

2.直拍横打技术的出现对直拍技战术的发展有什么推动作用？

3.乒乓球常用的步法有哪几种？步法对技战术水平的提高起到什么作用？

4.推挡、攻球、搓球、弧圈球、削球的基本技术动作要领及其主要区别是什么？

5.发球和接发球的注意事项有哪些？简述几种接发球最基本的方法。

第三章　战术篇

------ ▶▶▶ 学习目标 ◀◀◀ ------

1. 了解战术的定义与战术形成的结构，充分认识在乒乓球运动中建立战术意识的重要性。

2. 掌握乒乓球运动主要战术方法。

3. 熟悉乒乓球战术在乒乓球运动实践中的运用。

一、乒乓球战术的定义

所谓的乒乓球运动的战术，即乒乓球运动员在比赛中为了为战胜对手所采取的计谋和手段。乒乓球战术的核心是争取局部优势，是指在比赛中，双方实力旗鼓相当，这就要求运动员必须通过运用合理的战术，以争取局部优势，能以己之长打对方之短。以便在比赛中取得主动、有利的局面。

二、乒乓球战术形成的结构及关系

在理论上，战术的形成是一个具有独立性质的概念。技术训练向战术运用的转化过程，就是客观的竞技要素变成运动员掌握和运用制胜因素的过程。战术形成是连接技术与战术的"桥梁"（图 3-1）。

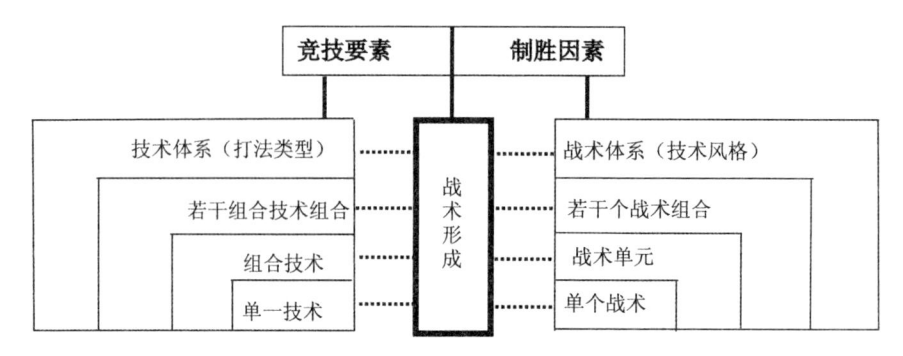

```
竞技要素          制胜因素
   ├──────┬──────┤
技术体系（打法类型）······┐┌······战术体系（技术风格）
  ┌─若干组合技术组合···┤战┆├···若干个战术组合
  │ ┌─组合技术······┤术┆├···战术单元
  │ │ ┌单一技术·····┤形┆├···单个战术
                    └成┘
```

图 3-1　乒乓球技术、战术和战术形成结构与关系模式

三、战术与技术的区别与联系

　　技术是指运动员根据竞赛要求，能充分发挥机体能力的最合理、最有效地完成动作的方法。如反手攻球的动作方法（站位、引拍、拍型、击球时间、触球部位、用力方向等）是技术问题；而在比赛中，什么时间攻，先攻哪，再攻哪，属于战术问题。

　　技术是战术的基础。技术水平越高，技术掌握得越全面，战术运用才能灵活多变。在比赛中，只有合理地运用战术，才能使技术得以充分的发挥。在训练中，只有带有战术意识去练习技术，才能练就实用的技术。

　　技术与战术之间既有区别又有联系，二者相互制约，相互依存，不断发展。一般来说，技术的发展往往走在战术之前，改进了原有的技术，出现了新的技术，可能产生新战术；反过来说，先进的战术，又可以反过来积极促进技术的提高与发展。

四、乒乓球战术的分类

（一）推攻战术

1. 特点

　　推攻战术主要运用正手攻和反手推挡的速度和力量，结合落点变化和节奏变化来压制和调动对方,以争取主动或得分。推攻战术是左推右攻打法对付进攻型打法的主要战术。

2.常见的战术方法

(1)推挡侧身攻

利用推挡时线路变化、落点变化和节奏变化,压反手为主,伺机侧身正手抢攻(图3-2)。

(2)推挡(反手攻)、侧身攻后扑正手

以压反手为主,然后突然侧身变正手,以创造进攻机会,连续正手进攻(图3-3)。

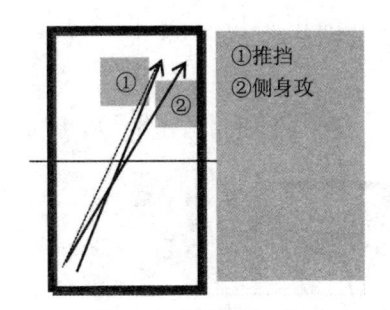

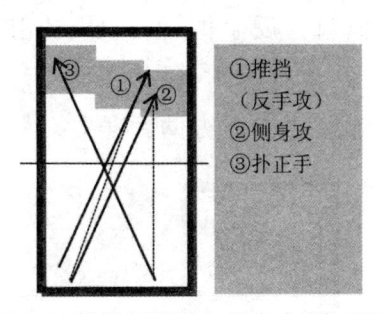

图3-2　推挡侧身攻　　　图3-3　推挡(反手攻)、侧身攻后扑正手

(注:图中的虚线为回球路线)

3.注意事项

(1)无论推、攻都要有线路变化、落点变化和节奏变化,这是推攻战术争取主动和创造扣杀机会的主要方法。

(2)推挡一般以压反手为主,然后突然变正手位,以创造进攻机会。遇到机会球时,要果断扣杀,这是推攻战术的主要得分手段。

(3)推攻战术要坚持近台,又不能死守近台,要学会近台和中台的位置转换,掌握对手节奏。

(4)推攻战术对付弧圈类打法应坚持近台为主,用加力推、减力推和快推控制回球的落点,伺机采用近台反拉或中等力量扣杀弧圈球,然后进入正手连续进攻。

(二)两面攻战术

1.特点

两面攻战术主要利用正反手攻球技术的速度和力量压制对方,争取主动和创造扣杀机会。两面攻技术是两面攻打法对付攻击型打法的主要战术。

2.常见的战术方法

(1)攻左扣右

压对方反手位,伺机侧身,扣杀对方的正手位直线(图3-4)。

(2)攻打两角,猛扣中路

连续攻击对方两大角,突然猛扣对方中路空当(图3-5)。

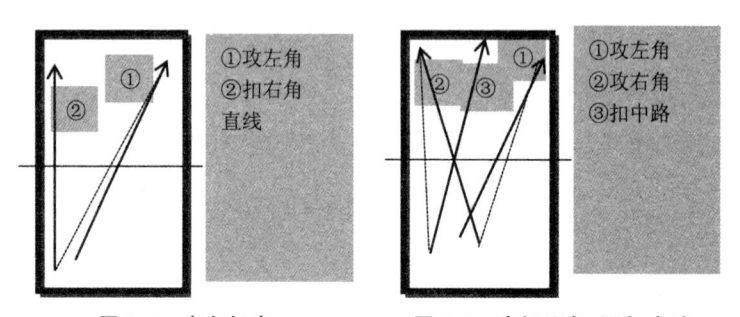

图3-4 攻左扣右　　图3-5 攻打两角,猛扣中路

(注:图中的虚线为回球路线)

3.注意事项

(1)正反手攻球都要有线路变化和落点变化,以便创造扣杀机会。

(2)要以压对方反手为主,然后攻击对方正手或中路,遇到机会球时,要大胆扣杀。

(3)两面攻战术在主动进攻的情况下坚持近台,被动情况下可适当后退,在中近台或中台进行反击。

(4)两面攻战术对付弧圈类打法应坚持近台为主,用快带顶住对方的弧圈球,伺机采用近台反拉或中等力量扣杀弧圈球,然后进入正手连续进攻。

(三)对攻战术

1. 特点

对攻是快攻型选手在相持时必须采用的战术。对攻战术是两名选手在对抗时,双方利用速度、力量、旋转、落点变化来控制对方,力争主动的一种重要手段。主要适用于快攻类和弧圈类打法的运动员。快攻类打法依靠正、反手攻球和反手推挡、快拨等技术,充分发挥速度的优势,调动压制对方以达到攻击的目的;弧圈类打法依据正、反手的拉弧圈球技术,发挥旋转的威力牵制对方,达到攻击目的。

2. 常用的战术方法

(1)连压反手,伺机侧身攻

用快推、加力推、推下旋或反手攻压住对方反手,伺机侧身正手进攻(图3-6)。

(2)压左调右,转攻两角

用推挡或反手攻、拉压住对方反手位,迫使对方站位偏左,突然变正手,伺机正手进攻两角(图3-7)。

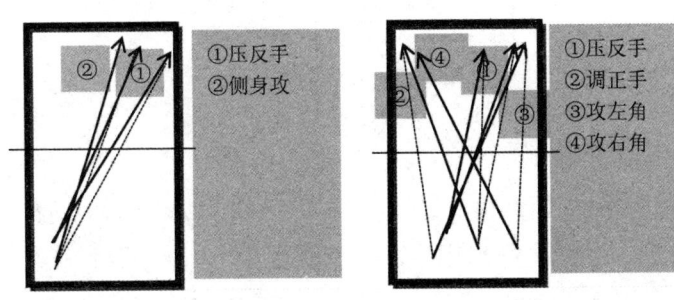

图3-6 压反手侧身攻   图3-7 压左调右攻两角
(注:图中的虚线为回球路线)

(3)压右调左,转攻两角或追身

先打对方的正手,将其调到正手位并被迫离台时再转压反手,伺机猛攻两角(图3-8)。

(4)连压中路,突攻两角

用推、攻、拉紧压对方中路,出现机会时,突变正手攻两角(图3-9)。

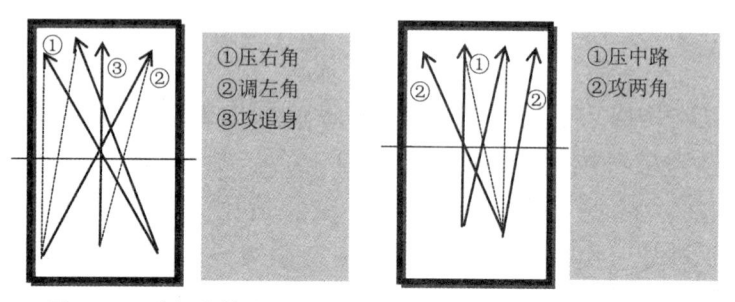

图3-8 压右调左转攻追身　　图3-9 压中路攻两角
(注:图中的虚线为回球路线)

(5)攻两角杀中路

先用追身球攻对方左、右两大角,再伺机扣杀中路(图3-10)。具体要根据场上情况进行适当的调整和变动,以期取得理想的战术运用效果。

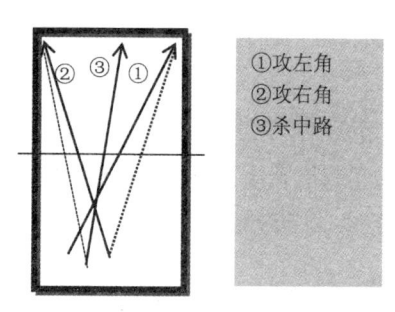

图3-10 攻两角杀中路
(注:图中的虚线为回球路线)

(6)逢斜变直,逢直变斜

无论是斜线变直线,还是直线变斜线,回球的落点都在球台的角上(图3-11)。这种战术是大角度变换,主要用来袭击对方空当。

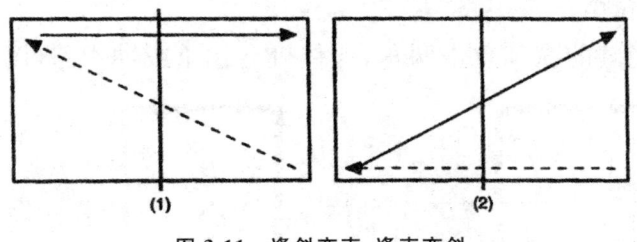

图 3-11　逢斜变直,逢直变斜

3.注意事项

(1)压反手时要争取先发力,角度大、速度快、力量重,逼对方后退,侧身攻后要力争连续进攻、专攻两角。

(2)调正手时,要突然、凶狠、刁钻,否则易被对方攻击,反变被动。

(3)压中路球应快速追身。

(四)拉攻战术

1.特点

拉攻战术是连续用正手快拉,利用拉球的旋转和落点变化创造进攻机会,然后用突击和扣杀作为主要得分手段。拉攻战术是快攻打法对付削球打法的主要战术,以弧圈球和攻球为主要技术手段。在战术使用的过程中,突击很重要,没有重板的突击很难对付削球选手,只有突击才能迫使削球选手后退,扰乱对方的步法,使削球选手在回球时质量不稳,为自己赢得进攻机会。因此,在与削球选手对峙中不能急于求成,要在连续进攻中伺机反击。

2.常见的战术方法

(1)拉一角突击另一角

在拉球过程中,压住对方反手位或正手位,突然扣或冲杀正手位或左手位,取得主动得分(图 3-12)。

(2)拉两角杀中路

以稳健的拉球攻击两角,抓住机会扣杀或冲中路(图3-13)。

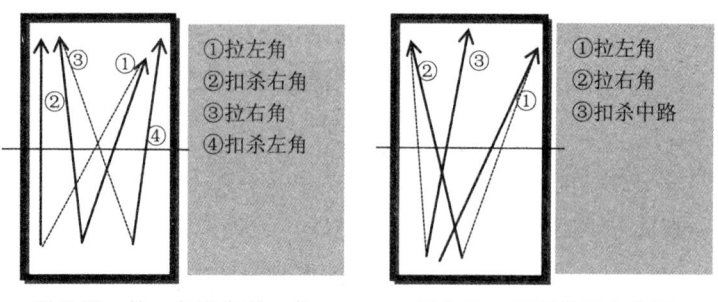

图 3-12　拉一角突击另一角　　图 3-13　拉两角突击中路
(注:图中的虚线为回球路线)

(3)拉中路杀两角

以拉球中路(追身)为主,扣杀左角或右角并连续扣杀或抢冲(图3-14)。

(4)长、短结合拉、吊结合战术

拉底线长球,迫使对方远离球台,当对方远离球台时,突然搓一个短球,对方移动到近台时,伺机扣杀对方的空当(图3-15)。

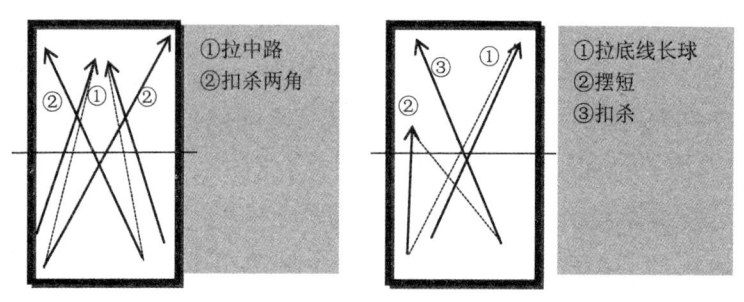

图 3-14　拉中路杀两角　　图 3-15　长、短结合拉、吊结合
(注:图中的虚线为回球路线)

3.注意事项

(1)拉、扣的力量要有较大的差异,以使对方措手不及。

(2)拉球要有线路和落点的变化以调动对方,争取主动或创造进攻机会,遇到机会球时要大胆突击或扣杀。

(3)拉攻中放短球,要在对方站位较远且来球比较近网时进行,这样放短球的落点容易靠近近网,增加对方向前移动的距离

第三章 战术篇

和难度。

(五)搓攻战术

1. 特点

搓攻战术主要是利用搓球的"转、低、快、变"控制对方,为进攻创造机会,然后采用低突、快点或拉攻等技术展开攻势并进入连续进攻,常常带有突然性,往往可直接得分。搓攻战术是乒乓球各类打法不可缺少的辅助战,搓球、攻球、弧圈球为主要技术手段。

2. 常用的战术方法

(1)搓反手位底线长球,突变正手,伺机抢攻

搓底线长球逼住对方反手位大角,当对方准备侧身或抢攻时,突变正手位,伺机扣杀对方的空当(图3-16)。

(2)快搓、摆短为主,结合搓长至对方两大角,伺机抢攻

以快搓、摆短控制对方,当对方靠近球台时,搓长至对方的两大角,利用落点变化,为自己的进攻创造有利时机(图3-17)。

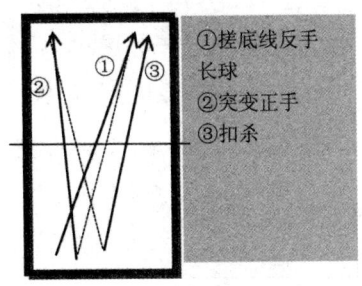

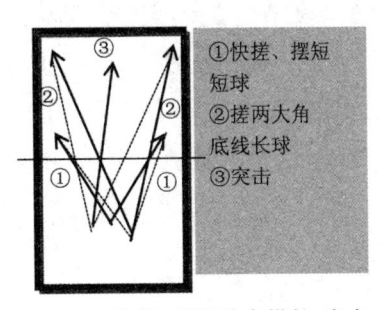

图3-16 搓反手变正手、扣杀　　图3-17 快搓、摆短结合搓长、突击
（注：图中的虚线为回球路线）

(3)搓转与不转至对方左或右、长或短的球,伺机抢冲、扣杀

用相似的动作搓转与不转球,然后再利用落点变化,伺机抢冲、扣杀,取得主动(图3-18)。

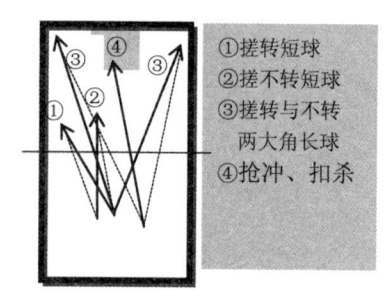

图 3-18　搓转与不转短球配合两大角长球

(注:图中的虚线为回球路线)

3. 注意事项

(1)搓攻战术既要尽可能早起板,以争取主动,但又不能有急躁情绪,在稳健的基础上抢先上手。

(2)在搓球中利用旋转变化和落点变化,迷惑或调动对方,为自己的进攻创造有利时机。

(六)削、攻结合战术

1. 特点

削、攻结合战术是由削球和攻球结合而成,运用削球的"转、低、稳、变"牵制并控制对方,迫使对方在移动中拉攻,从中寻找机会,予以反攻。这种战术有"逼、变、凶、攻"的特点,是削攻型打法对付进攻型、弧圈型打法的重要战术,削球、弧圈球、攻球是主要技术手段。

2. 常用的战术方法

(1)逼两大角伺机反击

先逼左角,再逼右角或先逼右角,再逼左角两种方法。使对手在大幅度的移动中难以取得稳定的位置,从而创造机会,扣杀对方空当(图 3-19)。

第三章　战术篇

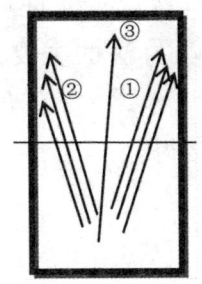

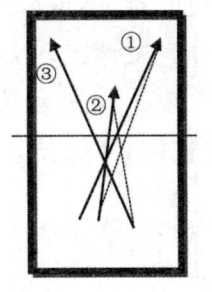

图 3-19　削左右大角、扣杀　　图 3-20　削长短球、扣杀

（注：图中的虚线为回球路线）

(2)削长、短球，伺机抢攻

利用削球的落点变化，频繁调动对手前后移动，制造机会反攻、反拉、反冲；利用削球的旋转变化配合削近网转球，削底线不转球，为反攻创造有利机会(图 3-20)。

(3)削转与不转伺机反攻

削加转至对方左角，连续几板后突削不转到右角并压低弧线使对方拉高回球后，反击对方左大角；削加转至对方右角，数次后削不转至对方左角，迫使对方侧身起板回高或搓球回高后上手发反击。

3.注意事项

(1)正、反手削球都要注意旋转强度的变化。削加转后，用相似的手法削不转球，是使对方拉出高球，进行有效反击的有效方法。

(2)削球时要配合落点的变化，以调动对手前、后、左、右移动，为自己进攻创造有利时机。

(3)削球时弧线尽量要低，避免对方扣杀或突击。

(七)发球抢攻战术

1.特点

发球抢攻战术是以速度、旋转、路线以及落点不同的发球来增加对方回击的难度,或降低回球质量,然后抢先进攻,以争取主动或直接得分。发球抢攻是乒乓球各类打法的主要战术和得分手段。发球抢攻是我国运动员的主要战术之一,它充分发挥"前三板"的进攻技术,实施抢攻得分或直接得分。

2. 常用的战术方法

(1)发转与不转短球,配合发长球抢攻

一般以发对方中路近网、右近网、左近网短球为主,配合发左侧长、左侧中等底线长球。开始先发下旋球,以控制对方起板,再发一个不转球,不转球也发近网,把对方注意力引向近网时,突发底线长球,创造机会抢攻、抢拉。用巧妙的手型变化,发出转与不转球,为自己的抢攻创造更多的机会。

(2)发奔球,配合发近网短球抢攻

正、反手发奔球至对方中路或左右两大角,由于球速快、角度变化突然,容易迷惑对方,造成来不及补救或回球过高,为自己制造进攻机会。当对方有所准备时,突然减力发近网短球,以创造机会抢攻、抢冲。

(3)发下旋急球,配合近网短球抢攻

发下旋急球至对方中路或两大角,迫使对方打对攻或反(正)手搓回,然后伺机反击;对方站位远离球台时,突发近网短球,以制造机会进行抢攻、抢拉。

(4)正手高抛发侧上、侧下和不转球抢攻

正手高抛发侧上、侧下和不转球至中近网、中左短、右近网、左大角、左长、左中路等。这种打法在优秀选手中使用较多,由于发球落点变化多,手型隐蔽,旋转变化较难判断,对手回球高度不稳定,较易给抢攻制造机会。

3. 注意事项

(1)发球应具有明确的目的性

发球应具有明确的目的性,即发球要为发球后的抢攻做准备。发球时,首先考虑自己的技术特长和技术风格,任何一种发球技术都应与自己的技术特点紧密结合。如:擅长打台内短球和侧身抢攻的选手,一般发正手的侧上、侧下或不转球,为自己的抢攻创造机会;擅长弧圈球的选手可发对方反手底线长球,为自己创造拉弧圈球的机会。其次考虑对方对自己发球的适应程度、对方的回球方式和回球位置等,决定自己的抢攻方法。

(2)提高发球质量

速度、旋转、落点是衡量发球质量的主要标准。发球要有旋转性质和强度的变化,尽量使用同一手法发出不同旋转性质的球,以迷惑对方,为自己的发球抢攻创造有利时机;发球要有线路和落点的变化,以使对方前、后、左、右移动中接发球。通过不同速度、旋转、落点的变化,克服发球单一的现象,提高发球的质量。

(3)在"稳"的基础上,发球抢攻要体现"凶狠"

在不影响命中率的前提下,发球抢攻要体现"凶狠"。发球后,无论对方用搓、拉、挑、攻等哪种方式接发球,一旦出现机会,积极上手、果断起板、大胆搏杀,这样会增加发球的威力。

(4)各种技术的有机结合

无论哪一种战术,在具体实施的过程中,对方不一定按照你设计的路线完成,相反会想方设法控制和破坏你的发球抢攻,这时就要灵活运用其他技、战术来过渡和补充。如果发球后,对方控制得较好或直接抢攻,此时应采用摆短或轻打等技术过渡一板,再伺机反击。如果一味盲目地抢攻,不仅会失去抢攻的机会,还会造成无谓失分。因此,发抢段应注意各种技术的有机结合。

(八)接发球抢攻战术

1. 特点

接发球战术是与发球抢攻战术相对的一项战术。接发球战术一方面要抑制、扰乱或破坏对方运用发球抢攻战术,降低发球抢攻的质量;另一方面在被动中寻求主动,争取在接发球轮形成主动相持或主动局面。在比赛中,接发球处理的好坏,直接影响整个战局是否能够获取主动。因此,接发球战术必须树立积极主动的意识,最大限度地控制对方的发球抢攻,在不能直接上手的情况下,运用过渡性接发球技术力争在第四板抢先上手。接发球战术是乒乓球各类打法都必须掌握的战术。

2.常见的战术方法

(1)主动法

运用打台内球技术以及抢攻、抢拉、抢冲予以回击,这是最常见、最积极的接发球方法。对方发底线长球或半出台球时,果断地抢拉或抢冲;对方发近网略高的短球时,可用快攻、挑打、快点等技术。运用时应判断准确对方发球的旋转方向、速度和落点,并要求步法移动迅速,以保证合理的击球位置。

(2)稳健法

接发球采用推、搓、挡、削等技术,在稳妥过度后再伺机反击。对上旋球、侧上旋球、长球可用推接;下旋球、侧下旋球用搓接;不转球用挡接。运用各种战术时需加强变化和落点以及弧线的控制,避免被对方抢攻。

(3)相持法

在难以完成高质量的接发球抢攻接发球时,采用摆短、劈长、挑、拧、加转搓长等技术,利用多变的接发球手段来破坏、抑制或扰乱对方的发球抢攻威胁,控制对方,使对方第三板很难直接抢攻,形成相持状态。擅长打相持球的选手经常采用这种战术。当遇到强下旋或侧下旋短球时,以快搓摆短为主,配合劈两大角长球;当遇近网侧上(下)旋球时,用正手挑、劈长或撇,角度要大,线路要长。

3.注意事项

(1)抓住机会,争取主动

接发球抢攻是在对方主动发球,对方处于被动的接发球地位时所采用的进攻性打法,所以难度较大。因此,应根据来球的旋转方向、旋转强度和落点,采用适当的方法进攻。在稳健的基础上,加大接发球搏杀的比例。

(2)动作结束,立即还原

无论采用哪种接发球技术,都要提高连续意识,做好防御准备。接发球抢攻动作结束后,要立即做好对攻、对拉、对冲、连续攻或其他相持技术的准备,一旦接发球质量不高,要立即做好防御准备,以便保持主动地位。

(3)分析总结,灵活多变

每次接发球时都要记住对方发球的特点,一局下来要回忆、思考、分析、总结在接发球时成功的经验和失败的原因,争取在以后的比赛中运用灵活多变的接发球技术打出主动球。

五、新规则对乒乓球战术的影响

乒乓球规则是乒乓球比赛的准则,它对乒乓球技战术的发展起着指导性的作用。乒乓球比赛的规则随着乒乓球技术的发展而不断的修改,技术发展促进了规则的演变,新的规则又反作用于乒乓球运动技术的发展。

进入21世纪以来,国际乒联对乒乓球规则进行了一系列的变革。2000年2月在马来西亚举行的国际乒联代表大会上通过大球改革方案,将乒乓球直径由38毫米变成40毫米,球的重量由2.5克增加为2.7克,并于2000年10月1日正式启用;2001年4月26日,在大阪世乒赛会议上,将每局21分赛制改为11分赛制,发球由原来每方发5分球轮换变为每方发2分球轮换,并于2001年9月1日正式启用;为了对运动员的发球进行进一步限制,2002年9月起实施"无遮挡"发球规则,即运动员从抛球开始到球被击出,球不能够被发球队员或其双打同伴的身体和衣物的任何部分遮挡;2007年萨格勒布世乒赛期间,国际乒联决定2008年9月1日起全面进入"无机时代";针对赛璐珞乒乓球的安全隐患,2011年5月国际乒联通过伦敦奥运会后禁止赛璐珞乒乓球的使用,并于2014年7月1日起在国际乒联举举办的赛事中使用"无缝球"。

乒乓球规则的演变对乒乓球运动的影响是不言而喻的,它不仅改变了现状,也影响着未来。国际乒联改革乒乓球规则的基本出发点有两个,一是利用新规则改变中国对金牌的垄断,打破平衡,从而从整体上促进乒乓球运动的均衡发展;另一点是在技术层面上逐步消除旋转、速度、力量之间不合理的抑制,推动乒乓球运动技术的对抗,从而充分体现奥运会"更高、更快、更强"的宗旨。可见,新规则在一定程度上改变了原来比赛的制胜因素,给乒乓球比赛节奏、乒乓球的技战术运用、训练的指导思想都带来了很大的变化,使比赛处于一种新的对抗状态下。

(一)大球对乒乓球战术的影响

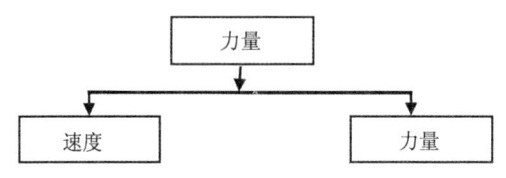

图3-21 力量与速度、旋转之间的关系

张晓蓬、吴焕群的研究显示:大球与小球相比,大球的重量增加了8%,体积增加了16.6%,速度减少了4%,旋转减弱了13%。速度和旋转的减弱有利于增加击球的回合数量,增加比赛的观赏性,这也是国际乒联改革的初衷。大球的使用,使速度、旋转、力量三者之间原有的关系发生了变化,小球时代是速度和旋转的对抗,速度是最大的优势。大球时代,力量限制了速度和旋转的威力,速度和旋转是以力量为前提,大球时代力量占主导地位(图3-21)。大球对不同打法类型的运动员影响也是不言而喻的,由于球的旋转和速度减弱,对以技巧为主的运动员受到的影响多于力量较好的运动员受到的影响。

1. 接发球体现积极主动、抢先上手的意识

大球的使用,使速度、旋转、力量三者之间原有的关系发生了变化,球速减小,旋转减弱。这为接发球抢攻带来了一定的空间。接发球应增加进攻型技术使用的比例,加强对出台球的强拉、台内短球的挑打,使接发球成为争取主动的手段,提高接发球的质量。

2. 大球对运动员的相持能力提出了更高的要求

大球的使用对运动员的相持能力也提出了更高要求。大时代与小球时代不同,相持能力不仅是中近台的对抗,而是近台、中台直至中远台的全方位相持,这就要求运动员在主动减少失误的前提下,具备在相持中利用落点、力量轻重的改变和节奏的变化来打乱对方的战术,使自己在激烈的相持中,抓住主动的战机。这就要求提高运动员不仅在近台、中台进攻的能力,还要求提高运动员对中远台、远台的全方位立体交叉的进攻能力。

(二)11 分制对乒乓球战术的影响

11 分制使乒乓球比赛的时间、节奏、强度等方面都发生了质的变化。11 分制的特点可以归纳为"三大、二快、一精"。"三大"是指偶然性大、心理承受力大、比分变化大;"二快"是指起动快、转换快;"一精"是指对激战术的组合要更加精确。可见,11 分赛制的实施对乒乓球运动员的进攻能力、防守能力以及心理等方面提出了更高的要求。

1. 进入比赛状态快

11 分赛制的实施由于分数减少一半,比赛的偶然性加大,使乒乓球比赛时间、节奏、强度、心理等方面都发生了很大的变化。面对 11 分如何让自己兴奋起来,进入比赛状态,如何制定战术、运用战术并根据比赛的情况调整战术,镇定自若、淋漓尽致地发

挥出自己的水平,是运动员面临的严峻挑战。

2.发球抢攻和接发球强攻要体现快速凶狠的特点

下面我们通过对 11 分赛制中三段技战术的使用率和得分率的统计数据来分析 11 分制对乒乓球战术的影响。

(1)乒乓球技战术三段指标评估法(表 3-1)

本文主要采用了国家体育总局科研所乒乓球组吴焕群三段指标评估法对中外选手的比赛进行技、战术的分析与评估,将比赛所采用的各种技术分为 3 段,即发抢段(第一、三板)、接发段(第二、四板)与相持段(第五板与五板以后)。将运动员比赛中 3 段的使用率和得分率加以统计与比较,并依次对运动员的技、战术运用情况进行分析,这样既可以从宏观上掌握运动员的总体实力,又可以从微观上了解运动员单项技术的长处与不足。

三段指标评估法计算每段得分率,使用率的公式:

得分率=段得分/(段得分+段失分)×100%

使用率=(段得分+段失分)/(全局得分+全局失分)×100%

表 3-1　单打比赛三段指标评估法技术评估标准

阶段	得分率(%)		使用率(%)
发抢段	优秀	70	20—30
	良好	65	
	及格	60	
接发段	优秀	50	15—25
	良好	40	
	及格	30	
相持段	优秀	55	45—55
	良好	50	
	及格	45	

(2)11 分赛制世界优秀运动员三段技战术使用率统计分析

表 3-2　11 分赛制世界优秀运动员三段技战术使用率统计表(N＝30)

N	发抢段(%)	接抢段(%)	相持段(%)
30	31	33	34

　　从表 3-2 中可以看出:新规则实施发抢段、接抢段、相持段的使用率和以前相比较有了很大的变。分别为 31％、33％和 34％,有明显的"向平均数回归"趋势。同表 3-1 比较,发抢段的使用率没有明显变化;接抢段的使用率从以前的 15％－25％大幅度上升为 33％;相持段的使用率则从以前的 45％－55％下降为现在的 34％。主要由于无遮挡发球规则的实施,使接发球方能够清楚地看到发球动作的全部过程,因此接发球方对球的落点、旋转的判断和以前相比较相对容易,接发球不再处于被动地位,而是成为争取主动的前沿技术。接发球员在第二板就采用主动进攻以取得主动或直接得分。另外,11 分赛制的实施使比赛节奏加快、比赛重心前移,前四板成为比赛争夺的焦点,发抢段、接抢段的使用率占到整个比赛使用率的 64％,导致了接抢段使用率的明显上升。从相持段使用来看,国际乒联希望通过规则的改革增加回合,提高比赛观赏性的初衷并未实现。

　　由于接抢段的使用率上升,发抢段的使用率基本没有变化,相持段的使用率下降是不可避免的结果。这与吴焕群、张晓蓬的研究结果"新规则实施后,积极主动、快速多变、抢先发力、抢先变线、抢时空、抢落点等基本指导思想和基本规律不会变"的观点相吻合。

　　因此,11 分赛制中,发抢段以"变、狠、快"为主,接发球战术运用在运动员有较好控制的能力基础上,增加主动上手的比例,注重上手的质量,体现"凶"的技术特点。11 分制的快速凶狠在发抢段主要体现在抢攻短球上,要加强台内进攻挑打技术以及相关的衔接技术。一则可以增加主动进攻的机会,二则能进入主动相持。因此,我们要增加挑打的使用率;在回摆上,要体现第一时间上的速度特征;在抢攻长球时,要体现以正手拉冲抢攻为主的战术思想。

(三)"无遮挡"发球规则对乒乓球战术的影响

"无遮挡"发球,即运动员在抛球的一瞬间到球被击出,球不能被发球者或其双打同伴的身体或衣物的任何部分遮挡,它改变了原有的隐蔽式发球。

1.加强发球的变化

发球变化是发球抢攻的首要环节。无遮挡发球规则的实施,使接发球一方运动员能清楚地看到发球员的发球动作的全部过程,使接发球方对发球的落点、速度、旋转的判断和原来相比相对容易,发球的威胁有所降低。因此,运动员通过发球落点和发球手段的变化,增加对方接发球的难度,为自己的发球抢攻制造更多的机会。

2.对接发球抢攻的能力提出了更高的要求

由于新规则的实施,接球方对发球的落点和旋转的判断比以前容易,使发球的威力有所下降,从而为接发球的抢攻带来了更大的发展空间,接发球环节更不再是被动环节,而是成为争取主动的前沿。另外,11分制实施以后,前三板的争夺更为激烈,只有抢先上手,才能取得主动相持。因此,凶狠和搏杀性接发球的比例会大大增加。

表3-3 马琳有遮挡发球和无遮挡发球时接发球手段的比较分析

有遮挡发球时接发球的技术运用					无遮挡发球时接发球的技术运用				
运用技术	得分	失分	合计	比率%	运用技术	得分	失分	合计	比率%
反手搓	8	1	2	11	18.9	反手搓	3	1	2	6	10.5
正手搓	5		1	6	10.3	正手搓	6		1	7	12.3
正手摆	7	2	1	10	17.2	正手摆	8	2	1	11	18.9
反手摆	5	1	2	8	13.7	反手摆	5	1	2	8	13.8
正手挑	4	2	2	8	13.7	正手挑	4	2	4	10	17.2
反手挑	2		2	4	6.9	反手挑	3		1	4	7.0
正手拉	2	2	1	5	8.6	正手拉	2	1	2	5	8.8
反手拉	3	2	1	6	10.3	反手拉	3	1	2	6	10.5
合计	36	8	14	58		合计	34	8	15	57	

从表 3-3 马琳的有遮挡发球和无遮挡发球接发球技术使用的对比中我们可以看出：无遮挡发球规则实施后，运动员的接发球手段有了一定程度的变化。无遮挡发球实施后，接发球的主要手段是挑打，占接发球总数的 24.2%，比有遮挡发球后高出 4 个百分点；无遮挡发球后，挑打和拉的比例明显上升。这表明了无遮挡发球规则的实施，使接发球技术朝着更加积极主动、更加凶狠的方向发展，运动员在控制的基础上，增加了主动、凶狠的运用比例。

（四）"无机胶水"对乒乓球战术的影响

有机胶水多采用挥发性的有机溶剂，具有较低的熔、沸点，在常温下比较容易挥发。与有机胶水相比较，无机胶水是以无机物（多为水）为溶剂。无机胶水使用的溶剂为无机物，不能使橡胶产生"溶胀"。由于无机胶水不能使橡胶产生"溶胀"，使球的旋转、速度、力量都会有所减弱，击球的质量也会有所降低，球的回合相对会有所增加。因此，运动员应加强相持球的处理能力。由于无机胶水的球板的弹性和控制能力有所下降，前三板控制球的能力没有以前严密。无机胶水的使用，使运动员的身体健康有了更好的保障，从这一层面来看，乒乓球运动朝着更加健康的方向发展。

（五）新材质塑料"无缝球"对乒乓球战术的影响

随着赛璐珞材质的乒乓球退出历史舞台，绿色环保一体成型的"无缝球"将一统江湖。无缝塑料乒乓球的诞生，将迎来乒乓球运动的又一次革新，无缝球对乒乓球技战术的影响是多方面的。由于无缝乒乓球的质量比较均匀，无缝球的飞行弧线和弹跳落点的准确性和稳定性高于赛璐珞乒乓球。无缝塑料乒乓球的硬度略高于赛璐珞乒乓球，所以球弹跳的高度略高于赛璐珞乒乓球。研究结果显示：新材质无缝塑料乒乓球击球的平均速度比赛璐珞乒乓球减慢约 2%，旋转减弱约 5%。因此，无缝球在一定程度上对乒乓球技战术的发展产生一定的影响。无缝球的使用降低了击球速度、削弱了球的旋转,因此,只有加强技术本身、底板、套胶器材等全方位的研究,才能探索出有实效性和针对性的训练路径和方法。

六、新规则实施后乒乓球战术发展趋势

(一)发抢段

1. 发抢要体现快速、凶狠的特点

发抢段快速、凶狠主要体现在抢攻短球上,要加强台内进攻挑打技术以及相关的衔接技术,不仅增加主动上手的机会,同时为进入主动相持奠定良好基础。在抢攻长球时要体现正手拉冲为主的战术思想。

2. 增加抢攻范围

新规则实施后,发球的质量相对下降,大多数球员增加了挑打、拧、拉等上旋为主的接发球技术。这就要求运动员在发球抢攻时增加抢攻的全面性,不但能抢攻下旋球,对方挑、拧、拉过来的上旋球也要能抢,提高抢攻上旋球的能力。

(二)接抢段

1. 处理好接发球的控制性和凶狠性的关系

11分球使每一分球都很关键,因此对技术要求更精确。接发球的战术运用要处理好控制的严密性和搏杀的关系。控制是基础,也是战术用运用的立足点,技术的严密性比搏杀更重要。运动员在控制的能力基础上,增加主动上手的比例。

2. 加强二、四板技术的衔接

新规则的实施给接发球的主动提供了更多的机会。接发球

轮二、四板的稳定性、威胁性对比赛制胜关系重大。在战术的组合上,把接发球第二板和接发球后的第四板当成一个完整的组合来对待。提高二、四板的衔接,在稳定的同时,增加转攻和主动上手的机会。

(三)相持段

1. 加强击球的落点意识和能力

目前,击球的落点能力已成为比赛争夺的重要领域,它对比赛的胜负有着重要的意义。相持段战术基本上围绕落点展开。变换和控制好回球落点对加强战术效果具有重要意义。因此,在比赛中,要善于利用落点的变化,使自己的特长得以发挥,从而在比赛中争取主动。

2. 快速攻防转换的意识和能力,增加正手连续进攻和侧身抢攻的使用率

由于比赛中运动员所运用的技战术组合朝着更快速、凶狠的方向发展,攻防转换的速度越来越快。因此,我们要加强调转攻的速度,尽量减少过渡球的数量。正手的进攻能力强、速度快是其根本的特点和优势。相持中,我们应增加正手连续进攻和侧身抢攻的使用率。

-------- 复习思考题 --------

1. 简述战术与技术之间有何区别。
2. 乒乓球主要战术有哪些?在比赛中应如何使用。
3. 新规则实施对战术的运用有何影响?

第四章　教学训练篇

------ ▶▶▶ *学习目标* ◀◀◀ ------

1. 了解乒乓球主要的教学方法、传统教学法、现代教学法和线上线下结合教学模式在乒乓球教学中的作用。
2. 了解乒乓球训练的主要方法。
3. 了解乒乓球身体素质训练的基本方法。

一、乒乓球教学方法

教学方法是师生双方共同完成教学活动内容的手段,教学方法的选择与运用,对完成教学任务、提高教学效果和效率具有重要的意义。

乒乓球教学方法主要包括传统教学法、现代教学法和线上线下结合教学模式(图 4-1)。乒乓球教学中应以学生的实际情况为基础;以培养学生的自学能力、实践能力和创新能力为目标,遵循课内与课外相结合、传统与现代教学手段相结合、线上与线下相结合的原则,在传统教学的基础上,适当运用现代教学法、线上线下相结合等教学模式。

第四章　教学训练篇

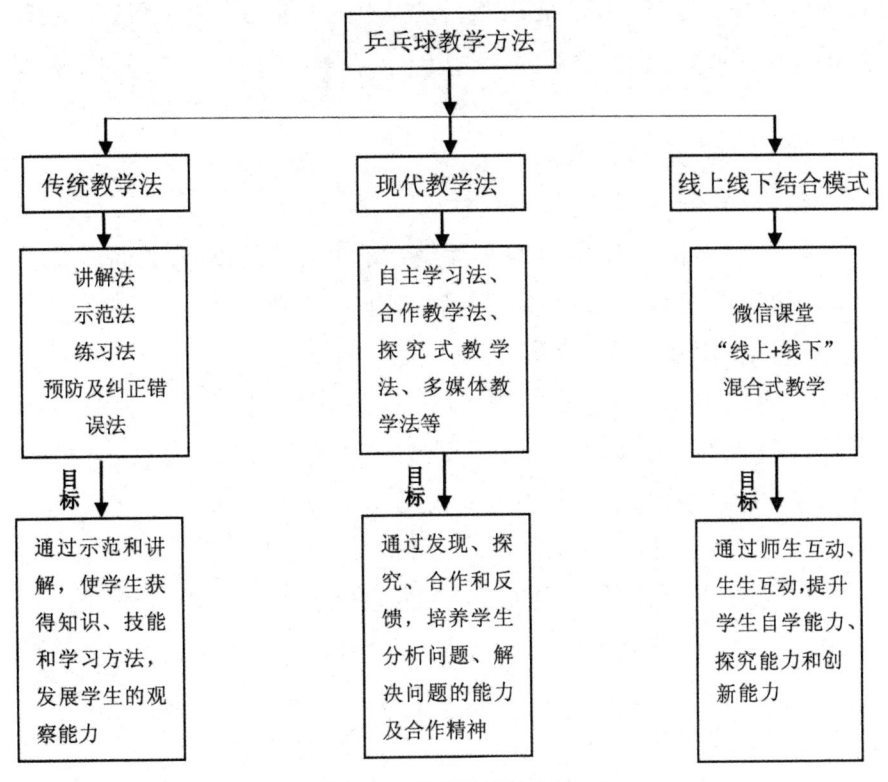

```
                    乒乓球教学方法
         ┌──────────────┼──────────────┐
      传统教学法      现代教学法     线上线下结合模式
         │              │              │
   ┌─────┴─────┐  ┌─────┴─────┐  ┌─────┴─────┐
   │ 讲解法    │  │自主学习法、│  │微信课堂   │
   │ 示范法    │  │合作教学法、│  │"线上+线下"│
   │ 练习法    │  │探究式教学 │  │混合式教学 │
   │ 预防及纠正│  │法、多媒体教│  │           │
   │ 错误法    │  │学法等     │  │           │
   └─────┬─────┘  └─────┬─────┘  └─────┬─────┘
       目标          目标          目标
   ┌─────┴─────┐  ┌─────┴─────┐  ┌─────┴─────┐
   │通过示范和讲│  │通过发现、探│  │通过师生互动│
   │解，使学生获│  │究、合作和反│  │、生生互动, │
   │得知识、技能│  │馈，培养学生│  │提升学生自学│
   │和学习方法，│  │分析问题、解│  │能力、探究能│
   │发展学生的观│  │决问题的能力│  │力和创新能力│
   │察能力     │  │及合作精神 │  │           │
   └───────────┘  └───────────┘  └───────────┘
```

图 4-1　乒乓球教学方法

(一)传统教学法

传统教学法是教师通过讲解,使学生掌握知识的系统教学方法,形式单一。主要包括:讲解法、示范法、练习法、预防及纠正错误法等等。主要是在教师的指导下,使学生学习知识、巩固知识、运用知识、形成技能的方法。具体教学模式如下:教师讲解与示范→学生练习→教师进行指导→学生改正错误动作→小结。传统教学法发挥了教师的主导作用,有利于学生进行系统化学习。

1.讲解法

讲解法是指对概念、原理、原则、公式、要领、观点等进行解释或论证的一种讲授方法,即教师用语言向学生说明教学的任务、目的、内容、要求、动作名称、动作要领、技术要点、注意事项等进行教学的一种方法。它是乒乓球教学中一种运用语言法的最普遍的形式,是在每一个教学环节中不可缺少和不可代替的重要方法。

讲解法的注意事项:

(1)目的明确,具有针对性

根据教学任务和学生的实际情况,讲解前可组织受训者预习教材,初步掌握重点、难点,使讲解具有针对性。

(2)重、难点突出,层次分明

讲解时,可灵活运用直接分析或问答、对比等形式,结合实例、幻灯、录像、图表、数据等其他方法、手段,讲清重点,突破难点,启发受训者积极思考,加深理解。

(3)内容准确,简答扼要

用简明扼要的语言概括所讲的问题,使受训者易懂、易记、易用。

2.示范法

示范法是教师(或指定学生)以具体的动作为范例,使学生在大脑中建立起所要学习动作的表象,获得必要的直观感受,使学生通过模仿有成效地掌握所要学习动作的结构、过程和要领的一种教学方法。它是乒乓球教学的一种基本方法,有助于提高掌握动作要领的效率,激发学生的学习兴趣,形成正确的动力定型。

示范法的注意事项:

(1)示范要正确

良好的示范应该是准确、熟练、轻松、优美的,它对指导学生建立正确的动作表象,提高学生的练习兴趣和积极性有重要的作用。在课前,体育老师应认真准备示范动作,以保证教学中示范的质量。

(2)示范要有明确的目的

教师示范要有明确的目的,在每次示范前,都应根据教学的任务、要求和学生的具体情况考虑示范什么和用哪种示范(也可以综合运用各种示范),以利于学生集中注意力,观察到他们应观察的东西,提高直观教学的效果。

(3)注意示范位置要适当

示范的位置与教学的效果也有重要关系。它与身体练习的特点、学生的队形等有关系。通常情况下,教师示范的位置应能保证全体学生不受干扰、易于观察,同时又易于教师控制学生。

(4)讲解与示范应紧密结合

讲解与示范结合的形式有三种:①先讲后练,此法多用于对新教材的教学;②先练后讲,此法一般在复习旧教材时使用;③边讲边练,这种方法多用于技术简单或同学们较熟悉的动作练习。

3. 练习法

练习法是学生在教师的指导下,依靠自觉的控制和校正,反复地完成一定动作或活动方式,借以形成技能、技巧或行为习惯的教学方法。从生理机制上说,通过练习使学生形成一定的动力定型,以便顺利地、成功地完成某种活动。

乒乓球教学中,大部分时间是学生通过练习掌握所学的动作技术。乒乓球教学中练习法分为徒手练习和击球练习。徒手练习包括手法、步法和步法与手法的结合练习;击球练习包括台下和台上击球练习(图4-2)。

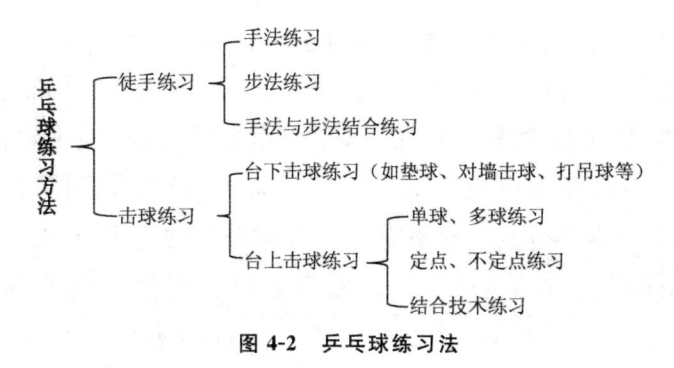

```
              ┌ 徒手练习 ┬ 手法练习
              │         ├ 步法练习
乒乓球练习方法 ┤         └ 手法与步法结合练习
              │         ┌ 台下击球练习(如垫球、对墙击球、打吊球等)
              └ 击球练习┤                ┌ 单球、多球练习
                        └ 台上击球练习 ┼ 定点、不定点练习
                                         └ 结合技术练习
```

图 4-2　乒乓球练习法

练习法的注意事项：

(1)明确练习的目的和要求

练习并不是简单的机械的重复，而是有目的、有步骤、有指导地形成和改进学生技能、技巧，发展学生能力的过程。因此，在练习时，不仅教师要有明确的目的，而且也要使学生了解每次练习的目的和具体要求，并依靠对技术动作的理解自觉地进行练习。

(2)正确的练习方法

练习方法要按照确定的步骤进行，不管何种练习，都要求学生思维的积极性。练习开始时，教师通过讲解和示范，使学生获得有关练习的方法和实际动作的清晰表象，然后学生进行练习，先求正确，后求熟练。简单的动作技术可采用完整练习法；有难度的技术动作可采用分解练习法(即把某种复杂的操作活动，分解为几个部分，先专门练习其中的某一部分，然后再过渡到综合练习)。练习的方式要适当多样化，以提高学生练习的兴趣和效果。

(3)适当分配练习次数和时间

技能、技巧或习惯的形成，都需要足够的练习次数，练习的时间分配，一般说，适当的分散练习比过度的集中效果更好。开始阶段，练习的次数要多些，每次练习的时间不宜过长。

4.预防和纠正错误法

预防和纠正错误法是指教师为了防止和纠正学生在练习中出现的错误动作，有针对性地选择有效手段，预防和及时纠正错误的一种方法。在乒乓球教学训练中，学生掌握动作时，出现错误是不可避免的，教师要重视纠正学生的错误动作，避免形成错误的动力定型，预防与纠正错误法应贯穿于乒乓球教学的整个过程。

预防和纠正错误动作时，首先应分析错误产生的原因，然后针对错误的主要原因，采用适当的方法予以预防和纠正。

预防和纠正错误动作的基本方法：

(1)集体纠正或个别指导

如果错误动作的人数较多、出现错误比较集中，停止练习，进行集体纠正;如果错误的人数较少、出现错误相对分散,进行个别指导。

(2)重新讲解、示范

当学生对所学的技术动作的概念模糊不清,对完成动作的要领、顺序和技术要点不明,或受其他技术的干扰,而产生错误动作时,教师要进行有针对性的重新讲解与示范。练习时,要求学生跟随教师的动作节奏一起做徒手模仿练习,并边做边用提示性语言加以强化。练习时,根据动作技术的难度,选择用完整练习法或分解练习法。

(3)对比法

把学生的错误动作与正确的动作进行对比来纠正学生的错误动作,找出学生错误动作的主要主要原因,形成正确的概念。

(4)抓住错误动作的主要方面

学生学习动作时产生的主要错误有时可能不止一个。在这种情况下,教师要善于确定顺序,让学生一个一个地去改正,不要同时要求改正几个错误,使学生无所适从。如果教师不分主次,就抓不住错误的症结,当然也不可能使错误得到纠正。所谓主要的错误是相对于构成动作的某些环节而言,它在很大程度上直接关系到完成动作的成功与失败,先纠正主要错误,然后再逐一纠正。

(5)转移性练习

转移性练习是指由学习一项动作技术转入另一项新的动作技术时,因受前一项动作技术的习惯动作干扰,可以采取转移性练习进行过渡性练习。例如:学习前冲弧圈求技术时,受加转弧圈球技术动作的干扰,击球时向前的力量小,球的前冲力小。为了消除干扰,可让学生反复练习向前挥臂的练习。

(二)现代教学法

根据课程内容和学生特点,灵活运用现代化教学方法。其优势:理论实践并进,"教、学、做"三位一体,使学生在接受专业知识、技能的同时,启迪学生的思维和认识,激发学生的创造意识。

1. 多媒体 CAI 课件教学法

计算机、多媒体、辅助教学软件,简称 CAI 软件。多媒体 CAI 课件作为一种直观教学手段,可运用各种多媒体素材,从不同的视角对同一技术动作进行呈现。多媒体课件以大量的视听信息、高科技的表现手段,加上图像、动画、声音等,使教学内容表现的丰富多彩、形象生动,开阔了学生的视野,激发了学生的学习兴趣,调动了学生学习的主动性。

在乒乓球教学中,利用 CAI 多媒体教学,有利于学生对乒乓球知识和技能的认识和理解。多媒体具有重复、慢放、暂停功能,使教学更直观、更形象、更生动,有利于学生建立正确的动作概念,明确动作技术的重点和难点,便于学生进行正确的练习和掌握更精确的技术动作。例如:学习正手攻球时,学生可以通过手机摄像将自己的动作录下来,与标准动作进行对比,找出自己错误动作并及时纠正,有效避免学生形成错误的动作定型,提高乒乓球专修课教学效果(图 4-3)。

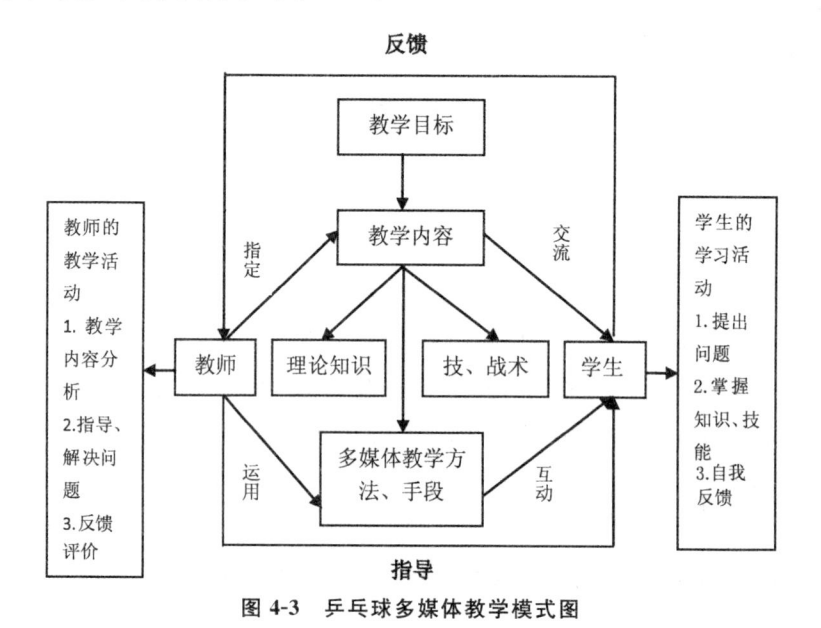

图 4-3 乒乓球多媒体教学模式图

2.自主、合作、探究式教学模式

自主探究教学法就是导引学生的自主学习以促使学生进行主动的知识建构的教学模式。它是在教师的指导下,以问题为载体;以培养学生的创新素质为核心;以学生的自主探索、合作交流为主要目标。

自主、合作、探究式教学使学生通过自主学习,提升学习的自觉性和主动性;通过合作学习,提升学生理论应用实践的能力和交流与合作的能力;通过探究式学习,师生共同发展,提升学生发现问题、分析问题、解决问题的能力。自主学习强调个体独立自主的学习,与被动学习相对;探究学习强调以问题为依托,以探究、发现的学习方式来获取知识、技能,与接受学习相对;合作学习强调以小组学习为依托,协作完成学习,与独立学习相对。

(1)自主——强调学习主体有明确的学习方式,有学习的主动权和选择权。在学习过程中,教师尽力做到:让学生明确目标、让学生发现知识、让学生参与过程、让学生掌握方法、让学生探究疑难。

(2)合作——指学生在学习群体中为了完成共同的任务,有明确责任分工的互助性学习。它改变了传统的师生单项交流的方式,既有小组活动,也有个人活动;通过多项互动的交流,促进学生之间的互相启迪,互相帮助,以解决消息中的各种问题,共同完成学习任务。

(3)探究——指学生在实践中进行学习,在学习中独立地发现问题,获得自主发展的学习方式。教师在课堂学习中,让学生在实践中发现问题,培养探究问题的意识。在探究学习中,学生逐步掌握自己发现问题,探究解决问题的方法,通过各种学习途径,获得知识和能力、情感和态度的发展,特别是探索精神和创新能力的发展。探究学习的主动性、独立性、实践性、体验性、问题性和开放性等主要特征都是以自主为前提的。探究学习是以自主学习为前提、以合作学习为动力的一种学习方式。

自主、合作、探究式教学基本模式(图4-4),具体过程如下:

(1)教师布置学习内容,学生自主学习—没有疑问—掌握。

(2)学生自主学习—产生问题—学生自己探究解决—掌握。

(3)合作学习—产生问题—合作探究解决。

(4)在教师引导下,学生自主学习—产生问题—合作探究—产生疑问—师生合作探究解决。

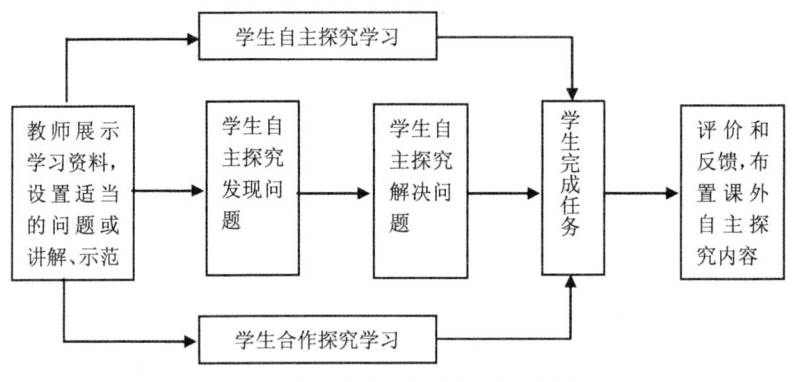

图4-4 自主—合作—探究式教学设计图

例如:学习正手弧圈球技术,教师通过布置作业的方法,要求学生进行正手弧圈球技术的学习,掌握正手弧圈球技术的动作要点。首先独立完成;不能独立完成的情况下,进行自主探究;如果自主探究仍存在问题,和他人合作探究。教师在课堂教学中对正手弧圈球技术的难点(引拍、击球时间、击球点、用力方向、重心转换等)和学生学习中存在的问题进行详细讲解,直至完全掌握。

自主、合作、探究式教学实现由重传授向重发展转变;由重教师的"教"向学生的"学"转变;由重结果向重过程的转变,培养学生的合作研讨的意识和创新精神。

(三)线上线下结合教学模式

1."线上＋线下"混合式教学

"线上＋线下"混合式教学以教与学的实际问题为出发点,把传统学习和互联网学习的优势结合起来,将课堂教学与信息技术进行融合,使教学过程"线下"(面授教学)与"线上"(网络教学)有机融合(图4-5)。

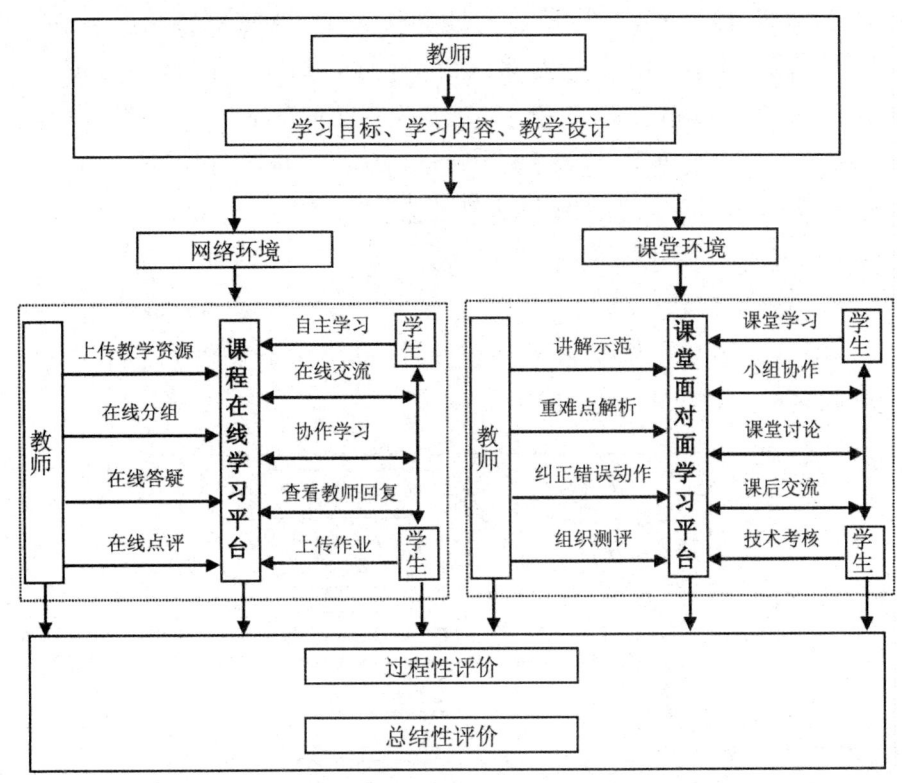

图 4-5 乒乓球"混合式"教学模式图

"线上＋线下"混合式教学将课堂传统的教学模式进行翻转,整个教学过程分为"网络环境下基础学习—课堂巩固提高—反馈评价"三个阶段。实现了乒乓球教学立体化、课内外一体化、层次化,有利于激发学生的学习欲望,促进学生对乒乓球知识和技能的认识和理解,拓宽学生的思维,提高学生分析问题和解决问题的能力。在线学习中,学生是主体,教师起主导作用,在学生学习过程中教师主要对学生在线辅导与答疑。线下学习,主要是学生参与课堂学习,学生与学生,学生与教师之间进行交流、协作,教师对重点、难点进行解析,纠正错误动作,对课堂作业进行反馈评价以及对学生出现的问题进行针对性的讲解。

例如:学习搓球技术。基础学习阶段:教师通过课件发布平台向学生发布文字、图片、视频等学习材料和学习任务，学生明确学习目标、学习任务和学习内容后，对搓球技术动作的要领进行自主、合作、探究式学习，初步掌握动作要领；课堂巩固提高阶段：在课堂教学中，教师通过提问、讨论等形式对学生的学习情况进行了解，并对搓球技术的重点、难点、注意事项等进行讲解，使学生对搓球技术有更深层次的认识与理解；反馈评价阶段：通过交互平台对学生的学习情况和学习效果进行点评，学生对自己技术动作出现的问题进行总结、反思、修正。

(1)网络环境

网络环境包括网络教学平台设计、网络平台教学内容的设计及网络交流三部分(图4-6)。

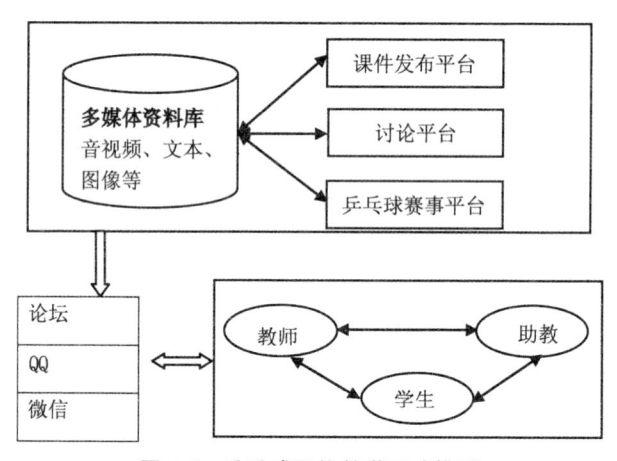

图4-6 乒乓球网络教学互动模型

网络教学平台设计：

随着"互联网＋"时代的到来，利用网络平台提高教学效果，培养学生自主学习能力、探索能力和创新思维能力，已成为学校体育课程改革的重点之一。网络教学平台作为辅助教学手段，其内容丰富，如多媒体素材、教学课件、文献资料、常见问题解答、乒乓球赛事等。从网络教学互动平台模型(图4-5)可以看出，网络教学互动平台主要包括：网络教学平台和交互方式两部分。

网络平台教学内容的设计：

乒乓球网络教学平台主要包括课件发布平台、讨论平台和乒乓球赛事平台。

课件发布平台：主要包括课程简介、教学课件(乒乓球基本理论知识课件、乒乓球技战术课件、乒乓球裁判课件)、参考文献(乒乓球文献资料)、教师队伍(教师的知识结构、年龄结构、职称结构和科研经历)。

讨论平台：如班级 E-mail、QQ 群、微信群等形式实现互动讨论，交互方式主要采用问、答和讨论交流形式，学生在线向教师提出问题，教师得到学生学习情况的反馈。

乒乓球赛事平台(世乒赛、世界杯、奥运会、巡回赛等精彩比赛视频)，主要通过乒乓球论坛，利用云存储技术共享赛事视频，如百度云盘、华为网盘等，使学生全面了解和掌握乒乓球技战术使用的发展趋势。

互动过程：

在乒乓球教学中，利用网络上丰富的信息资源，根据教学内容安排学生进行自主学习，使学生对所学的知识、技能初步了解和掌握。通过网络平台互动，提升教师与学生之间更加深刻的互动性。

(2)课堂环境

问题提出→网络发布任务并启发学生思考→任务驱动下的网络自主学习→网上讨论和解决方案的提出→课堂汇报→共性问题汇总→教师总结性评价。

课堂教学中，教师根据学生在学习中的信息反馈，对教学内容进行进分析、评价，教师对学生学习中存在的疑难问题及时予以解答，对易错动作、重点、难点等问题作进一步的分析与讲解，指导学生解决问题，形成教师和学生互学的"学习共同体"。体现教师是学习的组织者、实施者、指引者，学生才是真正的发现者、参与者和探索者。

"线上＋线下"混合式教学把教师的"启发、指导、调动、激励"与学生的"思维、参与、体验、感悟"有机结合，使知识技术、技能的传授转向学生创新能力的培养，使课堂教学由预定性和封闭性向开放性和生成性转变,形成主动性、生动性、生成性、创造性的课堂,有利于培养学生发现问题、分析问题和解决问题的能力。

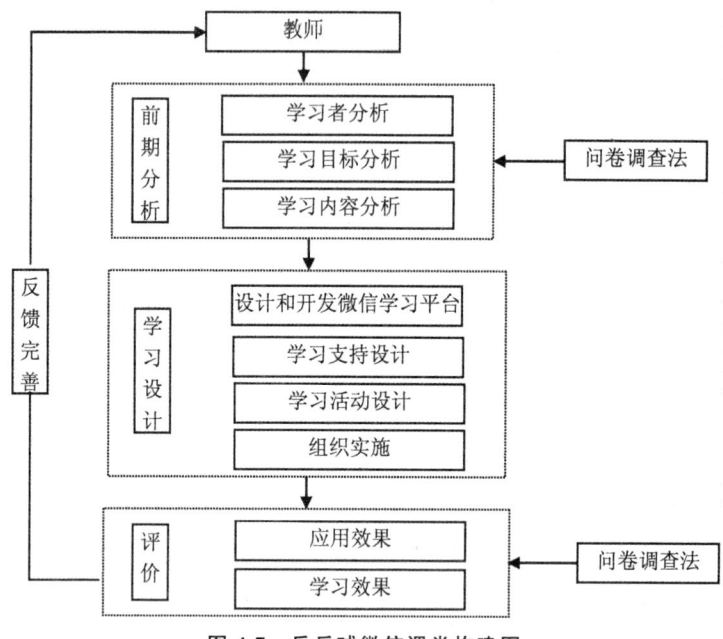

图 4-7　乒乓球微信课堂构建图

2.微信课堂

智能手机与无线网络的普及,为教育信息化普及带来了技术支撑和发展空间。微信作为一种基于手机移动终端的信息服务工具,提供了通信交流功能、平台推送功能和支持性工具等功能,将资源发布、资源共享、交流互动、在线答疑、考核评价应用于教学活动中,为学生提供随时随地的学习和交互,达到了学习过程与效果的优化。"微信课堂"的构建(图 4-7),包括前期分析、学习设计和评价三部分。

前期分析:通过对学生进行问卷调查,了解学生情况(兴趣、动机、风格)和学习内容(知识、技能)掌握情况,为教学目标的制定提供依据。

学习设计:明确教学目标、内容、任务,通过微信平台进行资源发布、资源共享,学生根据教师给出的教学目标、学习重点和信息资源进行自主学习、小组协作探究,对于学习中存在的问题通过交流互动、在线答疑等途径进行解答。激发学生的学习热情和兴趣,形成良好的学习态度。

评价部分:通过问卷调查,对学生的学习情况、学习效果、应用效果以及存在问题进行了解,进行必要的改进、完善。

二、乒乓球技战术训练方法

(一)变换击球线路训练法

将乒乓球的无数击球线路归纳、简化为五条基本球路,然后再根据运动员的具体情况进行训练。

1.单线练习法:按规定的单一线路练习

(1)方法

①按规定的单一线路进行单一技术的练习。如正手位斜线对攻。

②按规定的单一线路进行两个或两个以上技术的练习,如正手位斜线的拉、冲、扣结合练习。

(2)作用

①学习、熟悉某一单个技术或改进某动作的某些缺点:如通过右方斜线的中台对攻,解决攻球时用腰腿协调发力的问题。

②单一线路上两种或两种以上技术(包括手法和步法)的配合及其战术练习。如:为加强左半台的进攻能力,可采用左半台对练的方法;在右半台范围内,发球、接发球、搓、拉、攻、挡多种技术配合,并带有一定的战术意识。

(3)注意事项

①在实际训练中,所谓的单线练习,常是规定击球区域的练习。如两条斜线经常是以对角半台为界,两条直线往往是以同边半台为界。

②即使是单一线路的单一技术练习,也要注意步法练习,不能站死不动地打球,最起码应有单步或小碎步式的重心交换。

2.复线练习法

(1)两点打一点的练习

①方法

A.有规律地变化左右落点。如:一左一右、一左两右等。

B.无规律地变化左、右落点。

在以上的练习中,两点打一点者可使用一种技术(如正手1/2台走动攻)或两种(左推右攻)及两种以上的技术。

②作用

A.可提高将几种技术结合起来的技能,如反手推挡与正手攻球的结合、反手攻球与正手攻球的结合等。

B.可提高步法的移动速度,特别是用一种技术(如正手攻球)在走动中击球时,对锻炼步法的意义尤为明显。

③注意事项

A.循序渐进、由易到难。无规律变化的练习难度大,应在有规律变化的练习基础上进行。

B.练习目的不同,应有不同要求,如练习反手推挡结合正手攻时,要求用跨步或并步;练习正手2/3台走动攻时,要求用并步或滑跳步。

(2)两点对两点的练习

①方法

A.两斜对两直:规定一方只能打两条斜线,另一方只能打两条直线的练习。

B.全台无规律地变化落点的练习。

②作用

A.走动中将两种技术结合运用,并有意识地控制击球落点.

B.全台练习,往往与战术相结合。

③注意事项

从易到难,练习双方应密切配合。

(二)长短球练习

1.方法

(1)有规律地长短球的落点变化,如,同线长短、异线长短等。

(2)有规律地长短球变化的间隔时间,如,一长一短、两长一短等。

(3)无规律地长短球的落点变化。

2.作用

(1)提高前、后步法及其与左、右步法的结合能力。

(2)把打台内、近台及中远台球的技术结合起来。

3.注意事项

(1)手法与步法相结合。

(2)为提高效果,在练习中可结合旋转变化。

(三)完成指标法

一般情况下,训练都是以时间为界限的,如右半台对攻10分钟。完成指标法是以完成规定指标为界限的,如右半台对攻300板。

1.完成指标法实施的具体方法

(1)单方完成指标法

单方完成指标法是要求练习双方其中的一方完成规定指标的练习。如接发球挑打命中100板。

(2)双方共同完成指标法

双方共同完成指标法是需要练习双方共同努力完成指标的

练习。如反手搓球200累计板。

2.作用

完成指标法能够及时得到定量的反馈,刺激性强,利于调动运动员训练的积极性。

3.注意事项

根据练习者的实际情况,所定的练习指标应以经过努力可以达到为宜,切忌指标过高或过低。

(四)多球训练法

多球训练是指利用多球进行单项技术、综合技术和技、战术训练的一种方法。多球训练是在乒乓球运动实践中不断积累、研究、总结出来的一种行之有效的训练方法。

1.多球训练的方法

(1)单个动作技术的定点练习

①方法:根据练习内容,供球者采用一种固定旋转的球,供到对方球台的固定区域,练习者采用相应的技术动作还击。

②目的:改进基本技术,纠正错误动作。

③练习内容:

正手位/侧身位,正手攻/拉球。

反手位,反手快拨/拉球。

正手位/侧身位,正手突击下旋球。

正手位/反手位短球,正手/反手搓下旋球。

正手位/侧身位,正手中远台拉弧圈球。

(2)单个动作技术的不定点练习

①方法:根据练习内容,供球者不固定供球的旋转性能和落点,供到对方球台的任何区域,练习者采用相应的技术动作在移动中进行还击。

②目的:提高步法移动的灵活性,提高动作的稳定性。

③练习内容:

正手 1/2 台、2/3 台或全台跑动攻(拉)上旋球。

正手 1/2 台、2/3 台或全台跑动拉下旋球。

正手杀高球练习。

(3)两点练习

①方法:根据练习内容,供球者固定供球的旋转性能,供到对方球台固定的两点区域,练习者采用相应的技术动作在移动中进行还击。

②目的:提高运动员左、右步法移动的灵活性和正、反手结合的攻球技术。

③练习内容:

连续正手拉/攻全台两点。

连续性反手推挡,正手攻球(左推右攻)。

(4)综合技术练习

①方法:根据练习内容,供球者可采用单个动作手法供球;也可采用两个以上动作手法供球,练习者采用两个或两个以上单项技术动作进行还击。供球的落点由固定到不固定;供球的速度由慢到快;供球的角度由小到大。

②目的:提高手法与步法的配合能力以及技战术组合能力。

③练习内容:

正手拉扣结合练习;

推挡侧身扑正手练习;

削中反攻练习;

搓中突击结合扣杀练习;

发球与发球抢攻练习;

接发球与接发球抢攻练习。

2.多球训练的作用

(1)多球训练可以持续不断地发出不同落点、旋转、力量、速度、弧线的来球,可以加大训练的密度和强度。

(2)提高训练的质量和培养运动员顽强的意志品质。

(3)多球训练使练习者更快地掌握乒乓球各项技术,巩固动作技能、技巧,同时提高练习者的节奏感、准确性和协调性。

3.注意事项

多球练习的球性与对练不尽相同,而且不利于培养盯球的意识(因为无对手),所以应注意与单球练习结合。此外,供球密度与难度适度。

(五)帮助练习法

1.方法

(1)男帮女练习法:一般情况下男运动员比女运动员的技术水平高,男帮女可明显提高女选手的练习效果。

(2)高帮低练习法:请比自己水平高的运动员陪练,以提高训练质量。

(3)模拟对手陪练法:找打法与自己将要比赛的关键选手十分相近者,模拟未来对手进行训练与比赛,以提高对未来比赛对手的适应能力。

2.作用

提高训练质量,利于进行有针对性的训练。

(六)附加装置练习法

为更有效地解决某技术问题,对球台、球网做适当调整或增加附加装置后再进行训练的一种方法。

1.升降球网练习法

(1)升网法:将球网稍升高(约1厘米),练习既定内容。此法可增加攻球弧线的弯曲度,对攻球弧线过直者,颇有实用价值。

(2)降网法:将球网略下降,按既定内容进行练习。此法多在练习削球或搓球时采用,可降低击球弧线的高度。

2.加宽球台练习法

将球台的其中一方改放一个半或两个台面,使台面加宽。此法多在练习步法时采用,可增加脚步移动的距离和速度。著名运动员邓亚萍常在多球练习时采用,大大提高了她侧身和扑正手的步法。

3.噪声干扰练习法

将正式比赛时观众的喧哗、广播等杂声录音,在训练中不时地进行播放,使运动员在平时训练即对比赛气氛有所适应。

(七)发球和发球抢攻的训练方法

1.发球练习法

(1)非球台练习:在床上、书桌上或其他场地进行发球练习(仅限解决抛球与挥拍触球动作的配合,提高发球的旋转强度,不能解决发球的速度和落点问题),有利于提高某一发球质量。

(2)球台上的多球练习:节省了捡球时间,利用多球将旋转、速度、落点结合练习。

(3)有对手接的发球练习:对方练习接发球,发球者可以及时了解自己发球的效果,亦可将战术意识结合到技术训练中去。

2.发球抢攻练习

(1)发一种或一套球后抢攻,限定对方接发球的方法(或攻,或搓)与落点。如反手发右侧上、下旋至对方右近网,要求对方将球搓到中路,然后己方进行抢攻。

(2)发一种或一套球后抢攻,只限制接发球的落点而不限制接发球的方法(可用攻、拉、搓等技术接),可提高发球者在一定位置上对各种不同接法的球的抢攻能力。

(3)发一种或一套球后抢攻,只限制接发球的方法而不限制回球的落点,要求判断好对方接发球的落点,迅速移步后抢攻。

(4)发一种或一套球后抢攻,不限制接发球的方法和落点,对发球抢攻者要求更高,不仅步法要移动,而且能抢攻各种不同性能的球。

(5)综合全面练习:不限制发球的种类、落点,对接发球亦无任何限制,可提高发球抢攻的实战能力。

3.发球抢攻的注意事项

(1)在实际练习中,发球后的第一板无法抢攻(对方接发球采用进攻型手段或接发球控制比较严密)时,不应盲目抢攻,而应有战术意识,先控制一板,然后争取下板再抢攻,此在比赛中很有实际意义。

(2)发球抢攻及其与以后技术的配合练习。发球抢攻练习同前,然后再进行相持技术的练习。为确保此练习的可行性,发球抢攻这一板力量不要过大,加强3—5板技术以及相持技术的衔接。

(八)接发球和接发球抢攻的训练方法

练习接发球时,发球方根据接发球的需求发不同种类、不同旋转和不同落点变化的球。

1.单一发、接练习

(1)规定一种发球的旋转和落点,自己用一种或几种方法接,可集中精力熟悉一种发球。

(2)规定一套发球变化的规律(如,一长一短、一转一不转等),自己用一种或几种方法接。在分辨不清某种发球的旋转变化时,可提高判断能力。

(3)不限制发球的变化规律,全面练习接发球的技术,可提高接发球抢攻的实战能力。

2.对方发球后结合抢攻条件下的接发球练习

可进一步提高接发球的控制能力,及时得到反馈,了解接发球的效果。

3.接发球结合以后技术的练习

接发球与第4板球的结合练习:接发球先控制一板,在限制住对方发球抢攻的基础上,为自己下板球(第4板)的进攻制造机会。

(九)比赛法

训练是为了更好地比赛,"练为赛"。比赛亦可作为训练的一种手段,达到以赛带练、赛练结合。

1.检查性比赛

(1)每堂课后进行比赛,为熟悉全面技术,发现问题,及时纠正。

(2)在小型公开赛或内部比赛中,用教练员规定的技术比赛。如:将练习的新技术放在实践中考验,看命中率如何?与其他技术的结合如何?等等。

2.擂台赛

5—6人一组,只比赛一局,胜者继续打,败者下台等候轮转再战。

3.升降台赛

两人一台,数台同时比赛,胜者挪向临近的球台,败者降到另一方向临近的球台,若干时间后,优胜者集中到前两台。

4.适应性比赛

根据比赛的场次、观众、地理等条件,安排专门的适应性比赛。

三、乒乓球专项身体素质训练

乒乓球运动属于技能主导类项目,具有球小、速度快、旋转强、变化多等特点,技术动作主要依靠练习者的步法移动和手臂挥动完成。球在空中飞行的速度较快,一般情况下,球从本方球台击到对方球台不到0.5秒。在这短暂的时间里,练习者需要对来球的速度、方向、旋转、落点等进行全面的观察,并迅速做出判断,通过步法移动,调整最佳的击球位置,进行挥拍击球。为了适应各种复杂的变化,练习者必须经常从一个动作、一种技战术转换成另一个动作、另一种技战术,以适应来球的千变万化。据有关资料显示:一名优秀乒乓球运动员在一次高水平的比赛中,需要挥臂约5 000余次,移动距离约8 000米。

根据乒乓球项目的竞技特点,练习者必须具备良好的速度素质、灵敏素质、力量素质和耐力素质,才能及时、准确、灵活地应对对方的各种变化。

(一)速度素质的训练方法

乒乓球运动中,速度是指人在某种条件下,以最短时间完成某一击球动作的能力。乒乓球运动员需要的专项速度是非周期性的单个动作速度,即为击球时的反应速度和调整击球位置的移动速度。

1.提高反应速度的练习

(1)根据教师的口令做多种徒手挥拍练习,如正、反手攻、拉、扣等动作。教练员任意喊出其中一种动作,运动员做出快速应答。

(2)观察教师的手势,沿球台做不同方向的滑步练习。

(3)听信号做急停急跑练习。

(4)高抬腿接冲刺跑练习。原地高抬腿练习,频率由慢变快,听教练员口令迅速起动跑出 15—20 米。

(5)前后移动步法接左右移动步法练习。接近网小球后迅速转换成左推右攻动作练习,计时 1 分钟。

(6)多球变换练习。有规律变成无规律,如正手接右半台小球后,结合推、侧、扑的练习,然后变换成无规律的全台推、攻、拉、冲等动作练习(要求击球的准确性)。

(7)10 米滑步、交叉步、跳步等各种步法移动的综合运用折返练习

2.提高移动速度的练习

(1)定时计数或定量计时的步法移动练习。

(2)以左右侧前、侧后移动摸球台两角。

(3)加快多球供球速度,迫使练习者加快步法移动速度。

(4)推、侧、扑、拉扣结合等技术多球练习。

(5)快速哑铃练习。手持 1 千克重的哑铃,做快速三点正手攻、正手拉、正手扣杀动作。要求动作准确、速度快。

(二)灵敏素质的练习

乒乓球运动中灵敏素质是中枢神经系统对运动器官的支配能力。练习时应以完成动作的准确性与快速的程度的练习为主。

1.不同步法接不同方向、不同落点的来球

用滑步、跳步、跨步、交叉步接不同方向、落点的来球。

2.看手势做步法移动并做相应动作

如前后、左右、交叉的各种步法快速移动。

3.多球练习中的不定点球练习

如 1/2 台(右半台)正手攻球、全台的左推右攻等。

4.变换旋转的练习

教练员采用多球形式变换来球的旋转。如连续发 3—4 个下旋球,突然发一个上旋球。

5.传球抢截游戏

每组 3—4 人,手持球拍在限定范围内进行传球抢截游戏。

(三)力量素质的训练方法

在力量训练中,要注意动力性力量和静力性力量的关联和区别。动力性力量是指动作时肌肉张力不变,收缩时肌肉长度发生变化,也称等张收缩;静力性力量是指动作时肌肉的长度不变,但肌肉张力对用力程度发生变化,因此也称等长收缩。乒乓球运动中最主要的快速力量,即单位时间肌肉收缩所能达到的最大力量,也称爆发力,它属于动力性运动。

力量训练的安排上要重点突出,兼顾全面,同时还要考虑运动员的个体差异,根据各人年龄、性别、技术特点以及训练水平合理选择训练内容和训练量。少年运动员应注重发展基础力量,结合专项力量;具有一定水平和训练年限的运动员则应着重发展专项力量,结合发展基本力量。

1.发展上肢的训练方法

(1)持轻重量(1—2 千克)做快速屈伸前臂练习。
(2)用轻量哑铃规定时间做各种挥拍动作练习。
(3)正握哑铃弯举,并做外旋动作练习,持平转手腕练习。
(4)双手持哑铃于肩上做前臂绕环。
(5)多球扣杀半高球,规定板数、时间。

2.发展下肢的训练方法

(1)肩负杠铃负重半蹲,做静力练习或下蹲做慢速动力练习。
(2)肩负杠铃做侧滑步、侧跨步和跳跃的练习。
(3)腿绑沙袋进行跳跃练习。
(4)快速提踵练习,单、双脚进行连续跳跃障碍物的练习。

(四)发展专项耐力的练习

乒乓球比赛中,要求迅速判断,快速反应、移动,合理击球。它是一个连续的运动过程,从挥拍击球到回合间隙,运动强度不断发生变化,这就要求要有良好的耐力素质作为基础。

1.800—1 000 米变速跑练习

在田径场上做匀速跑和加速跑的变速跑练习,如 200 米跑道、直道加速跑、弯道匀速跑。重复 3—4 次,每次间歇 5 分钟,强度 55％—60％。

2.连续跑台阶练习

在高 20 厘米的楼梯上,每步跑 2 节,连续跑 30—50 步,重复 4—5 次,每次间歇 5 分钟,强度 55％—65％。

3.负重连续跳练习

肩负杠铃等轻器械做连续原地轻跳或提踵练习,每组 20—40 次,重复 6—8 次,每次间歇 3—5 分钟,强度 55％—60％。

4.原地双摇跳绳练习

原地做正摇跳绳,跳一次摇两圈,连续进行。每组 30—40 个,重复 4—6 次,每次间歇 5 分钟,强度 55％—60％。

5.拉胶皮带练习

结合专项技术动作练习,如拉胶皮带正手攻、拉等动作。根据练习者的用力程度及运动员水平决定强度和次数。一般强度为 55%—60%。

-------- 复习思考题 --------

1. 简述乒乓球主要的教学方法、现代教学方法对乒乓球教学有何积极作用。
2. 简述乒乓球训练的主要方法。
3. 简述乒乓球身体素质训练的基本方法。

第五章　双打篇

▷▶▶ 学习目标 ◀◀◁

1. 了解双打比赛的竞赛方法。
2. 了解双打比赛的特点,掌握双打配对的方法和步法移动。
3. 熟练掌握双打的基本战术。

一、双打在乒乓球运动中的地位及其特点

(一)双打在乒乓球运动中的地位

乒乓球双打是指由比赛双方各出 2 名运动员,按规则规定的顺序轮流击球的比赛项目。双打分为男子双打、女子双打和混合双打。

乒乓球的双打在乒乓球运动兴起的初期,并未引起人们的重视。当时不少人认为,双打不能代表一个国家的乒乓球技术水平,因而对它缺乏研究,训练也不够,这是双打的技术、战术较长时间发展缓慢的重要原因。中国乒乓球队经过 10 年的精心研究和艰苦训练,终于在 1963 年的第 27 届世界乒乓球锦标赛上,由张燮林、王志良为中国夺得第 1 个男子双打冠军。继而林慧卿、郑敏之在第 28 届世界乒乓球锦标赛中,第 1 次获得女子双打冠军。此后,张燮林、林慧卿又在第 31 届世界乒乓球锦标赛中,第 1 次获得混合双打冠军,从而使中国各项双打技术达到了世界先进水平。如今,世界各国对乒乓球双打项目投入了大量的财力、物力和人力进行研究与探索,并把它作为夺取金牌的一个突破口。

双打在乒乓球比赛中有很重要的地位。在世界乒乓球锦标赛及其他正式比赛的七个正式比赛项目中,双打就占三项。1988年乒乓球被列为奥运会比赛项目,共设4个比赛项目,其中双打占一半;1990年开始,每两年举行一届世界杯男子双打和女子双打比赛。在团体赛中的第3场也是双打,而这场双打,在双方技术水平相当的情况下,往往对胜负起着决定性的作用。因此,双打在乒乓球运动中占有重要的位置。

(二)乒乓球双打的特点

乒乓球的双打,是以单打技术为基础的。但是,一个优秀的单打运动员,并不一定就是优秀的双打运动员;两个最好的单打运动员,也并不一定能够结合成为最理想的双打配对。因为,双打是两人协同作战,在技、战术的运用上,有它本身的特点。所以,要想有效地提高双打的技术水平,就必须根据双打的特点,进行合理的配对和严格、系统的训练。

1. 发球区域的限制

乒乓球台面的中央,划有一条3毫米宽的白线,称为中线,把台面均等地分为左、右2个半区。根据乒乓球竞赛规则规定,双打比赛时,右半区为发球区。发球时,球必须先落到本方的发球区或中线上,然后落到对方的右半台或中线上,否则判为发球方失分。这样接发球一方就可以站在右半台等待来球,有利于接发球抢攻。因此,增加了发球的难度,对发球的质量提出了更高的要求。

2. 发球、接发球及击球的顺序上有特殊的规定

双打的发球和单打相同。双打第一局开始时,由取得发球权一方确定第一发球员,再由接发球方任意确定第一接发球员。每方运动员必须按每局开始时的比赛次序轮流还击,否则判失分。发球和接发球的次序如下。

第五章 双打篇

第一局比赛发球和接发球次序：

发球的一方先确定第一发球员，接发球一方可任意确定第一接发球员。如果发球方为 A 和 a，接发球方为 B 和 b，先由 A 发球，B 接发球，则发球与接发球的次序为：A→B→a→b→A（图 5-1）。比赛时，双方每人轮流交替发 2 分球，然后和自己的同伴交换位置，由对方的接发球员来发球，继续比赛。

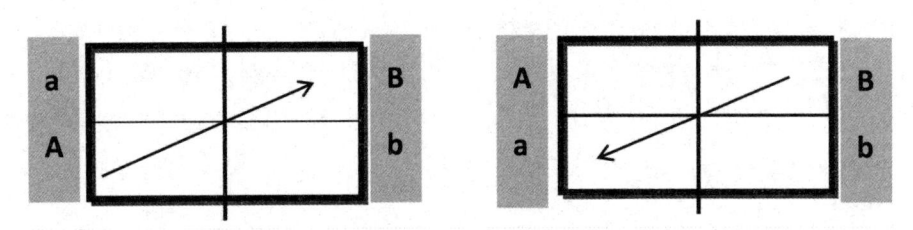

图 5-1 乒乓球双打第一局发球、接发球次序

第二局比赛球和接发球次序：

第一局比赛结束，双方交换比赛场地。第二局比赛应由上一局接发球的一方先发球（B 和 b）。先发球的一方可任意确定第一发球员，接发球方（A 和 a）必须由上一局与之相对应的发球员来接发球。如果由 b 发球，则上一局与之相对应的发球的是 a，由 a 接 b 的发球，这样发球与接发球的次序为 b→a→B→A→b（图 5-2）。

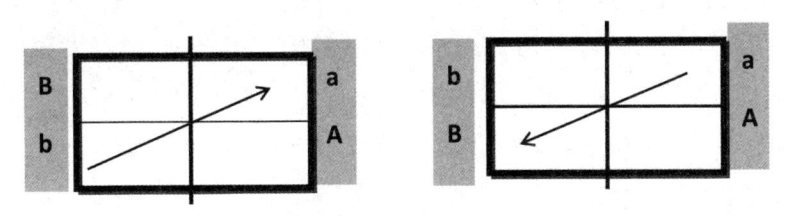

图 5-2 乒乓球双打第二局发球、接发球次序

第三局比赛球和接发球次序：

第二局比赛结束，双方交换比赛场地。第三局比赛应由上一局接发球的一方（A 和 a）先发球。B 和 b 接发球方。根据乒乓球双打比赛的竞赛规则，第三局比赛应由 a 发球，由 b 接发球。这样发球与接发球的次序为 a→b→A→B→a（图 5-3）。

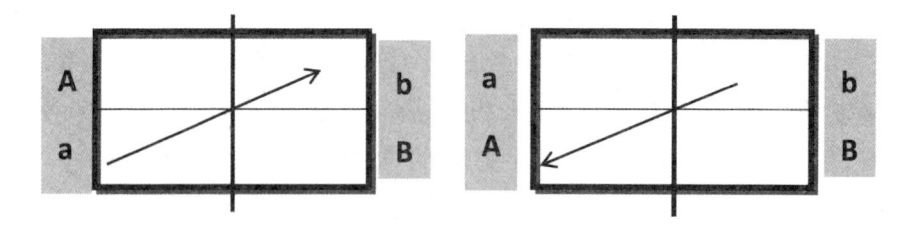

图 5-3 乒乓球双打第三局发球、接发球次序

第四局比赛球和接发球次序：

第三局比赛结束，双方交换比赛场地。第四局比赛应由上一局接发球的一方（B 和 b）先发球。A 和 a 接发球方。根据乒乓球双打比赛的竞赛规则，第四局比赛应由 B 发球，由 A 接发球。这样发球与接发球的次序为 B→A→b→a→B（图 5-4）。

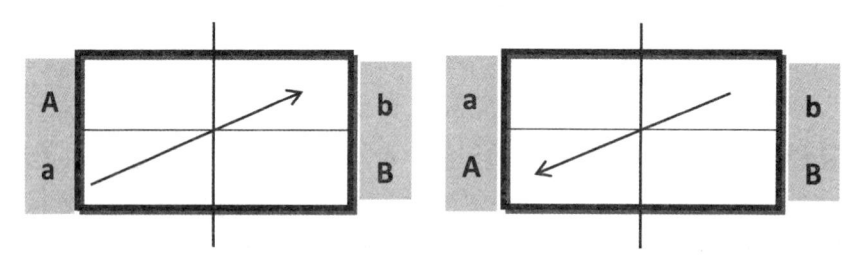

图 5-4 乒乓球双打第四局发球、接发球次序

第五局比赛球和接发球次序：

第四局比赛结束，双方交换比赛场地。第五局比赛发球与接发球的次序与第一局比赛的次序相同，即 A→B→a→b→A。但当某一方先得到 5 分时，双方必须交换场地。根据场上的比分确定是否交换发球权，当场上比分为奇数时，不交换发球权；场上比分为偶数时，交换发球权。但接发球方的两名运动员必须交换位置。

（1）双方比分之和是奇数时

第五局开始比赛的顺序为 A→B→a→b→A，A 是第一发球员，B 是第一接发球员。比分 4∶2 时，由 b 发球，b 方得分，此时比分为 5∶2，双方交换场地后，由于 b 的发球权没有使用完，发球方按原位置站位，接发球双方交换位置，发球与接发球的次序为 b→a→B→A→b（图 5-5）。

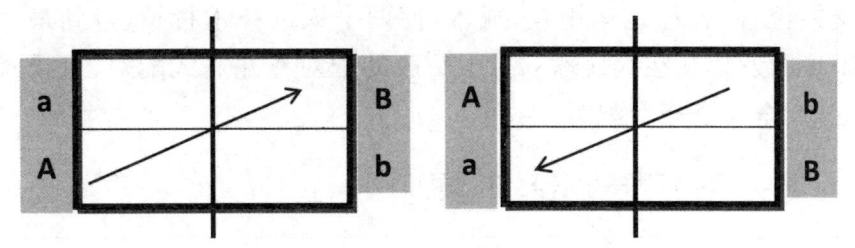

图 5-5　乒乓球双打第五局交换场地前、后发球、接发球次序

（2）双方比分之和是偶数时

第五局开始比赛的顺序为 A→B→a→b→A，A 是第一发球员，B 是第一接发球员。比分 3∶4 时，由 b 发球，b 方得分，此时比分为 3∶5，双方交换场地后，接发球方变成发球方，两名运动员位置不变；原来的发球方变成接发球方，两名运动交换接发球位置，发球与接发球的次序为 A→b→a→B→A（图 5-6）。

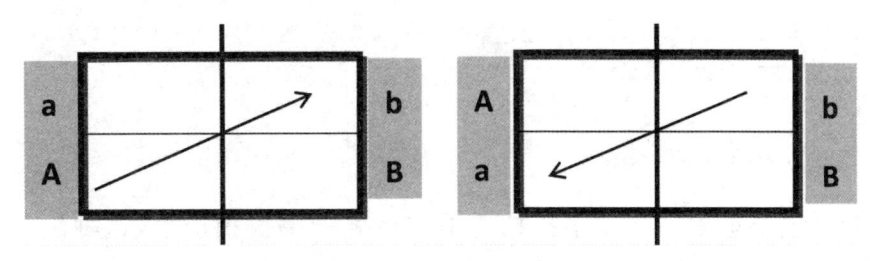

图 5-6　乒乓球双打第五局交换场地前、后发球、接发球次序

3. 双打中运动员移动范围比单打大

双打时步法移动范围较大，运动员在移动中既不能妨碍同伴的动作和视线，又要有利于自己回击下一次来球。

4. 战术在双打比赛中所起的作用比在单打中更大

为了协同作战、加强配合，双打运动员在发球时可用手势相互暗示发球意图，力争发球抢得主动。

二、双打的配对

乒乓球比赛中双打配对配得好，有利于运动员灵活、准确地交换位置，合理地运用技、战术，使两个人的技术特长，得到最大限度的发挥。在乒乓球双打中一般的配对有左右式配对、直横式配对、全攻全守型配对。

(一)双打配对的基本原则

(1)感情融洽，有默契是选择配对的重要条件。只有两个人之间关系默契、心灵一致，领先时互相鼓励，落后时互不埋怨才能有效发挥技术特长。

(2)乒乓球双打的配对，要考虑单打双打的战略战术，两人的打法互补，强化优点，弥补不足。

(3)两名运动员站位上各有特点，有利于灵活交换击球位置，步法好，移动迅速，有利于积极进攻或防守。

(二)双打的配对方法

1.左右式配对

主要选用一名左手执拍选手和一名右手执拍选手，这种配对可以发挥二者正手在左、右位置上进攻的威力，缩小移动范围。所谓得正手者的天下，在双打比赛中使用正手直接影响到己方的主动性。

2.直横式配对

主要考虑到兼顾台内和台外的因素，直拍在台内球的处理和正手搏杀有着先天性的优势，而横拍有着兼顾正反手以及出台球的优势，由于双打过程中是间隔击球，横拍不仅可以为直拍的搏杀创造机会而且还可以保护他的反手位，直拍可以为横拍减少台内球的处理难度。

一名两面攻选手和一名左推右攻选手配对，其基本站位是左推右攻选手偏前，两面攻选手偏后。左推右攻选手在近台能够充分利用落点变化调动对方，给同伴创造进攻机会，两面攻选手则

第五章　双打篇

能够充分发挥两面攻进攻的威力。

3.全攻全守型配对

一般是两个攻击选手配对或是两个削球手进行配对。

(1)一名近台快攻选手和一名中远台弧圈球选手配对

这种配对的站位一前一后,一快一转,快攻选手可在近台利用落点变化调动对方或快速进攻,弧圈球选手在稍远的位置拉出强烈的上旋球,为同伴创造扣杀机会。

(2)两名弧圈球选手配对

一般是一名是两面拉、另一名是单面拉;一名擅长正手拉、另一名擅长反手拉;或一名站位稍前、另一名站位稍后配对。

4.削球配对

削攻型选手的配对最好是同一打法类型,其中一名用性能不同的球拍加强旋转变化。以快削逼角为主和以旋转变化削球为主的选手相互配对,这种站位一个在前,一个在后,站在近台的以逼角为主,站在稍后的以削转与不转为主,并结合削中反攻,效果较好。

三、双打的跑位

双打的跑位范围比单打要大得多,它不仅需要不停地跑位去回击,而且还要以不阻挡和影响同伴的跑位与回击来球为前提。既要跑得快,又要跑得默契。

(一)双打跑位的注意事项

(1)不影响同伴的视线和判断来球。
(2)击球后迅速离开,不妨碍同伴抢占击球位置和还击来球。
(3)有利于本方还击下次来球。

(二)双打基本跑位方法

比赛时,由于来球落点是变化的,因而跑位就没有一定的规律。有时要向斜后退,有时又要向左右闪开,究竟如何跑位比较合适,要根据对方回球力量、速度、旋转和落点来决定。双打运动员的脚步移动有左右移动、前后移动、曲线移动三种方式。

运动员脚步移动的具体路线如下。

1. 八字形移动

左手和右手握拍攻击型选手配对,来球分别在两名选手的反手位置,两名选手击球后分别向自己反手一侧移动,脚步移动路线成八字形;来球分别在两名选手的正手位置,两名选手击球后分别向自己正手斜后方移动,脚步移动路线成八字形(图 5-7)。

图 5-7 八字形移动

2. T 字形移动

快攻与削球打法配对、快攻与弧圈球打法配对、左推右攻与中远台攻打法配对、两个削球打法配对多采用 T 字形移动方法。近台选手多以横向移动为主,远台选手多以前后移动为主,脚步移动线路成 T 字形(图 5-8)。

3. 环形移动

两名右手持拍选手配对时,多采用这种移动方法。当来球在正手区时,尽量采用顺时针让位方式,即甲击完球后按照顺时针方向

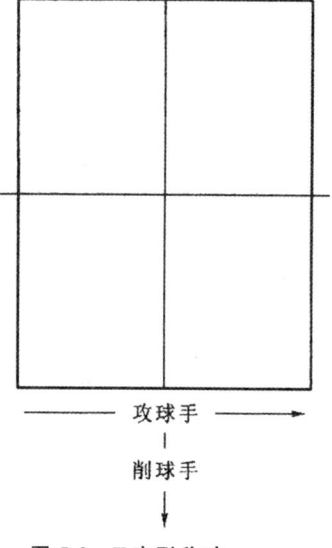

图 5-8 T 字形移动

移动至乙的后侧,乙击完球后,再按照甲的方式进行移动,就如原地顺时针移动一般。当来球在反手区时,采用逆时针让位方式(图5-9)。及时调整站位,准备回击下一板球。但实际来球的线路并不固定,更需要双打选手平时的练习养成较高的默契感。

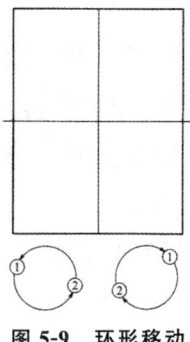

图 5-9　环形移动

4. ∞字形移动

∞字形移动是环形移动加上左右步法变换结合起来产生的移动方法。当对方针对本方某一人交叉击送两角时,不管是攻球运动员还是削球运动员,脚步移动的路线都成∞字形(图5-10)。

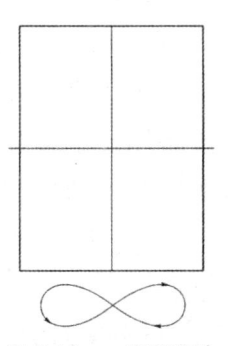

图 5-10　∞字形移动

5. 交叉步移动

这种步法多见于进攻型选手的配对。比赛中,在对方逼两大角的情况下,或在相持中的交叉变线时运用此步法(图5-11)。

6. "应急"移动

在双打比赛过程中,情况是千变万化的,因此,有时会出现一些意想不到的"应急"动作,这需要两名选手具有很好的反应、灵敏及柔韧性,才能化险为夷。因此,要求运动员临场必须灵活机动地运用各种步法。

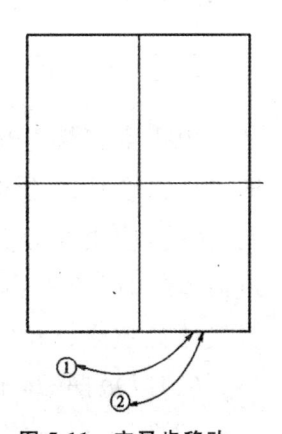

图 5-11　交叉步移动

四、双打的技术

(一)发球与发球抢攻

双打的发球应尽量为同伴的抢攻创造条件。由于双打的接发球范围比单打缩小了一半,因而给接发球抢攻(或抢拉)提供比较有利的条件。为了压抑对方的接发球抢攻(抢拉)和有利于本方的发球抢攻,常用的发球有:

(1)发转与不转的近网短球至中线附近,能比较有效地压抑对方的攻势;如配合发急球和左侧上、下旋球至中线附近,以控制对方,获得进攻的机会。

(2)对方站位较近时,可发正手大角度的"奔球"或追身球;对方准备用正手接发球时,可发急下旋或侧上、下旋至中线附近;对方准备用反手接随球时,则可发正手大角度球。这些发球均能加大对方接发球的难度,降低回球质量,有利于同伴的回击。

(3)发右侧上、下旋球至中线附近,配合发急球,创造进攻机会。

(4)根据对方接发球的弱点和本方同伴抢攻的需要来确定发球的方式和落点。

(二)接发球与接发球抢攻

由于双打接发球的范围较小,来球落点较易判断,稍作移动即可抢占合理的击球位置,而且接发球的落点又不受发球区的限制,因此,应当充分利用这些有利条件,千方百计地在接发球时抢攻或抢拉,以争取主动。如果发球一方控制严密,确实难以做到接发球抢攻或抢拉时,应当注意:

(1)以短摆短,不给对方发球抢攻或抢拉。

(2)回击对方的右大角或回近网短球为主,造成对方交换击球位置的困难。

(3)根据对方下次击球者的弱点,确定接发球的方式和落点,控制对方,为同伴进攻创造机会。

(4)以打追身球和反手斜线球为主结合回近网球,控制对方,为同伴进攻创造机会。

五、双打的战术

双打战术与单打战术相比,对比赛的胜负往往起着更重要的作用。双打的战术运用,应突出先发制人、力争主动的战术思想。双打战术的运用应当根据双打配对的特点来确定。

(一)双打的基本战术

1.主攻较弱者,控制较强者

这是进行双打比赛的一种战略性的安排。双打配对的两人,无论技术水平多么接近,其攻击力总是会有区别的。对强者加以控制,使其特长技术难以发挥,而选择对方技术水平相对说来较低、攻击力相对说来较弱者,作为我方的主要攻击对象,力求在弱者身上获得进攻机会或直接得分。

2.发球抢攻

本方发球时,根据同伴抢攻的需要和对方接发球的能力,用手势暗示发球意图,争取发球抢攻战术的有效运用。

3.接发球抢攻

接发球抢攻要以抢攻、抢冲为主。在判断清楚来球的旋转、速度、落点时,果断抢攻,主要攻击对方的空当。当来球是近网短球时,以快点、挑打为主,配合摆短或撇一板;当来球是底线长球时,用快攻或者快拉回击来球;如果对方发球质量很高,不能直接抢攻时,采用过渡性技术,控制球的弧线和落点,控制对方的发球抢攻。

4.连续攻击一角,再突袭另一角

一般先连续攻击对方较弱的一角,迫使对方两人在一角匆忙交换击球位置,在此过程中突袭对方的另一角。

5.交叉攻两角或长、短结合

例如,把右手握拍向左移动的人调到右边去,把左手握拍向右移动的人调到左边来;把近台进攻的人挤到后面去,把中台进攻的人诱到近台来。这样就打乱了对方的基本站位和基本走位方法,迫使对方在前、后、左、右移动中造成紊乱,破坏了对方的协调配合,再攻击对方的空当。

6.紧逼追身,扣两角

追打击球员的身体,使其让位困难和被动,伺机扣杀两角。

7.各施所长

如果配对两人,一人防守较好,一人进攻较强,一般由防守好的人来抵挡对方的强者,由进攻强的人担负攻击对方弱者,以突破对方的防线。例如,快攻和弧圈球配对时,当快攻者一板下旋推过去时,同伴紧接着就能抢拉弧圈球,快攻者随即又能进入拉后扣杀。

(二)不同类型打法的主要战术

1.快攻类打法对快弧类打法的战术

(1)发球抢攻的战术运用

双打发球的总体要求是"近网为主、旋转变化大"。发球以发侧上、下旋或转与不转的近网短球为主,配合发长球至对方的右大角和中线稍偏右处进行抢攻。发球抢攻的要求为"抢攻速度快、落点灵活"。抢攻者根据回球的落点、速度、旋转进行抢攻,根据回球来调节用力大小。抢攻以对方的空当和二人结合部为主。

(2)接发球抢攻的战术运用

首先对发来的球要判断清楚,以快点为主或用快拉去回击,要求出手快、落点活,主要攻击对方空当。当不能起板进攻时,可运用多种技术(摆短、切、撇等)过渡一板,要求落点好、具有突然性,使对手不容易抢攻,为同伴下一板的进攻创造机会。

(3)连续攻击追身球的战术运用

当对方是一左一右横握球拍弧圈球类型打法时,由于对方正、反手两面都能进攻,步法移动较容易,且防御范围较大,这时应从对方的身体中路突破,多攻击追身球。根据对方站位及走位的情况,伺机攻击中路,造成回击者走位混乱甚至出现碰撞,从而为进攻创造更多的机会。

(4)连续攻对方某一点后变线的战术运用

根据对手的握拍情况和总体技术特点、配合默契程度,连续攻对方正手位或反手位,这样球台的另一边就会出现一个较大的空当,然后抓准时机攻击对方空当为同伴扣杀创造更多的机会。

(5)以近网短球控制为主突击各条线路的战术运用

主要是针对削球或中台防御型选手所采用的战术,发球应以侧上旋为主,伺机攻击各条线路,要求速度快、落点刁、突然性强,线路和落点需要根据场上对方的站位及走位情况而定,伺机扣杀。

(6)从中路突破再变线的战术运用

首先应严格控制台内短球,伺机抢先突击,力争主动打至对方中路,使对方处于被动防守的局面后,突击变线后可以连续攻同一条线路将对方调到球台的同侧,从而为扣杀创造更多的机会。

2.弧圈类打法对弧圈类打法的战术

(1)发球抢攻的战术运用

发球者多以中路近网侧上、下旋或转与不转球为主,适当配合底线急球,牵扯对方的注意力,要求抢攻的质量要高,为同伴创造更多连续进攻的机会。

(2)接发球抢攻的战术运用

积极主动、抢先上手(滑板、快拉、挑、点)打对方的空当。当对方进攻能力较弱时,可用摆短过渡,为同伴进攻创造机会,要求回球弧线低、旋转强、落点好。

(3)防守反攻的战术运用

当被迫防守时,防守要求弧线高且长、落点尽量靠近底边端线,适时增加旋转(通常为侧上旋),在防御的过程中镇定、稳妥,寻觅反击的机会或是为同伴反攻创造有利条件。

(4)对拉中交叉攻击两大角的战术运用

应充分运用拉两条斜线,迫使对方大范围地在跑动中回击来球,造成对方回球质量不高、步法走位混乱,出现机会大力扣杀。

(5)对拉中拉一点突然变线的战术运用

在相持阶段,两名弧圈球选手用强烈的前冲弧圈球连续攻击对方的一条线路,迫使对方两名选手挤到一个位置上而出现空当,此时应看准机会突然变线。当防御强烈的弧圈球时,在被动防御的过程中寻找战机突然变线,往往能变被动为主动,从而扭转被动局面,伺机进行反攻。

3.弧圈类打法对快攻类打法的战术

(1)发球抢攻的战术运用

发球者以发下旋、侧下旋近网短球为主,配合急侧下旋球以牵扯对方的注意力,使对方在接近网短球上只能以搓球回接,以利于本方充分发挥弧圈球的威力。

(2)接发球抢攻的战术运用

现代乒乓球的双打战术主要侧重前三板的进攻,一旦某一方在前三板中占据了优势,往往就成为最后得分的一方。快攻的特点主要表现在前三板,攻击突然、落点刁钻,所以,主动与对方展开对攻,充分发挥弧圈球正、反手两面拉的优势。

(3)相持中攻击对方薄弱区域后变线的战术运用

当技术水平接近、双方在前四板都适应了的情况下,就要及时地调整战术,以争取比赛的主动权。首先就要从对方较薄弱的环节、区域,发动攻击。相持时,可多拉弧圈球到对手的以上某个区域找机会,再突然拉、冲对方的空当。

(4)以不变应万变的战术运用

当对方技、战术出现明显漏洞或在对方两名选手中有一名实力明显较弱的情况下,有意识、有目的地把所有来球都控制回击到对方的某一区域或某一人,能起到良好的效果;而对另一名技术水平较强的选手,则应以控制为主,但控制一定要严密,不能给对方留下进攻的机会。

4.攻球类打法对削球类打法的战术

(1)发球抢攻或接发球抢攻的战术运用

在发球后或接发球时,看准旋转,尤其是对底线加转下旋球,充分利用弧圈球或突击到对方的中间偏右处,再伺机扣杀或爆冲另一方的近身或两大角。接发球寻找机会突然起板,造成对方措手不及判断失误,打乱对方战术部署,为全局的胜利奠定基础。

(2)拉两大角突击中路的战术运用

在拉球的过程中,拉对方两大角,迫使对方大范围地移动步法造成碰撞,伺机扣杀中路。

(3)拉一点突击两大角的战术运用

先拉对方固定一点,当对方两名选手移位不及时时,进行突击和连续扣杀;或拉弧圈球(突击)至对方两名选手不同的空当,迫使对方左右奔跑,出现机会再伺机扣杀。

(4)搓中突击的战术运用

对于削球技术水平稳健又具有一定进攻能力的选手,利用搓球的旋转变化、长短变化及线路变化,使对方频繁地在前后走动中回球,造成步法频繁移动,重心不稳,回球质量降低,再伺机进行前冲成突击。

(5)拉远吊近的战术运用

在拉球的过程中,利用长、短落点及线路的变化,伺机向站位近台的一方进行突击,或用吊短球使站位离台较远的选手上前接球,从而打乱对方步法,伺机拉前冲弧圈球或突击。

5.削球类打法对攻球类打法的战术

(1)发球抢攻战术的运用

以发近网转与不转短球为主,配合突然性急球扰乱对手,伺机进行反攻。

(2)接发球抢攻的战术运用

运用突然性的接发球抢攻,运用接发球抢攻时,应提前向同伴示意做好准备,方能取得预期的效果。

(3)削转与不转球的战术运用

先以削加转球为主再送不转球,当对方明显手软、不敢轻易大力扣杀时,多送不转或弧线稍高一些的球,使对方发力,造成其失误。旋转的变化使对方易产生判断失误,从而导致拉球出界或回球弧线过高出现杀板机会。这是削球选手普遍采用的战术。

(4)削一点伺机反攻另一角的战术运用

连续削对方一点,把对方两人调到同一位置上,然后守方伺机反攻对方空当或追身。

(5)削逼两大角伺机反攻的战术运用

当对方进攻能力比较强并具备很强的杀伤力时,应采用连续交叉逼角战术,使对方在大范围走动中回击来球,不给对方扣杀或大力拉冲弧圈球的机会,并寻觅对方回球质量降低的机会,伺机进行反击。要求削球的弧线低、角度大、旋转强并具有一定的速度。

6.防守类打法对防守类打法的战术

(1)发球抢攻与接发球抢攻的战术运用

由于双方都是防守型打法,一旦形成相持的话对于哪一方都很少能占到主动。这个时候发球抢攻的威力就可以发挥了,一方面可采用特长发球技术伺机进行抢攻,另一方面也可根据同伴的打法特点有选择地发球,以利于同伴进行抢攻。接发球时,尽量使用正手,可以伺机大胆地采用突然性接发球抢攻,以取得主动。

(2)防守反击的战术运用

当对方的攻击力强于本方时,在加强防守的同时,积极寻找机会进行反攻,从而削弱对方的攻势。

(3)拉、搓结合的战术运用

首先要树立抢攻意识,以拉为主,配合搓球。其次搓球要有长短、快慢及旋转的变化,这样才能为突击创造更多的机会。

六、双打的练习方法

在双打练习中,常用的练习方法有单人陪练、双人陪练和多球练习等。

(一)定点练习

限制左或右半台区的练习,双方将球回到对方左半台或右半台一点,进行各种击球动作和步法的练习。

1. 一人对两人的定点练习

增加回球的次数,更好地提高步法移动的灵活性。

2. 两人对两人的定点练习

可限制在左或右半台区域练习。

(二)不定点练习

1. 一人对两人的不定点练习

陪练方在左半台(或右半台)回击来球到主练方的全台。

2.两人对两人的不定点练习

两人对两人的不定点练习是双打技、战术训练的主要方法之一,练习者轮流在移动中进行还击,要有速度快慢的变化、力量大小的变化、落点远近的变化、弧线高低的变化和节奏快慢的变化,使练习更加接近于实战。

3.多球训练

多球训练可以增加练习者在单位时间内的练习密度和强度,提高练习者在移动中控制击球的路线、落点以及走位。

4.发球和发球抢攻的练习

以一方发球和发球抢攻为主。发球要求不断提高发球质量,将球准确地发到规定的落点范围内;发球与发球抢攻相结合和的练习,提高发球抢攻的质量。

5.接发球和接发球抢攻的练习

以一方接发球和接发球抢攻为主。接发球要求判断旋转、路线和落点,采用摆短、挑、撇、劈长、快点等技术,进一步提高接发球和接发球抢攻的质量。

6.教学比赛中进行技术、战术的综合练习

通过赛练结合进一步地强化和熟练双打技术,加深对双打技术的理解,提高双打技术在实战中的运用能力。

七、乒乓球双打比赛技术应用和配合规律研究

(一)双打配对

乒乓球双打是两个人共同完成的项目,比赛时需要轮换击

球,所以配对是否得当直接影响比赛成绩。双打的配对首先应考虑的因素是两个人情感的配合,其次是类型打法和技术的配合。

乒乓球类型打法多样,不同打法组合,表现出来的特点也各不相同。理论和实践经验表明,在快速的对抗中,一左一右握拍,一近一远站位配对,有利于两人的技术发挥和走位的配合。1992年奥运会男双冠军王涛/吕林就是典型的例子。

(二)双打的前四板

1.前四板球的使用率

表5-1 单打比赛三段指标评估法技术评估标准

阶段	得分率(%)		使用率(%)
发抢段	优秀	70	20—30
	良好	65	
	及格	60	
接发段	优秀	50	15—25
	良好	40	
	及格	30	
相持段	优秀	55	45—55
	良好	50	
	及格	45	

注:得分率=段得分/(段得分+段失分)×100%

使用率=(段得分+段失分)/(全局得分+全局失分)×100%

表5-2 双打比赛三段指标评估法技术评估标准

阶段	得分率(%)		使用率(%)
发抢段	优秀	65	25—30
	良好	60	
	及格	55	

续表

阶段		得分率(%)	使用率(%)
接发段	优秀	55	30—45
	良好	50	
	及格	45	
相持段	优秀	50	35—45
	良好	45	
	及格	40	

注:(同表5-1)

双打比赛前四板的使用率高于相持段和单打比赛前四板的使用率。双打比赛前四板的使用率多在55%—75%之间(表5-2);单打比赛前四板的使用率多在35%—55%之间(表5-1),这一结果表明双打对发球抢攻和接发球抢攻的配合要求比单打高,从而纠正了国内曾经有过的"单打看前三板,双打比相持球"的观点,为确定双打训练的重点提供了依据。

2.发球和发球抢攻

双打与单打不同,双打的发球仅限于右半台,发球抢攻的难度比单打大。所以,双打的抢攻可以稳一些,一般拉接长球,挑、摆、撇短球。统计结果表明,国内外优秀双打选手,发球落点绝大部分在近网,中路近网球更多一些(见图5-12中区域4),适当配合底线中路长球(见图5-12中区域2)。发短球时,最好发半出台球,给对方判断和回击增加难度,为同伴的抢攻创造机会。

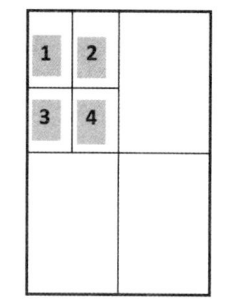

图5-12 双打发球落点区域分布图

双打的发球和发球抢攻由两个人完成,所以要求两名选手配合默契,发球者应多为抢攻者考虑。

3. 接发球和第四板

由于双打的接发球区域限制在右半台,接发球的难度比单打小,其得分率要求就高,一般情况要求接发球和接发球抢攻的得分率在50%以上,单打发抢段的得分率50%即为"优"(表5-1)。

双打的第四板大多是接对方的发球抢攻,又是连接前三板和相持的关键,处理得好坏直接影响到相持段主动与否,一般来说第四板击球的原则是:

(1)尽量主动抢先上手,在稳健的基础上增大搏杀的比例。

(2)对方抢先上手时,稍加力推、带为上策;控制落点,不让对方从容进攻是中策;接过网、不失误为下策。

(三)双打的相持段(四板以后)

双打的相持段在整个比赛中所占的比重一般在40%左右,分为主动相持、对抗相持(双方均不占优势)和被动相持三种情况(表5-3)。

表5-3 双打相持段评价标准

状态	得分率使用率		评价
主动	60%以上	30—40(%)	两人进攻节奏和连续进攻配合能力强
对抗	55%以上	30—45(%)	两人跑位及整体实力较强
被动	55%以上	20—30(%)	两人配合较熟练,防守能力强

(四)结论

1. 双打的前四板是重点

前四板的使用率通常比相持段高出10%—30%,发球和抢攻的得分率在60%以上为好;接发球和接发球抢攻的得分率在50%以上为好。

2.相持段有效的战术

(1)连续压一角后打空当。

(2)一左一右打正手位后攻空当(对方不同持拍手配对)。

(3)交叉攻两角或长、短结合。

(4)紧逼追身,扣两角。

3.依据

用双打比赛三段技术评估标准(表5-2)和相持段评价标准(表5-3),作为检验双打配合程度和训练效果的重点依据。

-------- 复习思考题 --------

1.双打与单打之间的主要区别有哪些?
2.简述双打配对的基本要求。
3.简述不同类型打法的配对及站位。

第六章 比赛篇

--------▶▶▶学习目标◀◀◀--------

1. 了解乒乓球比赛中战术运用的指导思想。
2. 了解乒乓球比赛中不同战局、不同比分时的战术运用。
3. 了解运动员的心理在比赛中的重要性。

一、乒乓球比赛中战术运用的指导思想

新规则实施以后,运动员必须对原有的战术进行调整,以便适应新规则带来的变化。具体体现在发球抢攻段、接发球抢攻段以及相持段。

(一)发抢段

1. 发球抢攻段,重新构建发球抢攻体系

实施 11 分制后,2 分交换发球改变了传统的战术意识。传统的战术意识是以每 5 分划分一个阶段转换思维的,将发球阶段定为"战术主动阶段",接发球为"战术被动阶段"。发球阶段争取多赢,战术分为主次变化运用。11 分比赛中每轮发球只有 2 个,使原来的发球战术无法分辨"主次"变化,所以必须放弃原有的"阶段主次"变化的战术思维,建立"全局主次"的战术思维,将每一局的 11 分作为一个整体来安排战术的主次变化。

2.加强发球的多变性

发球多变是发抢的首要环节。11分赛制和无遮挡发球规则实施后,每轮发球中球与球之间的变化组合的空间减小了。这就要求运动员在有限的组合中,尽最大的可能增加发球变化,这些变化主要体现在两个方面。

(1)发球手段要多变化

在21分赛制时,由于发球的组合有较大的空间,一个运动员一般只有1至2套发球。11分制实施以后,由于发球变化的空间减小,使发球变化的手段显得更加重要。因此,应该不断地丰富发球的手段,在继承的基础上有所创新。如目前的直拍反面发球、逆旋转发球,正、反手的侧上、下旋球等。在发球手段的选择上,每个运动员都应根据自己的打法特点,选择适合自己的发球手段。乒乓球发球以长、短结合,旋转变化差距大为特点。如:丁宁的下蹲式发球、张继科的逆旋转发球等。

(2)发球的落点应多变化

无遮挡发球规则实施以后,对方可以清楚地看到发球的动作,其目的就是要达到减弱发球的威胁性。另外,11分赛制采用了2分球一轮换,在一轮的2个发球中或在每轮发球之间,要尽量减少重复,要力求落点的变化,即便是同一种旋转的发球,在落点上也应该有所不同。通过落点的变化破坏对方的接发球。

3.发抢要体现快速、凶狠的特点

发抢段快速、凶狠主要体现在抢攻短球上,要加强台内进攻挑打技术以及相关的衔接技术,不仅增加主动上手的机会,同时为进入主动相持奠定良好基础。在抢攻长球时要体现正手拉冲为主的战术思想。

(二)接抢段

执行新规则以后,使接发球的难度有所下降,接发球抢攻将

第六章 比赛篇

成为争取主动的前沿技术,这就使接发球环节变得更加重要。接发球的好坏直接影响技术的发挥。因此,在接发球方面应做到以下几点。

1. 变中求主动

接发球的技术如今已经多种多样,如搓、撇、拧、滑、摆、劈、冲等,但无论如何细分,都可以归总为控制性接发球、破坏性接发球和主动性接发球三类。

(1)控制性接发球,分别是搓和摆,多为中国选手所采用,主要是为了下一板的上手创造机会。

(2)破坏性接发球,分别是撇、拧、滑、劈,目的是制造节奏变化,降低对方第一板的上手质量,力争形成相持,是欧洲选手惯用的套路,因为他们中远台实力较强且力量较好。

(3)主动性接发球,分别是挑和冲,其威胁最大,适用于正手较好的选手,中国和韩国选手广泛采用,主要是因为他们多半正手突出、上手积极。我们要结合自身的特点,发挥自身的优势,在变化中寻求主动。

2. 接发球后的技术衔接

随着无遮挡发球规则的实施,发球的威胁有所下降,接发球的威胁加大。对此,蔡振华提出了一个接发球的"一体化"理念,也就使接发球本身以及下一板技术的衔接要成为一体技术而不是衔接技术,才算是一套完美的接发球技术组合。接发球本身和下一板的衔接,无论哪一环节出现了问题都不是好的接发球。

3. 处理好接发球的控制性和凶狠性的关系

11分球使每一分球都很关键,因此对技术要求更精确。接发球的战术运用要处理好控制的严密性和搏杀的关系。控制是基础,也是战术用运用的立足点,技术的严密性比搏杀更重要。运动员在控制的能力基础上,增加主动上手的比例。

4.强调多变、凶狠、主动的接发球手段

无遮挡发球规则实施以后,接发球环节不再是被动环节。因此,在接发球的处理上,争取抢先上手,尽量使用进攻的手段来接好发球。在不能上手的情况下,采用过渡的方法来处理好接发球。但这些过渡性的技术不应该是消极的被动的,如运用撕、撇和摆短等快速多变的技术过渡,达到控制对方,为自己创造进攻的机会。接发球强调积极主动,提高上手能力,以挑打结合劈长、晃撇等手段为主,配合摆短,敢于抢冲出台和半出台球,不但能抢冲下旋球,而且还能抢攻对方拉起来的弧圈球,不但能侧身抢攻,正反手都能上手;同时,增加台内挑打技术以及相关衔接技术使用的比例。在这一方面,庄智渊的正手暴挑、吴尚垠的反手快撕、张继科的反手拧、波尔的上手一板高吊的质量和路线的控制尤为突出。

(三)相持段

1.加强前三板训练,争取主动相持

在加强前三板的基础上,提高控制与反控制的能力,为进攻创造条件和时间,前三板是进入相持的基础,直接关系到相持的主、被动局面。因此,加强前三板意识的训练是建立主动相持的基础。

2.加强击球的落点变化的能力

乒乓球的比赛不仅是速度、力量、旋转的较量,更重要的是落点意识、节奏变化、思维能力等综合技能的较量。目前,击球的落点意识和能力已成为比赛争夺的重要领域,变换和控制好回球落点对加强战术效果和比赛成绩具有重要意义。目前,相持段战术基本上是围绕落点展开的。因此,在比赛中,要善于利用落点的变化,力求打乱对方的习惯和注意力,利用这种战术使对方的进

攻能力受到限制，从而使自己的特长得以发挥，在比赛中争取主动。

3.加强快速攻防转换和能力

乒乓球运动的防守和进攻互相制约，又相辅相成互相促进的。进攻是乒乓球克敌制胜的灵魂，防守则是乒乓球立于不败之地的基础。通常情况下，我们把相持球分为进攻性相持、对抗性相持和被动相持三种情况。

(1)进攻性相持，指的是在相持中处于主动地位，如连续进攻。

(2)对抗性相持，指的是在相持中难以分辨出谁主动，谁被动，处于一种僵持不下的状态。如：对攻、对拉、对搓等。

(3)被动相持，指的是在相持中处于被动挨打，难以进攻的状态，如兜、挡、放高球等。

在11分赛制中，由于每一分对比赛都很重要，运动员在比赛中所使用的技术组合朝着更凶狠的方向发展，攻防转换的速度越来越快。因此，我们要力求进入进攻性相持阶段，要加强调转攻的速度，尽量减少过渡球的数量，这样才能在比赛中发挥积极主动、快速的特点，在相持的攻防转换中取得更多的主动权。

二、开局、中局、尾局战术运用应采用的指导思想

一局比赛个根据比分不同分为开局球(1—4分)、中局球(5—8分)和尾局球(9分以后)。

表 6-1　第 47 届世乒赛男子单打比赛分数统计表

	每轮总局数	7分以下		7分		8分		9分		10分以上	
		局数	%	局数	%	局数	%	局数	%	局数	%
1/32	177	65	36.72	23	12.99	23	12.99	29	16.38	37	20.9
1/16	86	32	37.2	13	15.12	11	12.79	15	17.44	15	17.44

续表

	每轮总	7分以下		7分		8分		9分		10分以上	
1/8	49	24	48.98	2	4.08	6	12.24	8	16.33	9	18.37
1/4	23	7	30.43		4.35	5	21.74	5	21.74	5	21.74
1/2	12	2	16.67	3	25	3	25		8.33	3	25
决赛	6	3	50				16.67		16.67		16.67
总局数	353	133	37.68	42	11.90	49	13.88	59	16.71	70	19.83

(一)开局球(1－4分)战术运用应采用的指导思想

1—4分为开局,对一局球的胜负具有重要的作用。从表6-1中我们不难看出,在总共353场比赛中,每局比分在7分以下的局数共133局,占总局数的37.68%,列第一位。由于11分的赛程大大缩短,比赛的过程较快,这就要求运动员一定要快速进入状态。比赛时运动员必须在最短的时间内调整到自己的最佳状态,以便开局时技战术能得以充分的发挥。如果没有及时地发挥自己的技术水平,比分只要落后很多,运动员很容易在心理上放弃这场球。因此,在开局球的处理上,一般在稳健为主的基础上,打自己的特长,打自己的战术变化为主,重视技术的严密性,减少无谓的失误,尽可能争取开局领先。

表6-2 新规则实施后开局领先的获胜统计表(N＝50)

开局	领先局数(N)	获胜局数	获胜比率(%)
1—4分	50	37	74

表6-2统计结果表明,新规则实施后,在1—4分开局的50局领先局数里,有37局取得了胜利,获胜率为74%。可见,新规则实施后,开局领先对比赛取得最后的胜利有很大的影响。因此,我们要处理好开局球。

(二)中局球(5—8分)战术运用应采用的指导思

5—8分为中局,在这个阶段,双方运动员彼此之间已经有所了解,应实施最有力的战术,争取局部优势。在对方领先时,要表现出坚定的信心,冷静分析,找出失误的主要原因和对方技战术存在的漏洞,果断改变战术。有时,只要处理好某一板球,或稍改变回球的落点,就可能扭转战局。在自己领先的情况下,要特别加强对接发球的控制,力图破坏对方的发球抢攻;自己落后时,要充分利用发球的机会,利用发球优势,大胆进行发球抢攻,缩小比分差距。在比分相持时要敢于变化,在控制的基础上,增加主动进攻和上手的比例,从而扩大比分差距。

(三)尾局球(9分以后)战术运用应采用的指导思想

9分以后称为尾局,通过表6-1我们可以看到比分在10分以上的局数为70局,占总局数19.83%。说明运动员之间的竞争十分激烈、技术水平相当接近,相互之间的差距很小。在此阶段,运动员要根据场上比分的变化和战术的需要,决定采用大胆的搏杀还是稳一点。在11分赛制的比赛中,使每场比赛的关键球增多了;另外,由于运动员之间的技术水平相当接近,每局比赛的局点相对增加。局点的增多,使比赛更加激烈、更具有观赏性,同时运动员在比赛处理关键球的次数也随之增加,运动员在一场比赛中处理关键球的能力如何,将直接影响比赛的结果。因此,要加强对关键球处理能力的训练。

三、不同战局下乒乓球战术的运用

乒乓球战术的使用,必须分析战局的发展变化。比赛一旦开始,双方就会不断地变换打法,这就要求必须善于根据战局的发展变化,保持头脑清晰,及时调整,采用适当的战术。如:削对攻的比赛中,攻者进攻比较凶狠且成功率很高时,战术如何使用?

攻者稳中带凶时,战术如何使用？攻者一味求稳时,战术如何使用？这就要求运动员在比赛时,认清战局形势并及时调整、改变自己的战术打法,否则就很容易导致失利。比赛中,技战术的使用比较有效、比分领先时,可适当加快比赛的节奏（如捡球、发球等速度稍快一些）,争取速战速决；比赛打的不顺手时,比分落后,应适当放慢比赛节奏（如发球、捡球等速度稍慢一点）,使自己冷静思考、改变战术,争取扭转场上的局势。

四、不同比分下乒乓球战术的运用

比分是比赛双方较量结果的显示标志,它直接影响运动员的心理状态,而运动员的心理状态又直接影响其战术的发挥与运用。因此,在探讨比赛中战术运用时,必须重视对比分的研究。

（一）比分领先时战术的运用

运动员在比分领先时,一般不主动变化。而对方比分落后时,往往会搏杀、拼抢。根据对方多发不转、上旋或长球的特点,应大胆挑打、抢攻；根据对方侧身多的打法,应及时变线调动对方；根据对方在相持中发力多的特点,应加强控制,增加对方发力攻的难度,并力争抢先上手。

（二）比分相持时战术的运用

当运动员双方实力相当,技战术的使用和发挥水平也在同等的水平上,比分交替上升,形成相互克制的抗衡局面时,双方均无有效的战术摆脱困境或打破僵局。在这样紧张的对抗阶段,打好相持球最为重要的是意志坚定,战术的使用要坚决、技术动作要果断、意志品质要顽强。同时,要快速准确地寻找对方的弱点,观察对方的意图,以攻击对方的弱点来打破僵局,给对方造成心理上的压力,为自己争取主动,从而赢得比赛。

(三)比分落后时战术的运用

当对方比分领先时,应表现出一种大无畏的精神,坚定信心,冷静分析,抓住主要矛盾,果断改变战术。首先,利用发球机会,大胆进行抢攻,这是缩小比分差距的关键环节;其次,在发球抢攻阶段,在稳健的基础上增加凶狠、搏杀的比例,为进入主动相持奠定良好的基础;最后,在相持段,利用落点、旋转、节奏的变化,扰乱对方的进攻,伺机反击。

五、乒乓球比赛、训练与心理训练

在竞技体育领域,有两种类型的运动员,"比赛型"运动员和"训练型"运动员。显然,这种分类考虑了运动员的心理素质、发挥稳定性等因素。

在竞技体育领域,越来越重视心理因素对比赛和训练的影响。备战雅典奥运会期间,北京体育大学、武汉体育学院、体育总局体育科学研究所、中国科学院心理研究所、首都体育学院、北京市体育科学研究所、北京师范大学等科研院校为国家乒乓球队、跳水队、游泳队、体操队、举重队、排球队等提供心理服务。备战北京奥运会期间,20名心理学工作者为16只中国国家队进行长期心理训练和心理咨询。伦敦奥运会期间,有19位中国运动心理学工作者参与国家队的心理训练和心理咨询,包括中国跳水队、乒乓球队、举重队、蹦床队、射箭队等多只运动队。王瑞苗等(2014年)总结我国奥运心理科技服务的基本特点,提出心理服务主要解决的问题包括紧张情境应对、技术的专门化知觉能力和表象能力、赛前情绪调控、自信水平、动机、注意问题、目标取向、自控能力、人际关系等。

(一)乒乓球比赛、训练与心理训练方法

在长期的训练和比赛压力下,运动员如何缓解心理疲劳,追

求卓越表现是竞技运动参与者关心的首要问题。心理技能训练同运动训练一样,应贯穿到运动员日常训练中。

以下将结合乒乓球比赛、训练和教学中的常见运动心理学问题,介绍常用的心理技能训练方法,比赛心理调节方法,比赛心理定向及赛后的归因训练方法。

1. 心理技能训练

(1)目标设置训练

目标与动机息息相关,目标设置直接关系到动机的方向和强度。正确有效的目标可以集中人的能量,激发、引导和组织人的活动,是行为的重要推动力量。目标设置训练指通过制定不同水平的目标并逐渐达成目标的过程。在目标制定时,要把长期目标与短期目标相结合;要制定具体可量化的目标;目标要现实,即可实现。要以任务定向目标(具体达到的技战术水平)为主,自我定向目标(名次、排名等)为辅。

目标设置需要注意的问题(张力为,毛志雄,2007年):首先,对目标的接受和认同。认同和接受的程度越高,运动员越会投入时间与精力。另外在目标设定时,要以运动员为主,充分发挥运动员目标制定的自主性,有利于目标的接受和认同;其次,及时反馈了解结果。这有利于强化对目标的接受和认同,同时为完成下一阶段的目标提供动力和支持,也有助于调整后期目标;再次,目标的公开化。公开目标有利于更好地监督和执行计划,但也会带来额外的压力。因此,运动员要权衡好目标公开的范围和程度。最后,目标的多极化。如设置三级目标,最理想的目标、最现实的目标和最低目标。

(2)放松训练

放松训练是以暗示语,集中注意,调节呼吸,使肌肉得到充分放松,达到调节中枢神经系统、交感神经的兴奋性的过程。普遍采用雅克布森(Edmond Jacobson,1928年)的渐进性放松方法和舒尔茨(Schultz & Luthe,1959)的自生放松方法,以及中国传统的冥想等放松养生功。各种放松方法的共同点是注意力高度集中,采用自我暗示语或他人暗示语,深沉的腹式呼吸和全身肌肉的完全放松(张力为,毛志雄,2003年)。

通过放松训练,达到以下目的:首先,降低中枢神经系统和交感神经的兴奋性;其次,降低由情绪紧张而产生过多的能量消耗;再次,使注意力高度集中于当下;最后,其他心理技能训练的准备训练,如注意力训练。

(3)表象训练

运动表象指在感知觉基础上,大脑中重现的动作形象或运动情景,反映了运动动作在时间空间和力量方面的特点(张力为,毛志雄,2007年)。日常生活中每个人都做过栩栩如生的梦境,而表象也可以做到类似效果。

表象训练,被视为心理技能训练的核心环节,是在暗示语的指导下,头脑中反复想象某种运动动作或运动情景,从而提高运动技能和情绪控制能力的过程。表象训练有利于建立和巩固正确动作的动力定型,有助于加快动作熟练和加深动作记忆,测验前或比赛前对成功动作的表象能起到动员作用,使运动员充满必胜的信心,达到最佳竞技状态。表象训练的依据是心理神经肌肉理论、符号学习理论及功能等价假说。

表象训练包括基础表象练习,目的是提高表象能力,如在头脑中想象乒乓球的具体形象、旋转以及弹跳等。而与运动更密切的是结合专项运动的表象练习,如体操运动员表象完整的单杠动作,乒乓球运动员表象正手拉弧圈球的完整动作等。表象训练应注意以下问题,一是从视觉表象为主,逐步过渡到动觉表象为主。动觉表象会唤醒更多的感官参与,从而更好地模拟实际运动的感官表现;二是利用准确简练的语言提示。有助于动作表象的具体和形象化,利于集中注意,提高表象效果;三是结合内部表象和外部表象。要从自己和他人视角分别表象,利于提高动作感受性。

常用的心理技能训练方法还包括注意训练、模拟训练、逆境应对训练和正念训练等,运动员要结合自身和运动项目特点熟练掌握心理技能训练方法,并灵活运用到日常的训练和比赛中。

2. 比赛心理调节

在训练、比赛中,为保持最佳竞技心态,运动员需要不断进行心理调节。可根据实际选择使用生理调节、环境调节和认知调节方法(张力为,毛志雄,2003年)。

(1)生理调节

①表情调节,是指通过有意改变自己的面部表情、身体姿态表情和语言音调表情来调节心理状态。心理学具身认知理论,认为生理体验和心理状态之间有密切联系,如当你高兴时会微笑,反过来,微笑的表情也会使你高兴。因此,赛前焦虑、紧张时可有意放松面部表情,不咬牙切齿,让自己放松下来;情绪低落时可以强迫自己微笑,使自己由笑到喜。

②呼吸调节,是指通过调节呼吸的频率、深度和呼吸方式以调节心态。深沉的腹式呼吸是人类在进化过程中形成的一种休息和放松状态下的呼吸方式,如睡眠时的呼吸。因此有意进行深沉的腹式呼吸可以降低过度兴奋,缓解情绪紧张。

③身体活动调节,是指通过有意调节身体活动方式以调节心态。大脑和肌肉之间的信息可以相互传递,如肌肉积极活动,大脑的兴奋水平就会提高,情绪就会高涨;反之,大脑的兴奋性就会降低。因此可以通过变化身体活动的节奏、强度和幅度调节运动员的情绪状态。

(2)环境调节

①音乐调节是指通过音乐控制情绪的方法。音乐能使人产生兴奋、镇定和平衡三种情绪状态。音乐调节已被运动员广泛接受,如在比赛出场时,我们会经常看到运动员头戴耳机。运动员可以通过不同的音乐调节自己的临场情绪状态。

②颜色调节是指利用颜色的联觉作用以调节心态,即颜色可以引起人的其他感觉,如冷色和暖色。例如,过分紧张时可以看些绿色、蓝色、紫色等色彩,起到镇静的作用。颜色的调节作用已

广泛用于竞技体育,如运动员球衣、毛巾、水杯的颜色的选择。

(3)认知调节

暗示调节,是指通过语言、姿势、表情或其他信号调节心态的方法。如运动员的座右铭,教室中的名言警句等都是常用的暗示调节策略。在比赛中也可通过积极的自我谈话调节消极心态。有研究发现自我谈话时采用自己名字加第二人称暗示语的方式效果更好,读者也可以体会以下两句话的区别:"我一定能坚持下去"和"小明,你一定能坚持下去"。

运动员还可以利用表象训练的成果,通过表象不同的场景调节情绪,增强自信。还可以通过赛前转移注意力,通过各种方式的宣泄,用积极情绪取代消极情绪,进而把比赛状态调整到最佳水平。

3. 比赛心理定向

比赛心理定向涉及比赛角色定位和赛中注意指向两个问题。

角色定位是指运动员对比赛目标和结果期待的认知定位。张忠秋等学者建议比赛角色定位应以"冲、夺"的思想取代"保、守",即应乘胜追击、夺取胜利,而非有保住名次、守住比分的想法。

比赛过程中的注意指向要坚持过程定向,即比赛时应将注意力指向比赛过程而不是结果,指向当前而不是过去或未来,指向可控因素而非不可控因素。具体的比赛策略是想动作过程而不是结果,运动员在平时的训练中可以把技术动作编成简单口诀,如射击动作由"举"、"调"(即调整呼吸)、"扣"组成,比赛时按照动作要领一步步完成,自然就把注意力放在比赛过程上。在多轮次的比赛中,前边轮次的成绩对后继比赛会产生不利影响,因此运动员要有"比一场,甩一场,场场从零开始"的当前意识。在比赛中场地、裁判等因素对运动员的表现会产生不利影响,因此运动员首先要分析比赛相关的因素,并明确区分哪些因素可控,哪些不可控。如场地和裁判因素是典型的不可控因素,运动员所要做的是关注可控因素,并且要把不可控因素转化为可控因素,如裁判的判罚是不可控的,但是运动员对此的反应是可控的;场地因素是不可控的,但对场地的适应在一定程度上是可控的。

4. 赛后归因训练

归因,即寻找导致某一结果的原因。运动员归因训练是指运动员对导致比赛表现或比赛结果的原因的分析。失败后的归因是一种自然而然的现象,而成功会使我们忽略归因环节。成、败的归因对运动参与者极其重要。一方面,有利于反思前期的训练和准备是否得当;另一方面,会影响后续对比赛和训练的情感状态。

运动员的归因可以从内外部因素、可控性、稳定性和整体性四个维度分析。基本原则是要朝着有利于提高比赛训练的积极性,提高自信和提高自我掌控感的方向做出归因。如,把失败归因为不够努力,而非能力不足;失败时的归因要具体化,不应认为自己不是打球的料(整体归因),而应具体分析自身弱点,比如可能对某一种具体打法缺乏应对训练导致失败(具体归因)。

总之,运动员和教练员在比赛和训练中要分清哪些心理因素是影响运动表现的关键因素,在平时的训练中通过以上方法解决这些问题,并养成良好的思维习惯、训练习惯和比赛习惯。在具体方法上要结合自身特点和项目特点,不断尝试、修改和完善,最终做到心中"无法",信手拈来。

(二)运动员心理在乒乓球比赛中的重要性

新规则实施后,尤其是 11 分赛制的实施,比分接近、关键球的次数增多,使比赛的偶然性增加,运动员承受巨大的心理负担。德国教练舍普做过关于 21 分制和 11 分制的比较实验。他统计了 5000 多场比赛的结果是:21 分赛制时,20∶20 的概率为 7.1%,而 11 分赛制,10∶10 的概率多达 16%。这一结果说明 11 分制使比赛的偶然性增加,这就对运动员的心理素质提出了更高

第六章 比赛篇

的要求。伦敦奥运会女单决赛中丁宁由于发球两次判罚,心理受到一定影响,最后以1∶4负于队友李晓霞,与奥运冠军失之交臂。在强者的对抗中,不仅是技术的较量,从某种意义上讲,心理素质在比赛中所起到的作用似乎更加重要,它决定着关键时刻技战术的运用是否得当和比赛的胜负。

复习思考题

1. 简述新规则实施后,乒乓球比赛中战术运用的指导思想是什么。
2. 简述在乒乓球比赛中,不同情况下战术的运用有何区别。
3. 乒乓球训练、比赛中,为什么要注重对运动员心理的训练?

第七章 规则篇

-------- ▶▶▶学习目标◀◀◀ --------

1. 了解掌握乒乓球竞赛规则。
2. 熟悉掌握乒乓球比赛的基本方法,并能在实践中合理运用。
3. 熟悉掌握乒乓球临场裁判术语与手势。
4. 了解乒乓球竞赛组织的基本内容。

一、理论知识

(一)比赛场地、器材及服装

1. 球台

球台的上层表面叫做比赛台面,应为与水平面平行的长方形,长 2.74 米,宽 1.525 米,离地面高 76 厘米。

(1)比赛台面应具有一致的弹性,即当标准球从离台面 30 厘米高处落至台面时,弹起高度应约为 23 厘米。

(2)比赛台面应呈均匀的暗色,无光泽,沿每个 2.74 米的比赛台面边缘各有一条 2 厘米宽的白色边线,沿每个 1.525 米的比赛台面边缘各有一条 2 厘米宽的白色端线。

(3)比赛台面由一个与端线平行的垂直的球网划分为两个相等的台区,各台区的整个面积应是一个整体。双打时,各台区应由一条 3 毫米宽的白色中线,划分为两个相等的"半区",中线与边线平行,并应视为右半区的一部分。

第七章 规则篇

(4)比赛台面不包括与球台台面垂直的侧面。

2.球网装置

球网装置包括球网、悬网绳、网柱及将它们固定在球台上的夹钳部分。球网应悬挂在一根绳子上,绳子两端系在高15.25厘米的直立网柱上,网柱外缘离开边线外缘的距离15.25厘米;整个球网的顶端距离比赛台面15.25厘米,球网长1.83米。

3.球

球应为圆球体,直径为40毫米,球重2.7克,球应用新材质"无缝球",呈白色或橙色,且无光泽。

(1)在进入赛区之前,运动员有机会挑选一个或几个比赛用球,并由裁判员任意从中取一个球进行比赛。

(2)如果未能在运动员进入赛区前挑选比赛用球,则由裁判员从大会指定的比赛用球中任意取一个进行比赛。

(3)如果比赛中球损坏,由比赛前选定的另外一个球代替;如果没有赛前选定的球,则由裁判员从指定的比赛用球中任意取一个球代替。

4.球拍

球拍的大小、形状和重量不限,但底板应平整、坚硬。

(1)底板厚度至少应有85%的天然木料;加强底板的粘合层可用诸如碳纤维、玻璃纤维或压缩纸等纤维材料,每层粘合层不超过底板总厚度的7.5%或0.35毫米。

(2)拍面应用一层颗粒向外的普通颗粒胶覆盖,连同黏合剂,厚度不超过2毫米,或用颗粒向内或向外的海绵胶覆盖,连同黏合剂,厚度不超过4毫米。

(3)"普通颗粒胶"是一层无泡沫的天然橡胶或合成橡胶,其颗粒必须以每平方厘米不少于10颗、不多于50颗的平均密度分布整个表面。

(4)海绵胶即在一层泡沫橡胶上覆盖一层普通颗粒胶,普通颗粒胶的厚度不超过2毫米。

(5)球拍两面不论是否有覆盖物,必须无光泽,且一面为鲜红色,另一面为黑色。

(6)比赛开始时及比赛过程中运动员需要更换球拍时,必须向对方和裁判员展示他将要使用的球拍,并允许他们检查。

①在一场比赛中,不允许更换球拍,除非球拍意外严重损坏到不能使用。如果运动员在比赛中损坏了球拍,应立即替换随身带来的另一块球拍,或场外递进的球拍。

②运动员在比赛间歇时,应将球拍留在比赛的球台上,得到裁判员的特殊许可除外。

5.比赛场地

(1)赛区空间应不少于14米长、7米宽、5米高。

(2)赛区应由75厘米高的同一高度,深色的挡板围起,以于相邻的赛区及观众隔开。

(3)在世界和奥林匹克比赛中,从比赛台面高度测得的照明度不得低于1000勒克斯,且整个比赛台面照度均匀,赛区其他地方的照明度不得低于500勒克斯;其他比赛中,比赛台面的照明度不得低于600勒克斯,且整个比赛照明度均匀,赛区其他地方的照明度不得低于400勒克斯。

(4)光源距离地面不得少于5米。

(5)场地四周一般为暗色,不应有明亮光源,或从窗户等透过未加遮盖的日光。

(6)地板不能颜色太浅或反光强烈或打滑,而且表面不得为砖、水泥或石头;在世界和奥林匹克比赛中,地板应为木制或国际乒联批准的某品牌和种类的可移动塑胶地板。

6.比赛服装

比赛服一般包括短袖运动衫、短裤或短裙、短袜和运动鞋;其他服装,如半套或全套运动服,不得在比赛时穿着,但得到裁判长的允许时除外。

(1)短袖运动衫(袖子和领子除外)、短裤或短裙的主要颜色应与比赛用球的颜色明显不同。

(2)短袖运动衫的背部可以有号码或字样,用于表明运动员、运动员的协会,或在俱乐部比赛时,表明运动员的俱乐部,以及符号。

(3)在短袖运动衫背部的中间位置应优先佩带被组织者制定的用于表明运动员身份的号码布。号码布应是长方形,面积不大于600平方厘米。

(4)在运动服前面或侧面的任何标记或装饰物以及运动员佩戴的任何物品,如珠宝装饰等,均不应过于显眼或反光,以致影响对方的视线。

(5)团体赛同队运动员,或同一协会运动员组成的双打,应穿着同样的服装,鞋袜除外。

(6)比赛的双方运动员应穿着颜色明显不同的运动服,以使观众能够容易地区分他们。

(7)当双方运动员或运动队所穿服装颜色类似,且均不愿更换时,应抽签决定某一方必须更换。

(8)运动员参加世界、奥林匹克或国际公开锦标赛时,穿着的短袖运动衫、短裤或短裙等应为其协会批准的种类。

(二)常用语定义

(1)回合:球处于比赛状态的一段时间。

(2)球处比赛状态:从有意识发球前,球静止在不执拍手掌中的最后瞬间,到该回合被判得分或重发球。

(3)重发球:不予判分的回合。

(4)一分:判分的回合。

(5)执拍手:正握着球拍的手。

(6)不执拍手:未握着球拍的手。

(7)击球:用握在手中的球拍或执拍手手腕以下部分触球。

(8)阻挡:自对方最后一次击球触及本方台区后,如果在台面上方或正向比赛台面方向运动的球,在没有触及本方台区、也未越过端线之前,即触及本方运动员或其穿戴的任何物品。

(9)发球员:在一个回合中,首先击球的运动员。

(10)接发球员:在一个回合中,第二个击球的运动员。

(11)裁判员:被指定管理一场比赛的人。

(12)副裁判员:被指定在某些方面协助裁判员工作的人。

(13)穿或戴的物品:指运动员在一个回合开始时穿或戴的任何物品,但不包括比赛用球。

(14)越过或绕过球网装置:除从球网和比赛台面之间通过以及从球网和网架之间通过的情况外,球均应视做已"越过或绕过"球网装置。

(15)球台的"端线":包括球台端线以及端线两端的无限延长线。

(三)合法发球

(1)发球时,球应放在发球方不执拍手的手掌上,手掌张开和伸平。球应是静止的,在发球方的端线之后,比赛台面的水平面之上。

(2)发球员必须用手将球几乎垂直地向上抛起,不得使球旋转,并使球在离开不执拍手的手掌之后上升不少于16厘米,球下降直到球被击出之前不能碰到任何物体。

(3)从抛球前球静止的最后一瞬间到击球时,球和球拍应在比赛台面的水平面之上。

(4)当球从抛起的最高点下降时,发球员方可击球,使球首先触及本方台区,然后越过或绕过球网装置,再触及接发球员的台区。在双打中,球应先后触及发球员和接发球员的右半区。

(5)运动员发球时,应让裁判员或副裁判员看清他是否按照合法发球(无遮挡发球规则)的规定发球。

第七章 规则篇

①如果裁判员怀疑发球员某个发球动作的正确性,并且副裁判员也不能确定该发球动作不合法,一场比赛中第一次出现时,裁判员可以警告发球员而不予判分。

②在同一场比赛中,如果发球员或其双打同伴发球动作的正确性再次受到怀疑时,不管是否出于同样的原因,均判接发球方得一分。

③无论是否第一次或任何时候,只要发球员明显没有按照合法发球的规定发球,他将被判失一分,无需警告。

(6)击球时,球应在发球方的端线之后,但不能超过发球员身体(手臂、头或腿除外)离端线最远的部位。

(7)运动员因身体伤病而不能严格遵守合法发球的某些规定时,可由裁判员做出决定免予执行,但须在赛前向裁判员说明。

(四)合法还击

对方发球或还击后,本方运动员必须击球,使球直接越过或绕过球网装置,或触及球网装置后,再触及对方台区。

(五)比赛次序

(1)在单打中,首先由发球员合法发球,再由接发球员合法还击,然后两者交替合法还击。

(2)在双打中,首先由发球员合法发球,再由接发球员合法还击,然后由发球员的同伴合法还击,再由接发球员的同伴合法还击,此后,运动员按此次序轮流合法还击。

(六)重发球

1.回合出现下列情况应判重发球

(1)如果发球员发出的球,在越过或绕过球网装置时,触及球网装置,此后成为合法发球或被接发球员或其同伴阻挡。

(2)如果接发球员或接发球方未准备好时,球已发出,而且接发球员或接发球方没有企图击球。

(3)由于发生了运动员无法控制的干扰,而使运动员未能合法发球、合法还击或遵守规则。

2.裁判员或副裁判员,可以在下列情况下暂停比赛

(1)由于要纠正发球、接发球次序或方位错误。

(2)由于警告或处罚运动员。

(3)由于要实行轮换发球法。

(4)由于比赛环境受到干扰,以致该回合结果有可能受到影响。

(七)一分

除被判重发球的回合,下列情况运动员得一分。

(1)对方运动员未能合法发球。

(2)对方运动员未能合法还击。

(3)对方击球后,该球没有触及本方台区而越过本方端线。

(4)运动员在发球或还击后,对方运动员在击球前,球触及了除球网装置以外的任何东西。

(5)对方连击。

(6)对方阻挡。

(7)对方用不符合条款的拍面击球。

(8)对方运动员或他穿戴的任何东西使球台移动。

(9)对方运动员或他穿戴的任何东西触及球网装置。

(10)双打时,对方运动员击球次序错误。

(11)对方运动员不执拍手触及比赛台面。

(12)执行轮换发球法时,接发球运动员或其双打同伴完成了13次合法还击。

(八)一局比赛

在一局比赛中,先得11分的一方为胜方。比分10平后,先

多得2分的一方为胜方。

(九)一场比赛

(1)一场比赛由单数局组成。单打采用7局4胜制,团体采用5局3胜制。

(2)一场比赛应连续进行,除非是经许可的间歇。每局之间,任何运动员都有权利要求不超过1分钟的休息时间。

(十)发球、接发球和方位的选择

(1)选择发球、接发球的权力应由抽签来决定。中签者可以选择先发球或先接发球,或选择先在球台某一方。

(2)当一方运动员选择了先发球或先接发球,或选择先在某一方位后,另一方运动员必须选择另一项。

(3)在每获得2分之后,接发球方即成为发球方,依此类推,直至该局比赛结束,或者直至双方比分都达到10分或实行轮换发球法,这时,发球和接发次序仍然不变,但每人只轮发一分球。

(4)一局中,在某一方位比赛的一方,在该场下一局应换到另一方位。在决胜局中,一方先得5分时,双方应交换方位。

(5)在双打中,每次换发球时,前面的接发球员应成为发球员,前面的发球员的同伴应成为接发球员。

(6)在双打的第一局比赛中,发球方确定第一发球员,再由接发球方确定第一接发球员。在以后的各局比赛中,第一发球员确定后,第一接发球员应是前一局发球的运动员。局中首先发球的一方,在该场下一局应首先接发球。

(7)在双打决胜局中,当一方先得5分时,双方交换场地,接发球方应交换接发球次序。

(十一)发球、接发球次序和方位的错误

(1)裁判员一旦发现发球、接发球次序错误,应立即暂停比赛,并按该场比赛开始时确立的次序,按场上比分由应该发球或

接发球的运动员发球或接发球；在双打中，则按发现错误时那一局中首先有发球权的一方所确立的次序进行纠正，继续比赛。

（2）裁判员一旦发现运动员方位错误时，应立即暂停比赛，并按该场比赛开始时确立的次序，按场上比分纠正运动员应站的正确方位，再继续进行比赛。

（3）在任何情况下，发现错误之前的所有得分均为有效得分。

（十二）轮换发球法

如果一局比赛进行到 10 分钟仍未结束（双方都已获得至少 9 分时除外），或者在此之前任何时间，如果双方运动员要求，可采用实行轮换发球法。具体实施如下。

（1）当时限到时（10 分钟），球仍处于比赛状态，裁判员应立即暂停比赛。由被暂停回合的发球员发球，继续比赛。

（2）当时限到时（10 分钟），球未处于比赛状态，应由前一回合的接发球员发球，继续比赛。

（3）实行轮换发球法后，每个运动员都轮发一分球，直至该局结束。如果接发球方进行了 13 次合法还击，则判发球方失一分。

（4）轮换发球法一经实行，或一局比赛进行了 10 分钟，该场比赛的剩余的各局必须实行轮换发球法。

（十三）裁判人员的分工与职责

1. 裁判长

每次比赛应指派一名裁判长，其身份和工作地点应告知所有参赛者及队长。

（1）裁判长应对下列事项负责。

①主持抽签、编排比赛日程、审查员动员的参赛资格。

②指派比赛工作人员。

③主持裁判人员的赛前短会。

④决定是否可以延长法定练习时间。

⑤决定在一场比赛中运动员能否穿长运动服。

⑥决定在紧急时刻是否中断比赛。

⑦决定在一场比赛中运动员是否可以离开赛区。

⑧决定在比赛紧急中断时,运动员能否练习,以及练习地点。

⑨对解释规则和规程的任何问题作出决定,包括服装、比赛器材和比赛条件的可接受性。

⑩对于不良行为或其他违反规程的行为采取纪律行动。

(2)经竞赛管理委员会的同意,当裁判长的任何职责托付给其他人员时,这些人员中的每人的特殊职责和工作地点应告知参赛者及队长。

(3)裁判长或在其缺席时负责代理的副裁判长,在比赛过程中应自始至终亲临比赛场地。

(4)如果裁判长认为必要,可在任何时间更换裁判人员,但不得更改被更换者在其职权范围内就事实问题作出的判定。

2.裁判员

每场比赛均应指派1名裁判员和1名副裁判员。裁判员应坐或站在球台一侧,与球网成一直线。副裁判员应面对裁判员坐在球台另一侧。

(1)裁判员应对下列事项负责。

①检查比赛器材和比赛条件的可接受性,如有问题向裁判长报告。

②当双方运动员对比赛用球不能达成一致协议时,可任意取一个球作为比赛用球。

③主持抽签确定发球、接发球和方位。

④决定是否由于运动员身体伤残而放宽合法发球的某些规定。

⑤控制方位和发球、接发球的次序,纠正上述有关方面出现的错误。

⑥决定每一个回合得1分或重发球。

⑦决定在适当的时间执行轮换发球法。

⑧根据规定的程序报分。

⑨保持比赛的连续性。

⑩对违反场外指导或行为等规定者采取行动。

(2)副裁判员决定处于比赛状态中的球是否触及距离他最近的比赛台面的上边缘。

(3)裁判员或副裁判员均可判决：

①运动员发球动作不合法。

②合法发球在球越过或绕过球网装置时是否触及球网装置。

③运动员阻挡。

④比赛环境受到意外干扰,该回合的结果有可能受到影响。

⑤掌握练习时间、比赛时间及间歇时间。

⑥执行轮换发球法时,副裁判员或另外指派的一名裁判人员均可当计数员,计接发球方运动员的击球板数。

⑦裁判员不得否决副裁判员或计数员根据上述条款所做出的决定。

(十四)比赛管理

1.报分

(1)当球一结束比赛状态,裁判员应立即报分。

①报分时,裁判员应首先报下一回合即将发球一方的得分数,然后报对方的得分数。

②一局比赛开始和交换发球员时,裁判员在报完比分后,应报出下一回合发球员的姓名,并用手势指明发球方。

③一局比赛结束时,裁判员应先报胜方运动员的姓名,然后报胜方得分数,再报负方的得分数。

(2)裁判员除报分外,还可以用手势表示他的判决。

①当判得分时,裁判员可将靠近得分方的手举至齐肩高。

②当出于某种原因,回合应被判为重发球时,裁判员可以将

手高举过头表示该回合结束。

(3)报分以及在实行轮换发球法时的报数,裁判员应使用英语或双方运动员及裁判员均能接受的任何其他语言。

(4)应使用机械或电子设备显示比分,使运动员和观众都能看清楚。

(5)当运动员因不良行为受正式警告后,应在记分牌该运动员得分处放置一个黄牌。

2.练习

①在一场比赛开始前2分钟,运动员有权在比赛球台上练习;正常间歇不能练习,只有裁判长有权延长特殊的练习时间。

②在紧急中断比赛时,裁判长可允许运动员在任何球台上练习,包括比赛用的球台。

3.间歇

任何运动员有权要求:
①局与局之间,不超过1分钟的休息时间。
②每局比赛中,每打完6分球后,或决胜局交换方位时,用短暂的时间擦汗。
③一名或一对双打运动员在一场比赛中可以有一次暂停要求,时间不超过1分钟。
④在单项比赛中,暂停由运动员或指定的场外指导者提出;在团体比赛中,暂停由运动员或队长提出。
⑤请求暂停必须在球未处于比赛状态时,用双手做出"T"形表示。
⑥一方获得合理的暂停要求后,裁判员暂停比赛并出示白牌,并将白牌放在提出要求暂停一方运动员的台区上。
⑦当提出暂停的一方运动员准备继续比赛或1分钟暂停时间已到时,白牌应被拿走并且立即恢复比赛。
⑧如果失去比赛能力的状态早已存在,或在比赛开始前就有

理由可以预见,或由于比赛的正常紧张状态引起,则不能允许中断比赛;如果失去比赛能力的原因在于运动员当时的身体状况或比赛进行的方式,引起抽筋或过度疲劳,不能成为中断比赛的理由。只有因意外事故,如摔倒受伤而丧失比赛能力,才能允许紧急中断,在任何情况下暂停时间都不得超过10分钟。

⑨如果赛区内有人受伤流血,应立即中断比赛,直到他接受了医疗救护并将赛区内所有血迹擦干净后才能恢复比赛。

⑩除裁判长允许,运动员在一场比赛中必须停留在赛区内或赛区附近,在局与局之间的法定休息的时间内,运动员应在裁判员的监督下,留在赛区周围3米以内的地方。

4. 纪律

(1)场外指导

①团体比赛,运动员可接受任何人的场外指导。

②单项比赛,运动员只能接受一个人的场外指导,而这个指导者的身份应在该场比赛前向裁判员说明;如果一对双打运动员来自不同协会,则可分别授权一名指导者;如未被授权的人进行指导,裁判员应出示红牌令其远离赛区。

③在一个团体赛或单项比赛中的一场比赛,指导者已被警告过。如任何人再进行非法指导,裁判员将出示红牌,并将其驱逐出赛区,不论其是否曾被警告过。

④在局与局之间的休息时间内,运动员可接受场外指导,但在赛前练习结束后到比赛开始前不能接受场外指导。如被授权的指导者在其他时间内进行指导,裁判员应出示黄牌进行警告;如在警告后再次违犯,将被驱逐出赛区。

⑤在团体比赛中被驱逐出赛区的人(除非需要上场比赛)不允许在团体比赛结束前返回。在单项比赛中,不允许在该场单项比赛结束前返回。

⑥如被驱逐出赛区的指导者拒绝离开或在比赛结束前返回,裁判员应立即中断比赛,并向裁判长报告。

⑦上述规定只限制对比赛的场外指导,并不限制运动员就裁判员的决定提出正式申诉,或阻止运动员、所属协会的代表或翻译就某项判决的解释进行商议。

(2)不良行为

①运动员和教练员应克服影响对手、冒犯观众或影响本项运动声誉的不良行为,诸如:辱骂性语言、故意损坏球或将球打出赛区、踢球台或挡板以及不尊重比赛官员等。

②在任何时候,运动员或教练员出现严重冒犯行为,裁判员应立即中断比赛,并报告裁判长。如果冒犯行为不太严重,第一次裁判员可出示黄牌警告冒犯者,如再次冒犯将被进行相应的判罚。

③运动员在受到警告后,在同一场单项或者团体比赛中,第二次冒犯,裁判员应判对方得 1 分;再犯,判对方得 2 分,每次判罚时,应同时出示黄牌和红牌;运动员在被判罚 3 分后继续有不良行为,裁判员应中断比赛,并立即报告裁判长。

④双打配对中的任何一名运动员所受到的警告或判罚均应视做是该对双打运动员的,但未受警告运动员在同一场团体比赛随后的单项比赛中不受影响;双打比赛开始时,配对运动员中任何一名在同一场团体比赛中已经受到的最严重的警告或判罚应视作是该对双打运动员的。

⑤教练员在受到警告后,在同一场单项比赛获团体比赛中再次冒犯,裁判员应出示红牌并将其驱逐出赛区,直到该场团体比赛或单项赛中的该场单项比赛结束才可返回。

⑥无论是否得到裁判员的报告,裁判长有权取消有严重不公平或冒犯行为运动员的比赛资格,包括取消一场比赛、一项比赛或整个比赛的比赛资格,同时出示红牌。

⑦如果一名运动员在团体(或单项)比赛中有两场被取消了比赛资格,就自动取消了其参加团体(或单项)比赛的资格。

⑧裁判长有权取消已经两次被驱逐出赛区的任何人在本次竞赛剩余时间里的临场资格。

5.比赛的程序

(1)在一场比赛开始前2分钟,运动员有权利在比赛球台上进行练习。

(2)当双方运动员对比赛用球不能达成一致协议时,可任意取一个球作为比赛用球。拒绝接受该比赛用球的运动员,裁判长可取消其参赛资格。

(3)在一场比赛中,不允许更换球拍,除非球拍意外严重损坏到不能使用。如果运动员在比赛中损坏了球拍,应立即替换随身带来的另一块球拍,或场外递进的球拍。

(4)运动员在比赛间歇时,应将球拍留在比赛的球台上,得到裁判员的特殊许可除外。

(5)每局比赛中,每打完6分球后,或决胜局交换方位时,裁判员可允许运动员用短暂的时间擦汗。

(6)除裁判长允许,运动员在一场比赛中必须停留在赛区内或赛区附近,在局与局之间的法定休息的时间内,运动员应在裁判员的监督下,留在赛区周围3米以内的地方。

6.临场裁判术语与手势

术语与手势是裁判员执行规则时的技术用语和肢体语言。术语和手势一般有以下几种。

(1)停、时间到、擦网、台面移动、侧面、犯规、重发球、连击、两跳,手势见图7-1。

(2)练习2分钟,手势见图7-2。

图7-1　手势一　　图7-2　手势二

第七章 规 则 篇

(3)准备、发球,手势见图7-3。

(4)得分,手势见图7-4。

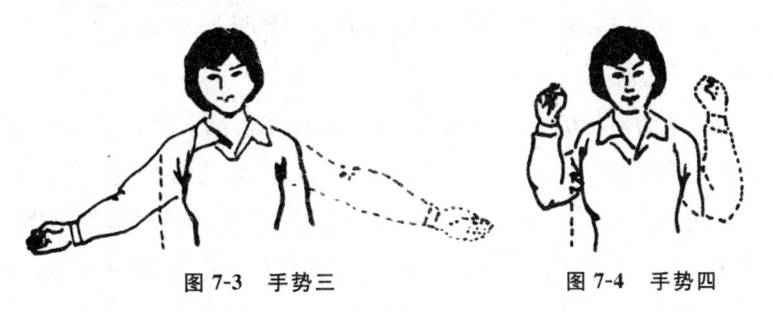

图7-3 手势三　　　　图7-4 手势四

(5)交换方位,手势见图7-5。

(6)擦边球,手势见图7-6。

图7-5 手势五　　　　图7-6 手势六

(7)阻挡、连击,手势见图7-7。

图7-7 手势七

(十五)申诉

(1)在单项比赛中的双方运动员或是在团体比赛中的双方队长之间所达成的协议,均不能改变该场比赛的裁判人员就事实问题所作的决定,亦不能改变裁判长就解释规则或规程的问题所做的决定;亦不能改变竞赛管理委员会对竞赛或比赛管理问题所做的决定。

(2)对裁判人员就事实问题所做的决定,不得向裁判长提出申诉;对裁判长就解释规则或规程的问题所做的决定,不得向管理委员会提出申诉。

(3)对裁判人员就解释规则或规程的问题所做的决定不服时,可以向裁判长提出申诉,裁判长的决定为最后决定。

(4)对裁判长就未包括在规则或规程中的有关比赛管理问题所做的决定有不同看法时,可向竞赛管理委员会提出申诉,该委员会做出的决定为最后决定。

(5)在单项比赛中,只能由参赛的运动员就该场比赛中出现的问题提出申诉;在团体比赛中,则只能由参赛队的队长就比赛中出现的问题提出申诉。

(6)规则委员会做出裁决,做为决定的指南。所属协会仍可就该裁决向理事会或代表大会提出反对,但不影响裁判长或竞赛管理委员会已做出的任何最后决定。

(十六)淘汰赛的抽签

1.轮空和预选赛

(1)淘汰赛第一轮的位置数应为2的幂。

①如果位置数多于已接纳的报名人数,第一轮应设置足够的轮空位置以补足所需位置数目。

②如果位置数少于已接纳的报名人数,应举行预选赛,使预选赛出线人数和免予参加预选赛的人数的总和等于所需的位置数。

(2)轮空位置应按照种子排列先后次序安排,在第一轮中尽可能均匀分布。

(3)通过预选赛的选手根据情况尽可能均匀地抽入相应的上下半区、各1/4区、1/8区或1/16区。

2.按排名排列种子

(1)排名在前的选手应被列为种子,使他们在比赛进行到相对较后轮次时再相遇。

(2)种子数不得超过比赛第一轮的选手数。

(3)第一号种子应安排在上半区的顶部,第二号种子应安排在下半区的底部,其余种子应通过抽签进入规定的位置,具体操作如下。

①第三、第四号种子应抽入上半区的底部和下半区的顶部。

②第五至八号种子应抽入单数1/4区的底部和双数1/4区的顶部。

③第九至十六号种子应抽入单数1/8区的底部和双数1/8区的顶部。

④第十七至三十二号种子应抽入单数1/16区的底部和双数1/16区的顶部。

(4)在团体淘汰赛中,每一协会中排名最高的队才有资格被列为种子。

(5)排列种子应按国际乒联最新公布的排名表为准,下列情况除外。

①如果符合种子条件的报名选手(队)均来自同一洲联合会下属的协会,该联合会最新公布的排名表应优先考虑。

②如果符合种子条件的报名选手均来自同一协会,该协会最新公布的排名表应优先考虑。

3.按协会提名排种子

(1)来自同一协会的报名选手应尽可能分开,以便他们在比赛进行较后轮次时相遇。

(2)各协会应按技术水平由强至弱地排列其报名运动员和双打配对的顺序,并应与种子排名表的顺序一致。

(3)排列为第一和第二位的选手应被抽入不同的半区,第三和第四号选手应被抽入没有本协会第一、第二号选手所在的另外两个1/4区。

(4)排名第五至八号的选手,尽可能均匀地抽入没有前四号选手的1/8区。

(5)排名第九至十六号的选手尽可能均匀地抽入没有前八号选手的1/16区。

(6)由不同协会的选手组成的混合双打配对,应被视为属于男选手的协会。

(7)协会可提名其权限内的运动员参加其有资格参加的任何单项比赛,同时有资格代表其他协会的运动员有权接受该协会的提名。

(十七)分组循环

(1)在分组循环赛中,小组里每一成员应与组内所有其他成员进行比赛;胜一场得2分,输一场得1分,未出场比赛或未完成比赛输的场次得0分,小组名次应根据所获得的场次分数决定。

(2)如果小组的两个或更多的成员所得的分数相同时,所得的名次应按他们相互之间比赛的成绩决定。首先计算他们之间获得的场次分数,再根据需要计算个人比赛场次(团体赛时)、局和分的胜负比率,直至算出名次为止。

(3)如果按照上述条款所规定的程序,仍不能决定某些队(人)的名次时,这些队(人)的名次将由抽签来决定。

(4)在世界锦标赛、奥运会和国际公开锦标赛资格赛阶段,参赛运动员根据抽签分组,并尽可能使同一协会的运动员不在同一组,每组中每个运动员都有一个根据实力递减的位置号。

(十八)团体比赛程序

(1)所有出场运动员应来自团体报名表。

(2)团体比赛前由抽签的中签者优先选择 A、B、C 或 X、Y、Z。由队长将该队名单提交给裁判长或其代理人,并对每一名单打运动员确定一个字母所代表的相应位置。

(3) 双打比赛的配对不必立即提交,直到前一场单打比赛结束。

(4) 需要连场的运动员有资格在连场的比赛之间有最多 5 分钟的休息时间。

(5) 所有比赛场次采用五局三胜制。

(6) 当一个队赢得足够多数场次时,为一次团体比赛结束。

二、乒乓球竞赛的组织工作

乒乓球竞赛的组织工作大致可分为赛前阶段、赛期和赛后阶段。赛前阶段的主要工作包括:拟定竞赛规程、接受报名、安排赛前练习时间、组织抽签、编排竞赛次序、印发秩序册等;比赛期间的主要工作包括:组织比赛和公布比赛成绩;赛后阶段主要工作是编印成绩册、竞赛资料归档等。

(一)赛前阶段的主要工作

1. 拟定竞赛规程

竞赛规程一般由比赛主办单位根据比赛的目的、规模、性质、时间和场地而定。竞赛规程的主要内容包括:竞赛名称、竞赛日期、竞赛目的、竞赛地点、竞赛项目、竞赛办法、报名资格、报名人数、报到日期、报名截止日期、录取名次、采用的竞赛规则等相关规定。

在比赛前,应尽早将竞赛规程发给各参赛单位,以便各参赛单位提前做好参赛准备。

2. 接受报名

报名表是抽签、编排工作的重要依据。如果接到报名表过于晚,会给抽签和编排工作带来很多困难。

收到报名表以后,根据规程规定和填表要求进行逐项审核,然后及时汇总。准确无误地提出各竞赛项目的参赛人(队)数、名单及编号,作为抽签和编排比赛秩序和编印秩序册的依据。如果有问题,必须与相关单位联系解决。

3.安排赛前练习

参赛各队的运动员在到达比赛地点以后,对气候、场地等比赛环境需要一个适应的过程。承办比赛的主办单位应在规定报到时间至比赛开始之前,为各队安排好练习场地。

安排赛前练习应遵循各队练习机会均等的原则,并尽量满足运动队提出的合理要求。

4.组织抽签

乒乓球比赛应根据参加比赛的人(队)数,一般采用分组循环赛和淘汰赛的竞赛办法。这种竞赛办法可以在短时间内完成全部比赛,但是运动员(队)在竞赛的过程中只能与较少的运动员(队)进行比赛。因此,运动员(队)在竞赛中所处的号码位置对比赛结果的影响较大。

运动员(队)在竞赛中所处的号码位置不能人为指定,应采用"抽签"的办法确定,以保证比赛的公平、公正、公开的原则。

5.编排竞赛次序

参加比赛的人(队)数确定以后,应着手编排各项比赛的竞赛次序,即排出各项比赛的日期、时间以及比赛的场地。

编排竞赛次序是一项非常重要的工作。编排方案涉及运动员、裁判员以及观众等各方面人员,直接影响比赛、场馆、交通、食宿安保、电视直播等各项工作。因此,编排工作必须力求科学合理、做到精益求精。

6.印发秩序册

秩序册是各参赛单位、运动员以及相关部门开展工作的主要依据。秩序册的内容主要包括：竞赛规程、组织委员会名单、裁判员名单、领队和教练员名单、运动员的姓名以及对应的号码、竞赛日程、各项目竞赛次序表、比赛时间及比赛场地安排等。

(二)比赛期间

1. 组织比赛

组织好各场比赛是乒乓球竞赛的核心内容。裁判人员需要各尽其责，通力协作，严肃、认真、公正地完成每一场比赛的临场裁判工作。

2. 公布比赛成绩

及时公布比赛成绩是保证乒乓球竞赛工作顺利进行的重要条件之一。较大规模的乒乓球竞赛需要设立记录组。记录组的主要任务是审核计分表，准确地记录比赛结果，及时公布比赛成绩。

(三)赛后阶段

1. 编印成绩册

成绩册是竞赛活动的重要资料，也为举办下一次竞赛提供重要依据和参考。成绩册的主要内容是各个竞赛项目的比赛成绩。

2. 竞赛资料归档

竞赛活动结束后，应及时将各种文件、记录、通知、计划、方案、总结等竞赛资料整理归档。

三、乒乓球比赛的基本方法

乒乓球比赛的基本方法主要有循环制和淘汰制两种。团体赛采用循环赛的方法较多,单项比赛主要采用单淘汰赛。世界锦标赛采用先分组循环,再采用同名次淘汰赛并增加附加赛,以排出参赛队全部名次的循环赛与淘汰赛结合的两阶段竞赛办法。

(一)单循环赛

1.定义

使参加竞赛的各队或运动员之间都相互比赛一次,称为单循环赛。

2.单循环赛场次和轮次的计算

在单循环赛中,各队(或)运动员均出场比赛一次,称为"一轮"。

每两个队员之间比赛一次,称为"一场"。

(1)单循环赛轮次的计算

当队数(或人数)为偶数时,轮数=队数(或人数)-1。

如6个队(或人)参加比赛,轮数=6-1=5。

当队数(或人数)为奇数时,轮数=队数。

如5个队(或人)参加比赛,轮数=5。

(2)单循环赛场次的计算

单循环的场次计算公式为:总场次=$n(n-1)/2$。

其中n为参赛队数或人数。如有6个队参加比赛,需要进行$6(6-1)/2=15$场比赛。

3.单循环比赛顺序的确定

为了使竞赛获得最佳效果,解决比赛中机会不均等情况,确定比较理想的单循环竞赛秩序,经常采用的是"逆时针轮转法"和"顺时针轮转法"。

(1)逆时针轮转法

"逆时针轮转法"是乒乓球竞赛采用单循环时最常用的确定

第七章 规则篇

比赛秩序的一种方法。这种轮转方法是把"1"号位固定不动,其他号位每轮逆时针方向轮转一个位置,即可排出下一轮全部轮次的比赛秩序。

例如:有6个队参加比赛,排法如下。

第一轮	第二轮	第三轮	第四轮	第五轮
1——6	1——5	1——4	1——3	1——2
2——5	6——4	5——3	4——2	3——6
3——4	2——3	6——2	5——6	4——5

当队数或人数为单数时用"0"补成双数,然后用逆时针轮转排出个轮比赛的顺序,其中遇到"0"的为该场轮空,即该场不比赛。

例如:有5个队参加比赛

第一轮	第二轮	第三轮	第四轮	第五轮
1——0	1——5	1——4	1——3	1——2
2——5	0——4	5——3	4——2	3——0
3——4	2——3	0——2	5——0	4——5

"逆时针轮转法"的特点是保证了各队(选手)比赛进度的一致,比赛由强到弱,使最强"1"队(选手)和最强的一个对手"2"队(对手)在比赛秩序的最后一轮相遇,使比赛在最后阶段进入高潮,各轮比赛强弱的搭配均匀。

(2)顺时针轮转法

"顺时针轮转法"先确定最后一轮的比赛,再固定"1"号位,其他位置逐渐按"顺"时针轮转一个号码的方法,倒推出各轮比赛的秩序。

例如:有8个队参加比赛,排法如下。

第一轮	第二轮	第三轮	第四轮	第五轮	第六轮	第七轮
1——4	1——6	1——8	1——7	1——5	1——3	1——2
2——6	4——8	6——7	8——5	7——3	5——2	3——4
3——8	2——7	4——5	6——3	8——2	7——4	5——6
5——7	3——5	2——3	2——4	6——4	8——6	7——8

"顺时针轮转法"的特点是在比赛的最后一轮安排了四场实力最接近的比赛,使比赛在最后一轮走向最高潮。但各轮比赛中强弱的搭配不均匀。这种方法在乒乓球比赛中有时也被采用。

4.单循环赛计算名次的方法

从1991年第四十一届世乒赛之后,国际乒联对乒乓球循环赛名次的计算方法由"1—0"制改为"2—1—0"制,即胜者得2分,负者得1分,弃权者得0分。具体计算名次的方法如下。

(1)名次主要根据所获胜的场次分数决定。

(2)如果两个或更多的队得分相同,他们的名次应根据他们相互之间比赛的成绩决定,首先计算他们之间获得的场次分数,再根据需要计算个人比赛场次(团体赛时)、局和分的胜负比率,直至算出名次为止。

5.单循环比赛的秩序表

单循环赛常采用坐标式秩序表,格式如下。

表7-1　6人循环比赛秩序表

姓名	1	2	3	4	5	6	积分	名次
1								
2								
3								
4								
5								
6								

(二)单淘汰赛

1.定义

单淘汰是指运动员(队)按排定的秩序由相邻的两名参赛选

手之间进行比赛,胜者进入下一轮,负者淘汰,直到最后一名未被淘汰的参赛选手,成为这次竞赛的冠军。以 16 人参加比赛为例,单淘汰的比赛秩序见下图 7-8。

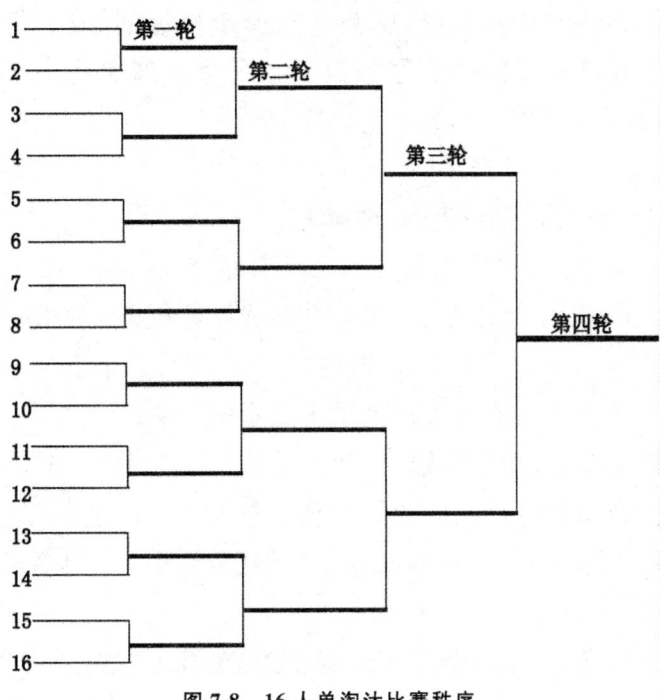

图 7-8　16 人单淘汰比赛秩序

2. 单淘汰赛场数和轮数的计算

(1)单循环赛轮数的计算

单循环赛轮数的计算方法:单淘汰所采用的号码位置数(2 的乘方数)其指数即为轮数。2 的几次方即为几轮。

例如:有 32 名运动员参加单淘汰赛,则按 32 个号码位置数计算,$32=2^5$,即比赛轮数为 5 轮。

(2)单循环赛场数的计算

单循环赛场数的计算方法:场数＝参赛人数－1。

例如 32 人参加比赛,场数为 32－1＝31(场)。

3.单淘汰比赛秩序的确定

(1)单淘汰赛号码位置数的选择

根据比赛的参赛人数(队数),选择最接近的,较大的 2 的乘方数作为安排竞赛秩序的号码位置数。乒乓球比赛中常用的号码位置数有 16、32、64、128。

(2)设定"种子"选手

①确定种子和种子序号的方法

种子和种子序号应根据技术水平来确定,技术水平的最直接依据是运动员(队)各类比赛的成绩。比赛成绩可参照以下相关原则。

小比赛的成绩服从大赛的成绩。

低水平比赛的成绩服从高水平比赛的成绩。

远期比赛的成绩服从近期比赛的成绩。

团体赛中单打场次的成绩服从单打项目的成绩。

世界比赛的种子可根据最新的世界优秀选手电脑排名表确定。

②种子数目

种子的数目应根据参加比赛的队数和人数的多少来确定。单项比赛采用淘汰赛时,种子的数目应为 2 的乘方数。

根据不同的竞赛,或竞赛的某些特殊要求,有时也可不设种子。

③种子的位置

在分组循环赛中,"种子"应均匀地分布在各个组内;在 8 单淘汰赛中"种子"应均匀地分布在各"区"。所谓的区就是将单淘汰赛的全部号码位置划分成若干相等的部分。例如 64 个号码位置可划分为 1—32 号和 33—64 号上、下两部分,即上、下两个半区,又称 1/2 区。上、下两个半区(1/2 区),又可分成相同的两个部分,称为 1/4 区。即 1—16 号、17—32 号、33—48 号和 49—64 号 4 个半区。每个 1/4 还可以划分为相同的两部分,称为 1/8 区。即 1—8 号、9—16 号、17—24 号、25—32 号、33—40 号、41—48 号、49—56 号和 57—64 号 8 个区。

第七章 规则篇

排列为第一和第二位的选手应被抽入不同的两个 1/2；第三和第四号选手应被抽入没有本协会第一、第二号选手所在的另外两个 1/4 区；排名第五至八号的选手，尽可能均匀地抽入没有前四号选手的 1/8 区。

例如：采用 64 个号码位置，设立 8 个种子选手。1 号种子选手为 1 号，2 号种子选手为 64 号，3、4 号种子选手为 32、33 号（采用抽签定位），5、6、7、8 号种子选手为 16、17、48、49 号（采用抽签定位）（图 7-9）。

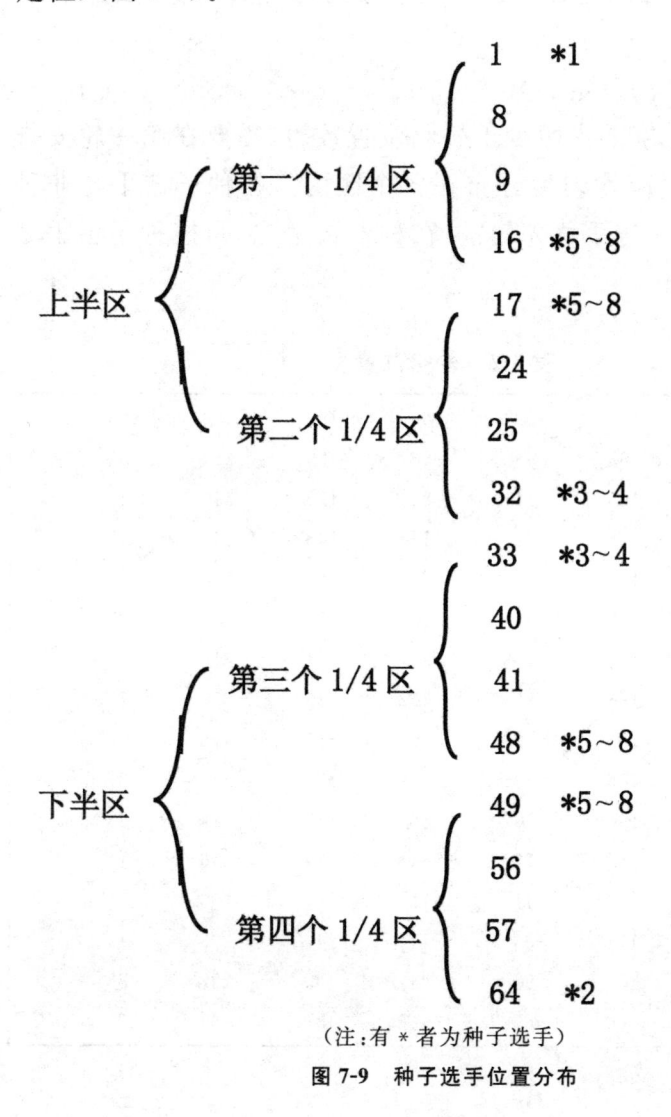

```
                              ┌ 1    *1
                  第一个1/4区 ┤ 8
                              │ 9
         上半区 ┤              └ 16   *5~8
                              ┌ 17   *5~8
                  第二个1/4区 ┤ 24
                              │ 25
                              └ 32   *3~4
                              ┌ 33   *3~4
                  第三个1/4区 ┤ 40
                              │ 41
         下半区 ┤              └ 48   *5~8
                              ┌ 49   *5~8
                  第四个1/4区 ┤ 56
                              │ 57
                              └ 64   *2
```

（注：有 * 者为种子选手）

图 7-9　种子选手位置分布

(3) 轮空

①轮空的定义

轮空是指某个选手在不经过与另外一名选手角逐的情况下，不战而胜，自动升一级。没有运动员的号码位置称为"轮空位置"。

②轮空位置数的计算

轮空位置数＝号码位置数－运动员人数（队数）。

例如：28人参加比赛，选择32个号码位置数，轮空数为32－28＝4。

③轮空位置的确定

如果参加比赛的人数少于号码位置数时，需要在第一轮安排轮空。轮空位置应均匀地分布在各个区内。在种子选手与非种子选手之间，种子选手优先轮空；在种子选手之间，按种子选手名次顺序先后安排。

表7-2 轮空位置表

2	255	130	127	66	191	194	63
34	233	165	95	98	159	226	31
18	239	146	111	82	175	210	47
50	207	178	79	114	143	242	15
10	247	138	119	74	183	202	55
42	215	170	87	106	151	234	23
26	231	154	103	90	167	218	39
58	199	186	71	122	135	250	7
6	251	134	123	70	187	198	59
38	219	166	91	102	155	230	27
22	235	150	107	86	171	214	43
54	203	182	75	118	139	246	11
14	243	142	115	78	179	206	51
46	211	174	83	110	147	238	19
30	227	158	99	94	163	222	35
62	195	190	67	126	131	354	3

轮空位置号码可查轮空位置表(表7-2)。查表方法:按轮空位置数,一次逐行由左至右选出小于比赛位置数的号码,即为轮空位置号码。

例如:28人参加比赛,应选择32个号码位置数,有4个轮空位置,以此从左向右选出小于32的四个号码——2、31、18、15为轮空位置号码。

4.抢号

参加比赛的人(队)数稍大于2的某次方数,如果安排轮空则会出现过多的轮空位置,在实际操作中,会带来很多不便。在这种情况下,产生了一种变通的方法——"抢号"。即在某一个号码位置上安排两名(队)运动员,比赛的胜者抢得该号码位置,经过一轮抢号比赛后余下的运动员人数正好为2的某次方数。

(1)选择号码位置数

单淘汰赛中采用抢号时,应根据参加比赛的人(队)数,最接近的、小于2的乘方数作为号码位置数。如70名运动员参加比赛,应选用64个号码位置,而不宜采用128个号码位置。

(2)抢号数目

抢号数目=参赛运动员人(队)数-号码位置数。

(3)抢号位置

"抢号"和"轮空"仅仅是形式上的区别,处理的技术方法有所不同。因此,抢号位置的号码可从"轮空位置表"中查得。例如:70名运动员参加比赛,应选用64个号码位置数,抢号数目为:70-64=6,有6个抢号位置。在"轮空位置表"中从左至右依次摘出小于64的6个号码——2、63、34、31、18、47为抢号位置号码。

(三)附加赛

淘汰赛存在的问题之一就是排名问题。淘汰赛只能排出第1名和第2名,其他名次都是以并列的形式出现的,如需要排出竞赛所需的全部名次,应根据需要增设附加赛。即每一轮的胜者与胜者、负者与负者之间进行比赛,直至排出竞赛所需要确定的名次顺序。

例如:竞赛要求排出前 6 名运动员的名次顺序,需要在前 8 名运动员之间安排附加赛,秩序表见图 7-10。

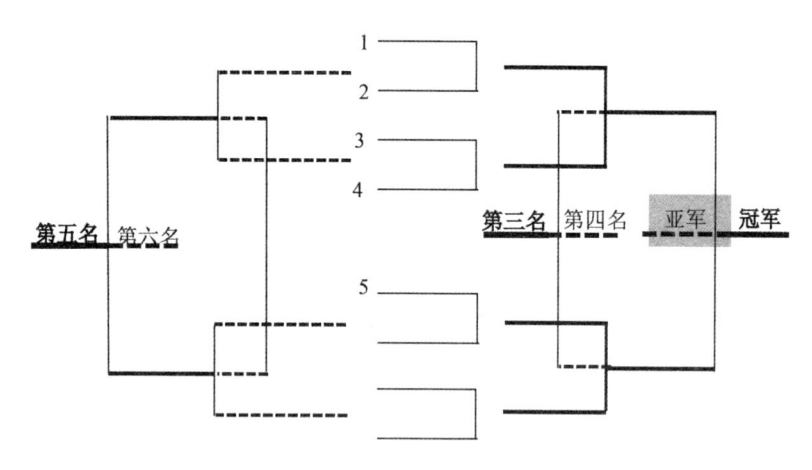

图 7-10 附加赛安排

(四)混合赛制

一次竞赛中同时使用循环赛制和淘汰赛制称为混合赛制。混合赛制具有循环赛和淘汰赛的优点,也不同程度克服了循环赛和淘汰赛中存在的问题。混合赛制通常是第一阶段分组循环,第二阶段采用淘汰赛。也有第一阶段采用淘汰赛,第二阶段采用循环赛。在乒乓球比赛中常用的方法是第一阶段采用分组循环,各小组的前两名进入第二阶段打淘汰赛。

例如:有 20 个队参加比赛,第一阶段分成 4 各小组循环,每组取前两名进入第二阶段的淘汰赛,第二阶段的比赛具体安排为(图 7-11):

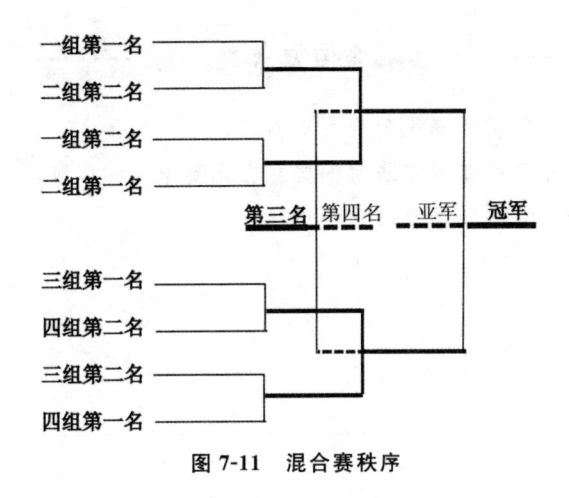

```
┌─ 一组第一名 ─┐
│             │
└─ 二组第二名 ─┘
┌─ 一组第二名 ─┐
│             │
└─ 二组第一名 ─┘
              第三名 第四名  亚军  冠军
┌─ 三组第一名 ─┐
│             │
└─ 四组第二名 ─┘
┌─ 三组第二名 ─┐
│             │
└─ 四组第一名 ─┘
```

图 7-11　混合赛秩序

(五)乒乓球团体赛编排方法

1.团体赛的比赛程序

(1)所有出场运动员应出自团体报名表。

(2)每队 3 名队员,赛前双方队长抽签决定主、客队,主队为 A、B、C,客队为 X、Y、Z 的选择,并向提交每个运动员分配到一个字母的队伍名单。

(3)双打比赛的配对不必立即提交,直到前一场单打比赛结束。

(4)需要连场比赛的运动员有资格在连场比赛之间最多休息 5 分钟。

2.团体比赛的形式

(1)五场三胜制的团体比赛(五场单打)

一个队由 3 名队员组成,比赛顺序为:

①A——X ②B——Y ③C——Z ④A——Y ⑤B——X

(2)五场三胜制的团体比赛(其中有一场单打)

一个队由 2 名、3 名或 4 名队员组成,比赛顺序为:

①A——X ②B——Y ③双打 ④A——Y ⑤B——X

复习思考题

1. 简述乒乓球拍竞赛规则的主要内容。
2. 乒乓球比赛的基本方法有哪些？在比赛中应如何应用？
3. 拟订一份乒乓球比赛的竞赛规程。

参考文献

[1]全国体育学院通用教材·乒乓球.北京:人民体育出版社,1992.

[2]苏丕仁.乒乓球和教学与训练.北京:人民体育出版社,1995.

[3]国家体育总局《乒乓长盛考》研究课题组.乒乓长盛的训练学探索.北京:北京体育大学出版社,2002.

[4]王浦,许庆发,李建军.乒乓球、羽毛球、网球.桂林:广西师范大学出版社,2000.

[5]刘建和.乒乓球教学与训练.北京:人民体育出版社,2004.

[6]张博,詹丽来.乒乓球旋转的技巧.北京:人民体育出版社,2001.

[7]李世荣,惠忠涛,宋爱玲.乒乓球竞技体育训练与大众体育训练.长春:东北师范大学出版社,2011.

[8]侯文达.高等学校乒乓球教材——教学与训练.北京:北京大学出版社,1994.

[9]邱钟惠等.现代乒乓球技术的研究.北京:人民体育出版社,1982.

[10]赵修琴.中国乒乓球图解技战术全书.北京:中国物资出版社,1999.

[11]蔡继玲等.跟专家练乒乓球.北京:北京体育大学出版社,1999.

[12]李浩松.乒乓球技战术与训练之二——双打.北京:人民体育出版社,2002.

[13]余保星.乒乓球双打及其训练.武汉体育学院学报,2002

(05).

[14]蔡继玲.乒乓球裁判必读.北京:北京体育大学出版社,1998.

[15]程嘉炎.球类运动竞赛法.北京:人民体育出版社,2004.

[16]中国乒乓球协会.乒乓球竞赛规则(2000—2003).北京:人民体育出版社,2003.

[17]杜力萍.乒乓球裁判工作指南.成都:西南交通大学出版社,2007.

[18]岳海鹏.乒乓球打法与战术.北京:人民体育出版社,2002.

[19]李秉德.教学论.北京:人民教育出版社,2000.

[20]王道俊,王汉澜等.教育学.北京:人民教育出版社,1989.

[21]徐寅生,李富荣,邱钟惠,吴焕群等.现代乒乓球技术的研究.北京:人民体育出版社,1982.

[22]熊启耀,郭仁辉.体育竞赛组织与编排.西安:陕西科学技术出版社,1996.

[23]张博.乒乓球步法的技巧.北京:人民体育出版社,2002.

[24]唐建军.乒乓球运动教程.北京:北京体育大学出版社,2005.

[25]唐建军,林清.乒乓球弧圈球技术图解.北京:北京体育大学出版社,2008.

[26]施之皓.对乒乓球战术特征的再认识.乒乓世界,2007(11).

[27]朱杰,王晓霞.现代乒乓球运动.兰州:兰州大学出版社,2010.

[28]屈建华.乒乓球专项体能训练探讨.武汉体育学院学报,2003,37(03).

[29]张红玲.当今乒乓球运动发展趋势.北京:北京体育大学出版社,2006.

[30]张瑞林,冯爱华,何秋华等.乒乓球运动.北京:高等教育出版社,2003.

[31]田麦久.运动训练学.北京:北京体育大学出版社,2000.

[32]岑淮光等.怎样打好乒乓球.北京:人民体育出版社,2001.

[33]程云峰.现代乒乓球纵横论.哈尔滨:黑龙江科学技术出版社,1997.

[34]张瑛秋.现代乒乓球训练方法.北京:北京体育大学出版社,2008.

[35]张瑛秋,甄志平编著.乒乓球裁判双语教程.北京:北京体育大学出版社,2006.

[36]张瑛秋.乒乓球直拍技术图解.北京:北京体育大学出版社,2011.

[37]张瑛秋.乒乓球裁判通级指导.北京:北京体育大学出版社,2008.

[38]唐建军.乒乓球专项身体素质训练内容、方法及训练控制的研究.体育科学,1998(05).

[39]张晓鹏,杨树安.对中国乒乓球队科学训练的思考.体育科学,2002(02).

[40]段翔.新赛制引发技术大革命.乒乓世界,2001(11).

[41]程云峰.乒乓球国际比赛规则的变化对乒乓球运动发展的推动.四川体育科学,2004(03).

[42]黄雪琳.世乒赛竞赛规则改革对中国乒乓球运动的影响.体育科学研究,2003(03).

[43]于庆川.乒乓球规则的演变对乒乓球技术发展的影响.北京体育大学学报,2000(03).

[44]任段翔.关于乒乓球高技术变革的理论思考.体育科研,2004(05).

[45]徐增祺,刘雅玲.从第43届世乒赛谈乒乓球技战术发展趋势及中国队成功经验.上海体育学院学报,1995(04).

[46]吕琦.细说乒乓球的意识.乒乓世界,2004(04).

[47]张新.浅析乒乓球新规则对乒乓球技术的影响.南京体

育学院学报,2004(06).

[48]黄志剑,王积福,向伟.表象训练对技能学习绩效影响的元分析.体育科学,2013(05).

[49]钟伯光,姒刚彦,张春青.正念训练在运动竞技领域应用述评.中国运动医学杂志,2013(01).

[50]姒刚彦,张忠秋,张春青,章崇会,赵大亮,苏宁.中国运动员备战2008年北京奥运会的心理服务.中国体育科技,2012(04).

[51]周永奇.放松训练的研究现状与分析.中国成人教育,2008(05).

[52]邱芬,姚家新.现代运动心理技能训练研究现状及未来走向.武汉体育学院学报,2007(02).

[53]王成钢,蔡森.高水平乒乓球运动员的心理训练方法.南京体育学院学报(自然科学版),2005(02).

[54]熊志超.乒乓球运动员心理素质实景模拟比赛训练方案的设计.体育学刊,2008(08).

[55]张力为,毛志雄.运动心理学.北京:高等教育出版社,2007.

[56]张力为,毛志雄.运动心理学.上海:华东师范大学出版社,2003.

[57]理查德·考克斯著;王树明等译.运动心理学(第7版).上海:上海人民出版社,2015.

[58]王瑞苗,李京诚.我国奥运会心理科技服务的基本特点.第十七届全国心理学学术会议论文摘要集.中国心理学会,2014.

[59]蔡士凯."自主探究—合作"性体育教学法在中学体育教学中运用的调查与实验研究.华东师范大学,2006.

[60]李天昕,周北海,宋存义等.以互动式网络教学平台为依托的研究型教学方法的实践探索.高等理科教育,2011(04).

[61]李孟叶.网络课程教学资源平台的结构设计研究——陕西师范大学物理化学为例.陕西师范大学,2014.

[62]卢程佳.微信支持下的混合式学习设计与应用研究.浙江师范大学,2015.

[63]方中玉.在线学习与混合学习对比研究.陕西师范大学,2015.

[64]张秀梅.基于微信的混合式学习研究——以大二学生教学系统设计课程为例.河北大学,2014.